# 教育实习：
## 理论研究与对英国实践的反思

杨秀玉◎著

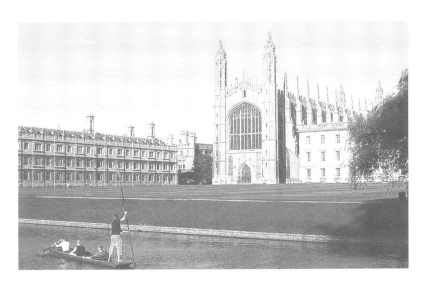

中国社会科学出版社

**图书在版编目（CIP）数据**

教育实习：理论研究与对英国实践的反思 / 杨秀玉著 . —北京：
中国社会科学出版社，2017.12

ISBN 978 - 7 - 5203 - 1319 - 3

I.①教… II.①杨… III.①师范教育—教育实习—研究—英国
IV.①G659.561

中国版本图书馆 CIP 数据核字（2017）第 267449 号

| | | |
|---|---|---|
| 出 版 人 | 赵剑英 | |
| 责任编辑 | 马　明 | |
| 责任校对 | 任晓晓 | |
| 责任印制 | 王　超 | |

| | | |
|---|---|---|
| 出　　版 | 中国社会科学出版社 | |
| 社　　址 | 北京鼓楼西大街甲 158 号 | |
| 邮　　编 | 100720 | |
| 网　　址 | http：//www.csspw.cn | |
| 发 行 部 | 010 - 84083685 | |
| 门 市 部 | 010 - 84029450 | |
| 经　　销 | 新华书店及其他书店 | |

| | | |
|---|---|---|
| 印　　刷 | 北京君升印刷有限公司 | |
| 装　　订 | 廊坊市广阳区广增装订厂 | |
| 版　　次 | 2017 年 12 月第 1 版 | |
| 印　　次 | 2017 年 12 月第 1 次印刷 | |

| | | |
|---|---|---|
| 开　　本 | 710×1000　1/16 | |
| 印　　张 | 19.75 | |
| 插　　页 | 2 | |
| 字　　数 | 304 千字 | |
| 定　　价 | 86.00 元 | |

# "路漫漫其修远兮,吾将上下而求索"

## ——《教育实习：理论研究与 对英国实践的反思》书序

### 孙启林*

端午节前，正在对照译文研读新版《离骚全图》。这时收到杨秀玉的《教育实习：理论研究与对英国实践的反思》书稿与为其著作作序的邀请函。这部著作是她在博士学位论文的基础上完成的，作为她的导师，我由衷地为她感到高兴。

其实，关于"教育实习"问题，我在朝鲜留学期间十分关注该国的教育问题。回国之后，尽管受条件的限制，还是努力多方搜集各国教育实习的资料，进行比较研究。在20世纪80年代末，参加了东北师范大学教务处组织各系教学法教师对《高等师范教育实习指导》（于亚中、霍宗治、张熙峰主编，长春出版社1990年版，后又多次重印）一书的编写，我承担了第十七章，即最后一章"当代国外教育实习概况"的撰写。这可能是当时国内较早地从比较教育角度研究国外教育实习的论著。

秀玉这部著作也是她在教师教育领域多年研究的一项成果。她早在攻读硕士学位期间，就坚定地选择了"教师教育比较"作为自己的研究方向，这些年来，一直扎扎实实地致力于教师教育领域的研究，包括对

* 孙启林，东北师范大学资深教授、教育学部博士生导师、中国教育学会比较教育分会副会长，曾任东北师范大学教育学部首届教授委员会委员、国际与比较教育研究所所长、《外国教育研究》主编、韩国东亚大学孔子学院中方院长等。

教育实习的研究。所以，我为她对教师教育领域研究的热爱和执着感到欣慰。就是要有"路漫漫其修远兮，吾将上下而求索"（《离骚全图》，山东画报出版社 2016 年版，第 32 页）的精神。

在我看来，教师教育改革是目前整个教育改革的关键，而在教师教育改革中，教育实习的革新则是突出体现其改革目标和核心的重要方面。教育实习在职前教师教育中不仅必不可少，而且是非常重要的具有"画龙点睛"作用的组成部分。然而在现实的教师教育发展过程中，教育实习不仅在职前教师教育中一直没有受到足够的重视，而且因为一系列问题而一直没有发挥其应有的效用。

2016 年 3 月 21 日，《教育部关于加强师范生教育实践的意见》出台，提出师范生教育实践依然是教师培养的薄弱环节，需要进一步加强。可见，教育实习作为职前教师教育的一门综合实践课程，其重要性已日益凸显。为此，推动我国教育实习的改革，迫切需要从理论上对教育实习的一系列基本问题进行深入研究，同时还需要在理论研究的基础上对实践中教育实习的具体规划设计、组织实施等操作性问题进行回答，从而探索出一条科学、有效的教育实习改革之路。

正因如此，秀玉将自己的研究主题锁定在这个看似在选题上不讨喜的老问题，实则是教师教育中的难点问题领域，这也体现了她对教师教育领域的深入思考和研究的使命感。

在这部著作中，她从理论和实践两个维度对教师职前教育实习进行了系统而深入的研究，即不仅从哲学、心理学、社会学等学科视角对一些基本理论问题进行了深入探究，而且选取英国教育实习作为一个案例，对其教育实习从历史沿革到现实发展进行了完整呈现，并对其发展的动因、效果、问题等进行了深入剖析。因此可以说，这部著作是对职前教师教育实习从理论到实践的一项系统研究。

具体说来，在理论维度上，这部著作不仅对一些具有本体论意义的基本理论问题，如教育实习的本质、特征、价值等进行重新审视，而且分别从哲学、心理学、社会学等学科视角阐释了教育实习中的一系列基本理论问题：教育实习的知识学原理、教育实习的认识论以及实习教师专业社会化过程。通过这些理论阐释系统回答了实习教师应该获得什么样的知识、实习教师如何学习教学、实习教师如何发展与成长、实习教师与大学和中小学实习指导教师及实习教师之间如何进行合作学习等一系列重要的理论问题，从而为教育实习的研究及在实践层面的开展提供理论上的依据。在对教育实习进行系统的理论研究和理论阐述尚属不足的今天，秀玉能够从多学科视角深入思考并诠释教育实习的基本理论问题，这体现了她治学的勇气和扎实的理论基础。

在实践维度上，为了推进我国教育实习的制度化，实施高质量的教育实习，不可避免地需要借鉴其他国家已有的经验。英国，不仅是在世界上较早开展教育实习的国家，而且于 20 世纪 90 年代初，率先提出"以中小学为基地"的教师教育模式改革，强化教育实习和中小学指导教师的作用和责任，这在国际上无疑起着排头兵的作用。当然，英国的这一做法也曾经一度激起众多学者的有关"去专业化"的担心和质疑，但正是因为存在着这些攸关教师教育未来发展的重大争议和问题，所以，对英国教育实习进行研究就显得更加具有意义，它可以引导我们对整个教师教育系统的发展进行深入的反思。

在这部著作中，作者以英国的教育实习作为案例，追溯其发生发展的历史沿革，考察其实习观与实习模式的嬗变过程，透过案例全面深入地描述其现实发展，深刻反思其发展的动因，解读其特色，考察其效果，探究其存在的问题与不足，并结合教育实习的理论批判性地揭示教育实习的局限之处，在此基础上进一步思考其未来的发展趋势。

总之，这部著作的特点和学术贡献主要表现在以下几个方面：首先，理论创新意识较强，强调严谨、系统的理论依据的阐释。作者不仅不惧挑战，对目前学者们仍未充分研究的有关职前教师教育实习的具有本体论意义的基本理论问题进行了多学科视角的深入阐释，而且在整体上提出科学规划与设计教育实习的启示和建议时，也不是盲目分析，而是依据终身教育理论与后现代课程理论深入剖析。

其次，研究视角的一以贯之。教育实习的根本目的之一是帮助实习教师融合教育理论与教育实践。在教育实习中，如何处理理论与实践的关系以及如何使二者实现成功的融合，是教育实习中的根本性问题。为此，本书在研究的过程中，特别是对英国教育实习进行系统考察的过程中，始终关注英国教育实习中如何处理理论与实践的关系。可以说，教育理论与教育实践的关系是作者始终关注的一条主要线索，虽然它是隐含着的，但却是本书一以贯之的研究脉络与核心问题。

再次，观点新颖。在本书中，作者对教育实习的局限之处进行了深入剖析，见地独到。这对于我们辩证地看待教育实习自身的限制或其对实习教师专业发展的负面影响，进而在改进教育实习的过程中趋利避害，从而更好地使其发挥正面的积极影响与作用具有重要意义。目前，能关注到教育实习的局限的研究还不多见。

最后，研究视野的广度和深度。作者虽然将教育实习作为研究重点和主题，但又能从中跳脱出来，将教育实习作为一个次级系统而从整个教师教育系统的背景下来考察，因为教育实习的改革对于教师教育整个系统确实可以收到"牵一发而动全身"的效果。

应该说，本书对于教育实习问题不仅提供了来自多学科视角的理论框架，而且对英国教育实习进行了完整呈现和深度描述，为此，本书也很好地实现了教育实习的根本目标，即理论与实践的融合。因此，这部对教育实习进行了充分的理论研究、历史研究、现状研究和趋势研究的著作值得大家关注。

"汩余若将不及兮，恐年岁之不吾与"（《离骚全图》，山东画报出版社2016年版，第8页）。教育实习问题是我一直关注的问题，本想从比较教育的角度，对各国的教育实习进行比较研究，怎奈教学工作的繁重、指令性与规划性的科研课题的繁多、行政管理的繁杂、学术刊物编辑的严肃紧迫、国外工作的谨慎以及孔子学院的责任与辛劳等，把我对教育实习比较研究的时间渐渐地吞噬了。令人欣慰的是，这个课题被自己的弟子接过去，深入研究，成果系统成书。此乃幸事也。然而，这部书仅以英国的教育实习为例进行了研究，如能将世界各国的教育实习分门别类进行深入的比较研究，将会有耀眼的成果问世。这也是我的希冀。

端午节的清晨。与老伴儿去我们小区附近东北最大的长春动植物园，在园中边漫步登山享受着绿色的恩赐，边回忆讲述我童年故乡的端午节。我是闯关东的后代。闯关东的祖上来到这松嫩大平原，落脚开荒斩草扎根在这广袤的黑土地上。这里就成了我的故乡。这里的民风淳朴，重视传统节日。端午节的过法与江南略有不同。我的故乡，那时节只有旱田，没有水田耕作，没有糯米，不能包粽子。所以，在端午节以吃蛋类为主：煮鸡蛋、荷包蛋、鸡蛋糕、炒鸡蛋、卧鹅蛋、咸鸭蛋等；早晨，妈妈奶奶在孩子们还在梦乡中，就给他们的脖子、手腕、脚腕系上五彩线，意为拴住不要跑了，保佑长命百岁；清晨踏青保佑健康，在太阳初升之前采集的药材最有效，采来的艾蒿放在门上可以避邪，搓成艾蒿绳，盘成绳团晾干后，挂在屋里点燃，满屋艾蒿清香味，既可净化空气，又可以驱蚊，同时抽烟的人到火绳上对火，也可以省火柴；各家各户自己折叠纸葫芦，系在杨柳枝条上，插在窗上的房檐下，随风飘荡，煞是好看。据传说，黄巢要在端午节起事发兵，派人告诉曾帮助过他的老太太，要她端午节清晨在窗门上挂纸葫芦，就不会遭到军队的骚扰。老太太心地善良，就把这个消息悄悄告诉了左邻右舍与亲朋好友，于是就一传十、十传百，普通人家都挂起了纸葫芦，保住了平安。讲着讲着，诗情迸发，回来坐在写字台前记下了一首《七言 端午忆童年（古风）》小诗：

五彩丝线系腕齐，踏青采药迎晨曦。

树枝挂葫插房檐，艾置门上避邪气。

鸡蛋圆圆求美满，葫芦飘飘祈祥吉。

古稀记忆盈昔趣，传统文化要承继。

这种传统文化就包括屈原的"爱国"情怀与"求索"精神。在教学与科研中能够得以继承，亦是幸事也。记于此，师生共勉之。

是为序。

丁酉年（2017 年）端午节清晨，于长春东师一教苦乐斋

# 目　　录

# 引　言

## 第一节　研究的意义与研究的问题

在教师教育的发展历程中，教师专业知识与专业能力的获得与养成，从最初的"师徒模式"下的个人教学经验的模仿练习，演变到以制度化的方式引导准教师从专业知识层次开始学习。"但这种以学习专业认知的教导方式，并不足以引导准教师在错综复杂的教学现象中，发挥'恰到好处'的教学艺术。"[1] 因为教学本身是一种极具复杂性、情境性与实践性的活动，所以再好的教师教育理论课程，无论其设计得多么科学、巧妙，也代替不了真实的教学情境。于是，师资培育机构除了安排教育专业科目外，还安排了教育实习这一学习过程，目的是使准教师能够在教学实践中了解教学的复杂性，能够融合教育专业的理论知识，练习专业的综合判断能力，养成基本的教学技能，体认与反思教师的角色与职责，从而缩短入职适应期，并为未来的专业发展奠定基础。因此，教育实习成了职前教师教育中必不可少的组成部分。正如日本学者佐藤学所言："专业教育的基础是组织长期的实践性经验与临床经验。"[2] 事实上，教育实习对于教师专业教育而言不只是必要，且在整个职前教师教育中具有特殊的地位。因为教育实习可以发挥统整、融合整个职前教师教育所有内容的作用。正是基于这一认识，美国学者科南特（J. B. Conant）认为："教育实习是教师教育中'无争论余地'的必要因素，且在职前教师教育

---

[1]　王秋绒：《教师专业社会化理论在教育实习设计上的蕴义》，中国台北师大书苑有限公司1991年版，第1页。

[2]　[日] 佐藤学：《课程与教师》，教育科学出版社2003年版，第250页。

过程中具有'画龙点睛'之效。"①

可见，教育实习在职前教师教育中必不可少，而且是非常重要的组成部分。不仅如此，教育实习效果的好坏还会直接影响教师未来的教育教学质量及其后续的专业发展。在教师教育研究领域，有关实习教师的各种实习经验对于教师专业成长的影响一直受到研究者的关注。美国学者罗森伯格（J. Rothenberg）和哈默（J. Hammer）为了验证教育实习对教师成长和教学效果的作用，曾对两组实习教师在实习前后进行了两次问卷调查，并对调查结果进行了分析和对比，结果发现实习后实验组对于教学的想法更为丰富，更能把自己的教学与学生的学习联系起来。② 这表明教育实习对教师的专业成长、教育教学效果的影响是明显的。

在我国也有类似研究支持这一结果。我国学者刘清华曾就职前教师教育中的三类课程，即一般教育学知识、学科教育课程和教育实习，对于增加教师的教学知识的作用对 56 名教师进行了调查（如表 0—1 所示）。

表 0—1　　教师关于职前教育（培训）对增进教学知识作用的评价

|  | 很有用 | 有用 | 不很有用 | 没有用 |
|---|---|---|---|---|
| 一般教育学知识 | 2（3.6%） | 8（14.3%） | 20（35.7%） | 26（46.4%） |
| 学科教育课程 | 7（12.5%） | 21（37.5%） | 23（41.1%） | 5（8.9%） |
| 教育实习 | 38（67.9%） | 14（25%） | 4（7.1%） | 0（0%） |

资料来源：刘清华：《教师知识的模型建构研究》，中国社会科学出版社 2004 年版，第 209 页。

在表 0—1 中，我们可以发现，有近 93% 的教师都认为教育实习对他们教学知识的增长"有用"或"很有用"。虽然该调查选取的样本有些偏小，但依然可以看出教育实习对教师专业表现与发展的重要作用。

---

① K. M. Zeicher, "Myths and Realities: Field-based Experiences in Pre-service Teacher Education", a paper delivered to the Annual Meeting of the Midwestern and Wiscousin Education Research Association, Milwaukee, Nov. 1st, 1979.

② 教育部：《关于颁布普通高等学校教学工作水平评估方案（试行）的通知》，转引自李瑜《教育实习的作用及其在教师资格认证过程中的缺失》，《高教发展与评估》2006 年第 6 期。

　　然而在现实的教师教育发展过程中，教育实习不仅在职前教师教育中一直没有受到足够的重视，而且因为"目标定位的技术倾向、内容安排的随意性、实施中的'走过场'现象和评价的低效性"①　而一直没有发挥其应有的效用。所以，"很多职前教师教育培养的毕业生明显存在缺少实践教学的经验与能力的缺陷，造成入职困难、入职适应期延长甚至辍教等严重问题"②。各国教师教育研究者经过对此现象的深刻反思，最终意识到，"教师职业的专业性最终体现在其专业实践之中，脱离实践的做法只会使教师教育的路越走越窄"③。对此，学者汪凌也进一步指出："现代的教师职业者应该在实践中成长。在以培养自治、负责和能解决问题的教师为目标的师范教育中，教育实践课程的有效开展就显得尤为重要。"④

　　正因为如此，伴随着人们对于教育实习认识的不断变化，"从 20 世纪 80 年代开始，世界范围内的教师教育领域理论与实践发生着深刻而彻底的变革。这场变革的主流趋势就是支撑着教师教育的理念根基已由以往的'理论'转向了关注'实践'"⑤。不仅如此，在 21 世纪，国际教师教育领域的发展也已经昭示了教师教育的实践性特征。美国教师教育研究领域的知名学者达林·哈蒙（Darling Hammond）在《构建 21 世纪的教师教育》的论文中归纳了 21 世纪新的教师教育的一些基本特征，其中她特别强调："（教师教育）教学应在实践情境中进行，强化案例教学、教师研究等方法的运用；引导学习者反思自己的深层的假设和信念，并学习与自己不同的人的经验；在中小学和大学之间建立紧密的联系；等等。"⑥

---

　　①　骆玲：《中美教师教育实践课程比较研究》，博士学位论文，华东师范大学，2009 年，第 1 页。

　　②　同上。

　　③　李伟：《回归实践，回到理解——从芝加哥大学教育学院停办看美国教育研究范式的转换》，《比较教育研究》2008 年第 7 期。

　　④　汪凌：《从教学的实践看教师职业性的培养》，《外国教育资料》1999 年第 6 期。

　　⑤　洪明：《"反思实践"思想及其在教师教育中的争论：来自舍恩、舒尔曼和范斯特马切尔的争论》，《比较教育研究》2004 年第 10 期。

　　⑥　Linda Darling Hammond, "Constructing 21st - Century Teacher Education", *Journal of Teacher Education*, Vol. 57, No. 3, 2006, p. 305.

面对国际上职前教师教育日益关注实践的思潮，各国都在近年来不断加强教育实习研究，审慎设计教育实习目标、内容，创新教育实习模式与制度管理，以提升教育实习的质量与效果。为此，教育实习的研究与规划俨然成为当今世界各主要国家在教师教育领域所关心的焦点问题之一。不仅如此，许多国家还将是否通过教育实习的评价作为教师准入标准与获得教师资格的必备条件之一。

在教育实习的改革实践中，各国针对本国教育实习中存在的问题与不足，已经实施了各具特色的改革方案，并形成了多样化的教育实习模式。例如，美国，在传统的"交互—自省型教育实习模式"的基础上，杨伯翰大学（Brigham Young University）通过实验于 2002 年推出了一种新的教育实习模式——同伴合作式教育实习模式，[①] 该实习模式不仅强调实习指导教师作为咨询者、反馈者、参与者与学习者的多样化角色定位，而且特别鼓励实习教师之间通过合作教学、轮流授课等方式互相学习、共同提高。此外，威尔明顿大学（Wilmington University）在与中小学合作培养实习教师的过程中，提出了一种协同督导教育实习模式（Collaborative Model for the Supervision）。该模式强调大学与中小学实习指导教师组成督导教师团队，从实习方案的设计到实习过程的实施以及实习成绩的评定，大学与中小学指导教师始终进行全程的协同督导，督导的过程不仅关注每个实习教师个体，而且关注由多名实习教师组成的整个实习团队。协同督导教育实习模式的实施需要高校、中小学管理者、教师和实习教师的密切配合，要求每个参与者有良好的合作意识、沟通技巧以及参与热情。[②] 在法国，自 1990 年改革教师教育制度，由师资培训学院（IUFM）实施统一的教师教育以来，极其重视教育实习的规划与设计，已经形成了三阶段的"自主化训练教育实习模式"。[③] 这三阶段包括见习、指导下的实习与责任实习，共计 486 学时。其中，尤其强调实习教师独立进行教育教学和班级管理的"责任实习"。在日本，教育实习的组织遵循

---

① 任辉：《同伴合作教学》，《江苏高教》2007 年第 3 期。

② 陈阳：《大学与中小学合作的教育实习模式》，转引自董玉奇、侯恕等《教育实习实地研究》，东北师范大学出版社 2008 年版，第 8 页。

③ 李崇爱、王昌善：《欧美发达国家教育实习的模式与理念》，《教育评论》2005 年第 4 期。

了循序渐进的原则，并将集中实习与分散实习结合起来，从而形成了从一年级到四年级有计划地安排 6—7 次共 14 周的教育实习活动。[1] 在一直非常重视教育实习的德国，不仅没有因应一些人近年来的呼声，将两段式教育实习改革为一段式教育实习，而且更加强化了两阶段的教育实习模式。为此，明确规定教育实习的时间为 18—24 个月，而且实习教师先后要通过两次国家考试才能具备实习资格与成为正式教师。

综上可见，在 21 世纪的今天，对教育实习的关注与发展已经成为世界教师教育改革新的亮点。

反观国内，伴随着近年来我国基础教育课程改革的不断推进与深入，教师教育也面临着严峻的挑战，因为基础教育课程改革对教师的专业知识与专业素质提出了更高的要求。而且，传统的教师教育模式已经暴露出越来越多的弊端，特别是在教育实习方面。教育实习的边缘地位，实习目标的笼统、空泛，实习时间短，内容、形式单一，实习指导薄弱，实习管理与经费投入缺乏制度保障以及实习评价亟待科学与规范化，等等，这些问题的存在使得教育实习难以产生预期效果，流于形式的现象时有发生。故此，我国教育实习制度需要进行改革已是不争的事实。

面对挑战与教育实习的积弊，我国教师教育研究者与管理者已开始探索适应中国的教师教育改革之路，特别是对教育实习问题进行了新的探究与尝试。自 2005 年起，国家为教师教育所制定的新课程标准已经颁布（MOECE, 2005）。该文件注明了准教师应该达到的学习结果以及对于教师教育的基本要求。新的课程标准的基础由三个原则组成：为孩子着想的价值观、以实践为主的教学法、终身学习。[2] 新教师教育课程标准针对中国教师教育长久以来屡被质疑的三个方面："缺乏知识上的严谨，以及它的不实际性和不完整性"[3]，将教师教育课程改革的核心放在促进准教师的专业知识与实际能力培养方面。"改革者希望新的课程帮助准教师提高对于'问题'与'实践'的关注，这使得他们能够将理论与实践成

---

[1]　高月春：《国外教育实习的趋同性及对我国的启示》，《现代教育科学》2007 年第 34 期。

[2]　卢乃桂：《举办教师教育——对中国大陆教师培养中一些问题的探索》，东北师范大学教师教育国际学术研讨会"社会转型与教师教育变革"，长春，2008 年 9 月，第 1 页。

[3]　同上。

功地融合在一起……显然，新的教师教育课程标准旨在将教师教育调整到实用性的方向上来。"① 不仅如此，新教师教育课程标准还延长了实习时间，从原来的八周延长到十周（针对未来进入中学的准教师）以及十二周（针对未来到小学任教的准教师）。目的是加强教师教育实践性，使准教师能够有相对充分的时间接触教学实践，并能够反思实践。

不仅如此，在2007年，教育部师范司在《师范教育司2007年工作要点》中，提出"要大力推进师范生实习支教工作，并研究推广各地经验，进一步制定《师范生实习规定》部长令，促进教育实习的制度化"②。同年，教育部颁布免费师范生政策，要求"强化实践教学环节，完善师范生在校期间到中小学实习半年的制度"③。与此同时，我国的教师教育培养模式也在进行不断的改革，一些新的培养模式，如上海师范大学实施的"3.5＋0.5"的教师培养模式、北京师范大学采用的"4＋2"教师培养模式试验改革等，都在悄然进行着。这些教师教育模式的改革也要求教育实习做出相应的改革和应对。

总之，我国教育实习长久以来的"发育不良"，加之新的教师教育课程标准、新的教师教育政策的出台以及新的教师培养模式的出现都要求对教育实习的理论、理念及其实施模式、组织管理等进行深入研究、试验、开发与论证。因为延长教育实习时间仅仅是一个开始，一系列的理论与实践问题都需要我们在新的形势与背景下重新去思考，重新去论证。诸如教育实习的本质到底是什么？它应该发挥什么样的作用？实习教师如何反思？他们在实习过程中的关注点呈现怎样的变化规律？他们的"前期"概念如何影响他们在实习中的教学行为与教学策略的选择？在实践中，应该制定什么样的实习目标？应该设计安排哪些实习内容？多长的实习时间是合理的、科学的？采用什么样的实习模式能够达到好的效

---

① 卢乃桂：《举办教师教育——对中国大陆教师培养中一些问题的探索》，东北师范大学教师教育国际学术研讨会"社会转型与教师教育变革"，长春，2008年9月，第1页。

② 骆玎：《中美教师教育实践课程比较研究》，博士学位论文，华东师范大学，2009年，第6页。

③ 中华人民共和国教育部、财政部、人事部、中央编办：《教育部直属师范大学师范生免费教育实施办法（试行）》（2007年5月9日），教育部门户网站（http://www.moe.edu.cn/jyb_xxgk/moe_1777/moe_1778/tnull_27694.html）。

果？实习评价应该遵循什么样的原则？等等。如此多的理论与实践问题都摆在我们面前亟须研究和解决。

有鉴于此，推动我国教育实习的改革，迫切需要从理论上对教育实习的一系列基本问题进行深入研究，同时还需要在理论研究的基础上对实践中教育实习的具体规划设计、组织实施等操作性问题进行回答，从而探索出一条进行科学、有效的教育实习的改革之路。

基于研究的需要，本书将从理论和实践两个维度展开对教育实习问题的研究。在理论维度，本书拟在深化和拓展已有理论研究成果的基础上，对教育实习的本质、特性及其作用等具有本体论意义的基本理论问题进行深入探究。并从哲学、心理学、社会学等学科视角来分别阐释实习教师应该获得什么样的知识、实习教师如何学习教学、实习教师如何发展与成长、实习教师与大学和中小学实习指导教师及实习教师之间如何进行合作学习等一系列重要理论问题，从而为教育实习的研究及在实践层面的开展建立理论基础和提供理论上的依据。

在实践维度，我国要推进教育实习的制度化，实施高质量的教育实习，不可避免地需要借鉴其他国家已有的经验，同时也需要吸取别国的教训。在教育实习的制度化发展过程中，英国不仅是在世界上较早开展教育实习的国家，而且其实习观与实习模式的变革与更迭过程也具有典型化的意义。不仅如此，"突出经验性课程在教师教育中的地位，在英国的教师教育中体现最为明显"[①]。英国于 20 世纪 90 年代初率先提出"以中小学为基地"的教师教育模式改革，采取了强化教育实习，延长教育实习时间，改革教育实习模式，赋予中小学教师在未来教师培养过程中的重要职责等一系列改革措施。用英国本土学者的话说："在新教师培训中使用伙伴合作方式，英国在国际上无疑是起着排头兵的作用。"[②] 因此可以说，英国倡导在实践中培养反思型教师的实习理念与做法引领了世界教师教育从关注"理论"转向关注"实践"的潮流。

--------

① 周成海：《客观主义—主观主义连续统观点下的教师教育范式：理论基础与结构特征》，博士学位论文，东北师范大学，2007 年，第 235 页。

② ［英］哈赛尔·海格：《向经验教师学习指南》，马晓梅、张昔阳译，华东师范大学出版社 2009 年版，第 2 页。

不仅如此，改革后的十余年间，英国在教育实习理念及其课程设计、制度规划以及多样化的实习模式方面确实积累了丰富的经验。而且重要的是，诸多研究与调查已经表明，英国目前的教育实习已在很多方面取得了较好的实效。比如，教育实习促进了实习教师在教育教学能力、教学理念、专业素养以及教学效果评价方面的大幅提升，获得合格教师资格证书的人数也在以51%的增长速度攀升。这些调查研究显示，教育实习已成为目前英国教师教育课程的核心，而且大多数的准教师们对这一变化表示欢迎，并且一致肯定教育实习对他们专业发展的意义。

正因为如此，在我国面临教育实习改革的关键时刻，系统研究英国教育实习的理念与具体实施无论在理论层面还是实践层面都具有重要的借鉴意义和价值。此外，英国教育实习中存在的问题与不足，也可以作为改革我国教育实习的前车之鉴。

当然，笔者选择英国作为案例国家进行教育实习研究的原因还不止于此。

英国强化教育实习，建立"以学校为基地"的教师培养模式，这一做法曾经一度激起了众多学者的质疑，他们纷纷抨击英国这样一个被埃德蒙·金描述为"勉强革命"的国家在教师教育领域进行的这一大胆改革。他们认为英国的校本教师教育不是促进教师的专业化而是"去专业化"的做法。一时间，英国人的这一改革似乎使英国沦为欧洲人的笑柄。然而，这是不是对在20世纪占据主导地位的"以高校为主导"的师资培养模式的一种"矫枉过正"呢？教师教育的未来发展又将何去何从呢？正是因为存在着这些攸关教师教育未来发展的重大争议和问题，所以对英国教育实习进行研究就显得更加具有意义，它可以引导我们对整个教师教育系统的发展进行深入的反思。

教育实习作为教师教育的一个次级系统，必须放在整个教师教育系统的背景下来考察。反过来，虽然教育实习只是职前教师教育的一部分，但它的改革确实可以起到"牵一发而动全身"的作用，即教育实习改革需要对教师教育整个系统重新理解、重新检视，对教师教育的未来发展方向也需要做深入的分析和思考。

基于上述原因，本书选择英国的教育实习作为案例，追溯其发生发展的历史沿革，考察其实习观与实习模式的嬗变过程，透过案例全面深入地描述其现实发展，深刻反思其发展的动因，解读其特色，考察其效果，探究其存在的问题与不足，并结合教育实习的理论进一步思考其未来的发展趋势。

　　总之，本书通过对教育实习的理论探索以及对英国纵向与横向的实践考察，拟对教育实习进行系统的理论研究、历史研究、现状研究，并对未来教育实习的发展提出策略性的建议。希望本书可以引发对我国教育实习改革与教师教育发展的更多启示与思考。

## 第二节　相关研究回顾

### 一　教育实习的理论研究

#### （一）教育实习的地位与作用

　　对于教育实习的地位与作用，国内外的学者都通过研究认为，教育实习是职前教师教育的重要组成部分，并对教师的未来发展产生深远影响。国外的学者，如萨德勒（Sadler，T. D.，2006）在其研究中认为，教育实习是"联结学术课程和教学实践的桥梁，是职前教师教育的顶峰型环节"[①]。学者米尔沃特与雅柔（Millwater & Yarrow，1997）也指出，师资生透过教育实习能获得经验性及学术性的教学知能，能更平顺地自师资生之角色转换为新任教师，在日后的教学上，也有能力将理论与实务融会贯通，进而迈向成为一位圆熟智慧教师的途径。[②] 学者凯瑞斯和阿尔梅达（Kaires，S. & L. S. Almeida）从教育实习对教师未来发展影响的角度来论述其价值和作用。他们认为，教育实习在教师"学习发展和专业发展，专业社会化和机构社会化，社会情感，支持、资源和督导作用以及教师职业发展等五个方面对未来教师专业发展理念的成型起着巨大作用，帮助他们做好充分的职业准备"[③]。学者斯德克等人通过研究也发现，

---

　　① 骆玎：《中美教师教育实践课程比较研究》，博士学位论文，华东师范大学，2009 年，第 16 页。

　　② 转引自陈嘉弥《师徒式教育实习之理论与实践》，中国台北心理出版社 2004 年版，第 13 页。

　　③ Kaires, S. & L. S. Almeida, "Teaching Practice in Initial Teacher Education: Its Impact on Student Teachers' Professional Skills and Development", *Journal of Education for Teaching*, Vol. 31, No. 2, 2005, p. 111.

教师的教育实习在减少入职教师的"现实的震撼"和降低初任教师的离职率方面同样发挥着重要作用。

　　在国内，学者们也同样关注对教育实习的地位与作用的研究。学者石中英认为，教师的教育实习的意义不仅在于应用从课堂上学到的已有的"显性的"教育理论，更重要的是，实习教师可以通过在实习中的熟练教师或专家型教师对自己的言传身教，来掌握和理解大量的在大学课堂上学不到的缄默性的实践知识。① 学者郭秋勋探讨了教育实习的目标与功能。研究结果显示，教育实习的一个重要的功能就是帮助实习教师养成实际从事教学的能力。② 学者赵昌木也对教育实习的作用提出了自己的看法："我们可以把教育实习看作是师范生从事教职之前教师角色的预演。这种预演对一些师范生来说有着愉快的体验，而对某些师范生来说也可能是苦涩记忆。不管怎样，实习能使师范生更多地了解教学意味着什么，帮助他们确定是否适合教学的内在要求。实习教师的经历会一直影响到他们从事教职之后。"③

　　（二）教师专业社会化理论与教师知识理论的研究视角

　　教师社会化问题是教育社会学研究中的一个重要问题，教师的社会化也是影响师资培育与教师成长的重要因素。目前，国外对此问题的研究较多，且已取得丰富的研究成果，其中也包括对实习教师社会化问题的研究。相比之下，虽然我国港台地区的学者对此早有关注，并积累了一定的研究成果，但从总体上，国内对此方面的研究还显薄弱。

　　教育实习作为教师社会化的重要一步，对教师能否顺利地社会化有着重要影响。而从教师社会化视角来认识教育实习的地位与作用问题，也是对教育实习地位与作用认识的丰富与发展。

　　目前，在国外教师社会化理论研究领域，形成了三种主导的研究传统：功能主义传统（functionalist）、诠释主义传统（interpretive）与批判主义传统（critical）。

　　其中，最为古老同时也是在目前仍然有着巨大影响力的功能主义传

---

① 石中英：《知识转型与教育改革》，教育科学出版社 2001 年版，第 254 页。
② 郭秋勋：《教育实习目标、功能的探索与启示》，《教育研究资讯》1997 年第 5 期。
③ 赵昌木：《教师成长论》，甘肃教育出版社 2004 年版，第 105 页。

统，强调教师的社会化就是教师不断放弃自我而服从于社会的过程，社会在教师的社会化过程中发挥着决定性的作用。具体到实习教师的社会化方面，如赫尔瑟与科奇尼亚克（A. Helsel & S. Krchniak）关于学校中的科层体制对实习教师社会化影响的研究。他们认为，在教学和管理学生方面，在实习之前，实习教师倾向于人文取向，而在实习之后，科层体制使得实习教师改变为管理取向。诠释主义传统植根于德国的理想主义社会思潮。与功能主义不同，诠释主义传统强调在社会化过程中，教师个体不只是一个被动的接受者，而是起着积极主动的作用，他们正是通过在选择和限制、个体和制度之间的不断互动来实现自己的社会化。其中，泽兹纳（M. Zeichner，1985，1987）和他的同事对实习教师的社会化重点进行了研究，研究的目的在于考察教育实习对实习教师观念的影响程度。批判主义传统植根于马克思主义与法兰克福学派（Frankfurt），该传统强调的是改革，正如威斯克勒（Wexler）所说："批判理论的意思就是改变。"批判主义传统的目的在于使人们具有批判那些日常生活中习以为常的事情的意识。为此，阶级、性别、种族关系等成为批判主义者关心的焦点。对此，金斯伯格（Ginsburg）在1988年做了一个对职前教师社会化的研究。他认为，男性课程开发者所开发的课程对于女性职前教师是不利的。

　　尽管各自研究的出发点不同，但不同的研究传统都关注了实习教师的社会化问题，并从实习教师的社会化过程、发展需求、社会化的重点、表现等方面进行了大量的研究，这可以为我们科学地规划教育实习制度提供理论参考。

　　例如，诠释主义传统的代表人物、英国学者勒西（C. Lacey，1977）就致力于研究教师社会化过程模式问题。他不仅研究了教师完整的社会化过程，而且还特别描述了实习教师的社会化过程与阶段。此外，致力于该研究领域的西方诸多学者的论文与著作也成为我们在研究过程中可资借鉴的经典文献。诸如，泽兹纳的《教师的社会化》（*Teacher Socialization*）。泽兹纳不仅系统梳理与分析了教师社会化理论研究的各种流派及其缺陷与优长，而且还重点论述了包括教育实习在内的教师教育对教师社会化的影响与作用，这对于我们从社会化的视角反思教师教育，特别是教育实习制度的规划与安排大有裨益。此外，必须提到两本经典著作：

其一，美国学者沃勒尔的《教学社会学》（*The Sociology of Teaching*，1932）；其二，劳蒂（Dan C. Lortie，1975）的《学校里的教师：社会学视角的研究》（*School Teacher: A Sociological Study*，1975）。二者都是从社会学的研究视角出发对教师及其教学进行研究的经典著作。其间，对教师社会化的研究至今仍对我们起着重要的引领作用。

反观国内，在内地致力于教师社会化研究的学者至今仍为数不多，研究成果也少之又少，而对实习教师的社会化研究的成果则更是凤毛麟角。例如，赵昌木的《教师成长：角色扮演与社会化》，张晓贵的《论教师社会化研究的意义及其方法》，田秋华的《教师专业社会化研究及其实践意义》，项亚光的《转型期教师社会化特点的研究》等。这为数不多的研究大多是对国外教师社会化研究成果的评介，而对实习教师的社会化问题关注得还不够。相比之下，我国港台地区的学者的研究则较为深入。他们的研究，有的是从教育社会学的视角论及教师的社会化问题，其中兼谈了实习教师的社会化，如林清江的《教育社会学新论》，陈奎嘉的《教育社会学》；有的则是专门研究了实习教师的社会化问题，如王秋绒的《教师专业社会化理论在教育实习设计上的蕴义》，何云光的《国中实习教师专业社会化过程之问题调查研究》，陈汉强的《初为人师者的社会化问题》。其中，以王秋绒的研究更为系统，她在研究中不仅透析了教师社会化理论，描述了实习教师的社会化过程，而且以此理论为参照，通过个案的实证性研究揭示了我国台湾地区在教育实习制度方面存在的问题，并提出了改革的出路与策略。这为笔者的研究提供了重要的参考。

此外，教师知识是教师成功教学的基本前提和重要保障。为此，也有学者从教师知识的视角来研究实习教师的知识发展情况。例如，林一钢在其《中国大陆学生教师实习期间教师知识发展的个案研究》一书中采用实证研究的方法，重点对实习场景中的中国大陆实习教师的教师知识进行了深入的研究，其研究的核心问题是：在教育实习的过程中，实习教师的知识发生了怎样的变化，以及哪些因素影响了实习教师知识的变化。该研究对于我们了解实习教师的个人知识发展、变化情况，以及如何科学设计教育实习以发展实习教师的个体知识具有重要的意义。此外，学者李广平等通过对实习教师和指导教师的专业知识发展状况进行的问卷调查，对实习教师的知识结构以及实习指导教师的知识发展情况进行了系统研究。研究结果表明，实习指导教师在学科课程知识、学科知识以及学科教学法知识上的得分率都高于实习教师，但指导教师和实习教师的专业知识的发展水平都不够理想。① 该研究对于我们加强对实习指导教师的遴选及其专业发展的促进以及完善实习教师的知识结构都提供了重要的参考和依据。

（三）　对理论与实践关系的不同认识及教育实习观的嬗变

教育实习作为教师教育课程的一部分，历来被视为联系理论与实践的纽带。纵观历史上教育实习观及其实习模式的发展与变化，其深层次的原因之一在于人们对于理论与实践关系的不同认识及其不断的深化与发展。即伴随着各国对理论与实践关系认识的变化与发展，人们相应地采取了不同的教育实习观与教育实习模式。同样，正是受到了教育实习观的影响，因而在不同的历史阶段与不同国家，人们建构了不同的教育实习制度。

美国学者杜威（John Dewey）在《教育理论与实践的关系》一文中，提出教师教育中理论要先行，但是如果理论与实践脱离，将是死水一潭。因而他支持这样的专业教育：将"理论在实践"中的课程观转变成"理论为实践服务"的课程观。他认为理论是首要的，但一切不能只是为了学术。由此可见，杜威虽然认为在专业教育中，理论要先行，但他更强调理论与实践的统合，并且提出理论要为实践服务的观点，因为在他看来，实践是所有知识指向的终极目的。②

不仅如此，英国学者费舍（Della Fish，1989）在其著作《职前教师教育的实践中学习：对于合作伙伴的挑战》（*Learning Through Practice in Initial Teaching Education*，1989）一书中，曾以英国为例，论述了人们对于教育理论与教育实践关系认识的不断变化的过程，这一过程反映了英国教育实习观以及整个教师教育模式的变革。

---

① 李广平、回俊松、李月菊、马英武：《实习生与指导教师专业知识发展状况的调查研究》，转引自刘益春《教师教育创新的理论与实践探索》，东北师范大学出版社 2008 年版，第205—215 页。

② ［美］李·S. 舒尔曼：《理论、实践与教育的专业化》，《比较教育研究》1999 年第 3期。

在我国，虽然很多学者也在研究中论述了教育理论与教育实践的关系问题，诸如，叶澜的《思维在断裂处穿行——教育理论与教育实践关系的再寻找》，郭元祥的《教育理论与教育实践关系的逻辑考察》，石鸥的《在"理论脱离实践"的背后——关于教育理论与实践关系的反思》，等等，但其研究大都从宏观的教育理论与教育实践的关系着手，而从理论与实践的关系维度研究教育实习观的著述还寥寥无几。

总之，关于理论与实践的关系的不同认识及"教育实习观"的更迭，反映了各国学者对于理论与实践复杂关系的认识的逐渐深化，以及教育实习理念的不断进步。正因为如此，目前许多国家已经超越"理论—应用"的实习观与实习模式，而着眼于实习教师的反思与批判能力的培养。

## 二  教育实习的比较研究

### （一）教育实习的历史与现实

目前，在国内外关于英国、美国、德国、法国教育实习的研究文献中，对于英、美两国的研究相对较多，德国、法国的文献相对少一些。如英国学者弗朗（John Furlong）等人所著的《转变中的教师教育：专业主义的变革？》（*Teacher Education in Transition：Re-forming Professionalism*）、杨深坑（Shen-Keng Yang, 1999）的《社会变动与国际视野下的教师教育中的导引阶段》（*Social Dynamics and the Induction Phase of Teacher Education in International Perspective*）等。这些著述都分别评介了英、美、德、法等国的教育实习的发展历程与现实概况。

通过研究发现，英、美两国的教育实习的形成与系统分化倾向于对系统外的各方挑战的回应，而德、法两国的教育实习的发展则属于系统内在的自我反省、不断调整而促发的演变。在教育实习的现实制度模式方面，英、美两国都重视理论与实践互动、大学与中小学合作的所谓的"三明治"模式；而德国则一直秉承着传统，不仅没有变革"两段式"的教育实习制度为所谓的"一段式"，而且在近年来又有加强两段式的倾向；法国也是如此，一直是秉承着先理论学习，后实践的"应用"实习观。不仅如此，法、德两国都由专门的师资研习中心负责实习的组织与安排，而且，在实习前与实习后都安排有考试，以之作为实习的资格取得与评价的依据。

不仅如此，在国外文献中，对教育实习中的实习指导问题的研究异常丰富，因为该问题确是教育实习成功与否的关键因素之一。在此研究方面，如海勒与希德拉（Heller, M. P. & Sindelar, N. W., 1991）的《发展一个有效的教学指导项目》（*Developing an Effective Teacher Mentor Program*），贝伊（T. Bey, 1992）的《教学指导的问题与维度》（*Issues and Aspects of Mentoring*），达珍尼斯（Dagenais, R. J., 1998）的《教学指导项目标准》（*Mentoring Program Standard*）等。其中，休令·奥斯丁（Huling Austin, L., 1990）特别提出，实习教师如果不能在实习期间得到大学教师与辅导教师的有效支持与帮助，实习教师就可能走向消极的教学态度，并形成权威、控制、管理等消极的教学行为。[①] 这些研究从不同角度，对大学与中小学的实习指导教师的选拔与培训及其对师范生的具体指导形式、彼此的合作关系等方面进行了深入的研究。

在我国，很长一段时间以来关于教育实习的研究，多以对我国教育实习的制度安排的概略性介绍及对教育实习各方面问题的经验总结为主，如刘初生的《教育实习概论》，许高厚的《教育实习》，王志义的《教育实习之理论与实施》，张隆华的《教育实习》，朱绍禹、秦忠洲、张熙峰的《高师教育实习指导》，赖清标、江志正、吕锤卿的《教育实习》等。但近年来，也有一些学者从新的不同角度研究教育实习。例如，从信息技术为教育实习创设环境的角度进行的研究，如王旭卿的《信息技术中介的教育实习环境创设研究》；从培养"反思性实践者"的角度加强对教育实习课程构建的研究，如王艳玲的《培养"反思性实践者"的教师教育课程》；等等。

此外，还有学者从国际比较的视野研究教育实习，主要包括以下一些著述：杨深坑等人所著的《各国实习教师制度比较》，陈静安的《五国教育实习模式比较研究》，郑东辉的《英美教育实习发展概况及其启示》，

---

① Huling Austin, L., "Teacher Induction Programs and Internship", in W. R. Houston & J. Sikula eds., *Handbook of Research on Teacher Education*, San Francisco: Jossey-Bass, 1990, pp. 535 – 548, 转引自林一钢《中国大陆学生教师实习期间教师知识发展的个案研究》，学林出版社 2009 年版，第 84 页。

张兴的《从国际比较角度看我国高师教育实习改革》，刘晓红、段作章的《中外几种教师教育实习模式的比较研究》，姚云的《中外师范生教育实践的比较及其启示》，罗耀的《中美师范教育实习之比较研究》，骆琤的《中美教师教育实践课程比较》，等等。其中，杨深坑等人所著的《各国实习教师制度比较》，就英国、美国、德国、日本、法国五国的教育实习制度的历史与现状分别进行了比较与分析。骆琤的《中美教师教育实践课程比较》从中美教育实践课程的历史、目标、内容、实施、评价与变革趋势等多个方面对中美教育实习进行了系统、全面的比较研究，这些对于本书都具有重要的启示意义。

（二）教育实习的影响因素研究

斯普朗格（E. Spranger）在其《师范教育的省思》一文中曾经指出，教育如非基于宽广深厚而澄澈的文化意识，将会沦为狭窄的工匠技术。[①]所以，教育史基本上就是文化史的一环。教师教育作为教育的重要环节也反映了某一个历史社会情境的文化意识。基鲁克斯（H. A. Giroux）也指出，师资培育制度与学程规划实质上是文化政治的一种形式，宜特别强调政治、经济、社会和文化范畴在分析教师教育中的重要性。[②]

教育实习作为教师教育的重要组成部分，自然也受到政治、经济、社会和文化的影响。要了解一国的教育实习，就必须深入其所植根的政治、经济与文化，才能有更为透彻的理解。既然教育实习与政治、经济、文化发展有盘根错节的关系，那么就更不宜在未考察其所植根的文化时便贸然做横向的移植。所以，通过比较研究借鉴他国的经验，必须对制度背后的影响因素做深入的挖掘。

在对教育实习制度的影响因素的分析中，除了论及影响教育实习的政治、经济以及社会发展阶段等因素而外，更多的学者关注的是文化传统对教育实习形成与发展的影响。例如，波普克维兹（T. S. Popkewitz）就曾经指出，师资培育的制度与法则是整个社会动态发展的一环，又与知识迈向专业化息息相关。不仅如此，师资培育的组织与实际运作均有

---

① 杨深坑：《各国实习教师制度比较》，中国台北师大书苑有限公司1994年版，第13、15页。

② 同上。

赖于文化符码（codes of culture），而文化符码则是一个民族对于学校实际教育过程知觉、思考、感受和行动的方式。作为教师教育重要组成部分的教育实习，自然也会在潜移默化中受到"文化符码"的影响。因此，在教育实习的过程中，基鲁克斯和布卢姆的研究都提醒我们，除了经选择后为实习教师提供的"正式课程"外，还要关注一些"隐性课程"的存在。

### 三　英国教育实习研究

目前，国外对英国教育实习进行研究的著述与国内相比相对丰富一些，特别是英国本土学者的研究成果为本书的展开提供了重要的参考。这些研究有的是对英国教育实习的专门论述，有的散见于一些有关英国教师教育整体研究的著述之中。

如英国著名教师教育研究专家费舍（Della Fish）在其著作《职前教师培训中透过实践去学习：对合作伙伴的挑战》（*Learning Through Practice in Initial Teacher Training：A Challenge for the Partners*）中，对于职前教师教育中"透过实践学习教学"的理念进行了深入的解析，同时对于职前教师教育中理论与实践的关系及其关系模式也展开了系统的论述，而且对于教育实习过程中大学与中小学的合作关系以及大学指导教师与中小学指导教师在教育实习中的作用等问题进行了全面的阐述。因此，该著作对教育实习相关问题的研究对本书具有重要的启示意义。

此外，在英国学者弗朗（John Furlong）等人所著的《转变中的教师教育：专业主义的变革?》（*Teacher Education in Transition：Reforming Professionalism?*）一书中，学者们对于英国教师教育在 20 世纪 90 年代初期、中期和后期的政策和实践进行了系统的研究和回顾，从而对英国教师教育在 20 世纪 90 年代所经历的一系列转变进行了梳理，并在英国教师教育变革的过程中探寻英国教师专业主义的走向。其中，对于教育实习问题进行了专门章节的论述，研究主要关注了英国教育实习的效果问题，以及高等教育和中小学对于实习教师专业发展所做出的不同贡献。

不仅如此，英国学者罗博·麦克布莱德（Rob McBride）主编（洪成文等翻译）的著作《教师教育政策：来自研究和实践的反思》（*Teacher Education Policy：Some Issues Arising from Research and Practice*）解读了

英国职前教师培养、导入教育和在职培训的政策理念和实践，并对职前教师教育的伙伴式校本教师培养进行了重点的研究。来自英国学者哈塞尔·海格等人的另一本力作《向经验教师学习指南》（*Teaching from Teachers：Realizing the Potential of School-based Teacher Education*）探讨了如何在中小学和高等院校之间建立起精心打造的新教师培训合作伙伴关系，并强调了中小学教师在帮助实习教师掌握教学技能上所应发挥的重要作用。

这些研究更多地从英国教师教育政策、理念层面，特别是大学与中小学的伙伴关系的视角对教育实习进行了阐释，但对英国教育实习的具体实践并没有做详细的解析。

反观国内，目前对英国教师教育从理念到实践进行系统研究的著述还不多见。王红的硕士学位论文《中、英教育实习制度比较研究》，邓涛的硕士学位论文《大学与中小学合作：英美两国教师培养模式比较研究》，孙曼丽的硕士学位论文《英国职前教师教育的伙伴关系模式研究》，蒋霞的硕士学位论文《英国"以学校为基地"教育实习模式探析》，赵静的硕士学位论文《英国"以学校为基地"的教师培养模式》，王艳玲、苟顺明的《试析英国教师职前教育课程与教学的特征》，朱贺的《英国教师职前培养的教育实习及其启示》，谌启标的《英国教师伙伴学校及其质量保证》，高月春的《英国"以中小学为基地"教育实习模式的特点与启示》等论文主要对英国教育实习的模式及其组织管理制度以及大学与中小学的合作关系等进行了研究。上述研究大都是硕士学位论文和期刊论文，但有关英国教育实习的专著或博士学位论文仍比较鲜见。总之，上述国内外研究对于笔者深入解读英国教育实习的政策、理念及实践都提供了重要的参考。

但从笔者所及的所有文献中仍然可以发现，从整体上看，我国的教育实习研究在理论上仍然不够深入，更多的是停留在对教育实习的基本认识及其经验描述与总结的层次。在教育实习的比较研究方面，特别是目前对于英国教育实习从理论研究到历史研究、现状研究及未来发展研究方面仍然不够充分、全面、系统，更多研究关注的是英国教育实习的制度与体制问题，但对英国教育实习的理念、发展动因、实效、存在问题及未来发展趋势等问题研究得还不够深入。因此，在对教育实习的理论进行深入研究的基础上，全面解读并深刻剖析英国教育实习的理念与实践从而为我国教育实习改革提供镜鉴是非常必要和重要的。

# 第三节　主要概念界定

## 一　教育实习

（一）国内对"教育实习"概念的理解

"教育实习"本身是一个非常复杂的概念，对于这一概念，学者们基于不同的研究视角，给出了不同的理解和界定。

例如，顾明远先生指出，教育实习是"各级各类师范院校高年级学生到实习学校进行的教育、教学专业实践的一种形式。包括参观、见习、试教、代理或协助班主任工作以及参加教育行政工作等"[①]。

张念宏也曾指出，教育实习是"师范院校学生参加教育、教学实践的学习活动，是体现师范教育特点，培养合格师资的重要教育环节，是各级师范学校教学中不可缺少的组成部分"[②]。

叶澜对教育实习做出了如下的理解："师范院校或综合大学师范专业的高年级学生到初等或中等学校进行教育和教学实践活动。在指导教师的帮助下，通过学习教学实际工作了解教育现实，体会教育实践，尝试应用所学教育理论，培养和锻炼从事教育教学的工作能力，进而加深对教师职业的理解和认识。"[③]

饶见维等将教育实习理解为："一个学生教师蜕变为专业教师的历程，此历程为：学生教师在相关人员的协同下，根据已备的知识经验与既有的教育资源，综合构思出准备行动架构，进入实习场所，经由不断的互动以获得实务经验，并透过省思的过程，建构出实践的专业知能与精神。"[④]

黄炳煌认为："教育实习是将师范院校之教育理论、计划，付诸实际

---

① 顾明远主编：《教育大辞典》，上海教育出版社 1990 年版，第 26—27 页。

② 张念宏主编：《中国教育百科全书》，海洋出版社 1991 年版，第 632 页。

③ 叶澜：《中国教师新百科：中学教育卷》，中国大百科全书出版社 2002 年版，第 150 页。

④ 饶见维、吴家莹等：《师范学院教育实习的理论模式》，八十学年度师范学院教育学术论文发表会，1991 年。

行动，提供师范生统整其所学，考核其教学与行政能力，从而增加其实际能力，并建立献身于教育事业的信念之综合课程。"

黄政杰、张芬芬认为，教育实习有广义和狭义之分。"广义的教育实习是指师范院校为师范生安排的所有教育实务的学习经验；其目的是在提供师范生接触教育实际之机会，使他们在实际的场所中观察、探索、试验、实验、应用、理解、分析、综合与判断，借以了解、验证或修正理论，并将理论和实际结合，养成实际从事的能力，以促成教育实际导向更加完美的地步。狭义的教育实习，是将教育实习视为一门科目，与教育基础科目、教学方法科目一样。"①

许高厚认为："教育实习是师范院校具有综合性的教育、教学专业实践活动。具体地说，它是按照国家教育部门颁布的师范教育教学计划，在教师指导下，师范生积极主动自觉地运用已获得的教育理论、专业知识和技能，在实习学校中，直接从事教学工作实践和思想品德教育工作实践的一种教育活动。"②

尽管上述学者的观点表述不同，但其对教育实习的理解的实质不存在太大的分歧。综合上述学者对教育实习概念的界定，本书认为教育实习这一概念可以从以下几个层面来厘清：其一，教育实习是准教师在中小学现实情境中进行的各种教育教学实践活动；其二，准教师的这种教育教学实践活动是在大学与中小学教师的共同指导下进行的；其三，教育实习是职前教师教育课程中有别于理论课的、占有一定学分的一门综合实践课程，也是准教师必须经历的一种特殊而必要的学习过程，包括参观、见习、试教、教学实习、班主任工作实习、教育调查研究等实践活动。

（二）英国对"教育实习"概念的理解

在英文中，对于"教育实习"这一概念，经常使用的词汇包括：学生教学（Student Teaching）、教育实习（Internship，Interns）、田野经验（Field Experience）、学校体验（School Experience）、练习教学（Practice Teaching）、临床经验（Clinical Experience）、专业经验（Professional Ex-

---

① 黄政杰、张芬芬：《学为良师——在教育实习中成长》，中国台北师大书苑有限公司2001年版，第23—24页。

② 许高厚主编：《教育实习》，人民教育出版社2001年版，第2页。

perience）及教学实作（Teaching Rounds）等。① 在英国，教育实习作为职前教师教育中的一门课程，常常被人们用"School Experience"或"Student Teaching Practice"来指代，即在中小学校情境下进行的学习体验。

　　事实上，教育实习这一概念在英国教师教育的不同发展阶段有着不同的内涵。在英国教师教育的早期发展过程中，由于其师资培养的模式主要是"学徒制"（Apprenticeship），即准教师通过模仿师傅来学习如何教学。因此，在教育实习产生的初期，其实质只是教学上的简单模仿，因而那时的教育实习被称为"教学实习"更为准确。到了20世纪上半叶，教育实习的内涵逐渐得以丰富和发展，这一时期教育实习的内涵主要包括三个方面，即"教学技能的练习和教师角色的获得；学生在学校中的所有经历；以及课程中区别于理论科目的实践部分"②。此后，伴随着1972年詹姆士勋爵报告书（Lord James Report on Teacher Education and Training）的提出，英国教师教育逐渐走向开放化、终身化、多元化。此时，"教育实习的外延扩大，教育实习的主体不再特指师范生，同时还包括那些非师范专业的、选择教师职业的人以及任教第一年的教师"③。即教育实习从时间段落上不仅包括职前教师教育阶段，还包括在职教师的入职教育阶段。不仅如此，其内涵也更加丰富，即教育实习被视为一种反思性的实践活动，是实习者"开展理性的反省行动的历程"④。

　　可见，作为在英国本土环境中孕育而生的教育实习概念，其发生、发展的过程与教师教育的变迁息息相关，其内涵的变化也经历了一个逐

---

　　① Turney，C. Eltis，K. J.，Towler，J. & Wright，R.，*A New Basis for Teacher Education—The Practicum Curriculum*，Sydney：Sydmac Academic Press，1985，p. 199，转引自罗纶新《教育实习理论与实务之探讨》，《教育科学期刊》2002年第1期。

　　② Edgar Stones & Sidney Morris，*Teaching Practice：Problems and Perspective*，New York：Methuen Co. Ltd.，1998，p. 8. 转引自王红《中、英教育实习制度比较研究》，硕士学位论文，东北师范大学，2004年，第4页。

　　③ 王红：《中、英教育实习制度比较研究》，硕士学位论文，东北师范大学，2004年，第4页。

　　④ 杨深坑：《各国实习教师制度比较》，中国台北师大书苑有限公司1994年版，第131页。

步拓展与丰富的过程。与我国的教育实习概念相比较，英国教育实习的外延与内涵相对而言更具有宽泛性与丰富性。① 但是由于研究重点的不同，本书只限于对职前教师教育阶段中的"教育实习"的探讨，不包括在职教师的入职阶段的教育实习过程，即英国人特指的"School Experience of Initial Teacher Training"（初始教师培训中的教育实习）。

综合中外学者对教育实习概念的理解，笔者将"教育实习"界定为：职前教师教育中通过为准教师提供的在中小学教育教学情境中进行并由大学和中小学教师共同指导的各种教育教学实践活动，进而发展准教师实践性知识，养成教学实践能力并体认教师角色与职责的综合实践课程。

## 二　教育实习与教育见习、教学实习的区别与联系

从广义上来理解，教育实习包含准教师在中小学教育教学情境中所开展的所有实践活动，因此教育见习（Early Field Experience）和教学实习（Practice Teaching）都是教育实习的重要组成部分。但如果从狭义上来理解教育实习，在我国"至今大部分师范院校还是使用'教育实习'来特指最后阶段的集中实习活动"②，为此，狭义的教育实习主要包括集中的教学实习和行政管理实习，其中，教育见习只是集中教育实习的一个小的步骤或阶段，即准教师在独立进行教学和班级管理之前进行的参观学校、班级并观摩教学等活动。

简单地说，教育实习这一概念的发展呈现了从狭义到广义的过程。这一过程也可以说明三者的复杂关系。在教育实习发展的初期阶段，通常教育实习就是简单的教学实习。后来，随着教育实习不断走向专业化，逐渐有了教育见习、试教等环节或阶段的安排。而今，由于教育实习的内容更加丰富，教育实习的时间更加延长，教育实习要成为贯穿于整个职前教师教育的持续学习过程，为此，教育见习也成了教育实习过程中非常重要的一个独立的阶段，而不仅仅是集中教育实习之前的一个小的

---

① 王红：《中、英教育实习制度比较研究》，硕士学位论文，东北师范大学，2004年，第4页。

② 骆玲：《中美教师教育实践课程比较研究》，博士学位论文，华东师范大学，2009年，第12页。

步骤。所以，今天的教育见习也可以有狭义与广义之分，狭义的教育见习属于集中教育实习的一个环节，广义的教育见习是有别于集中教育实习的单独进行的观察、调研和观摩、走访等活动，是隶属于广义的教育实习的一个学习过程。

在当今英国，"School Experience"或"Student Teaching Practice"（学校体验）也是从广义的教育实习的概念来理解的，为此，教育见习和教学实习都是其重要的组成部分。需要说明的是，本书所论及的"教育实习"也是取其广义的理解。

### 三　准教师与实习教师

准教师（Prospective teacher）是指整个职前教师教育阶段中的预备做教师的人。由于我国的教师教育也和英美等国家一样在逐渐地走向开放化，所以综合大学的毕业生或非师范专业的毕业生也会有申请教师资格证书的机会，如果用传统的"师范生"概念来指代职前教师教育阶段中的所有预备做教师的人，其内涵已经显得有些狭窄。况且，"师范"一词在英美等国家早已是一个退出历史舞台的词汇。所以，本书认为用"准教师"指代职前教师教育阶段中的预备做教师的人，更为明确和恰当。

本书中出现的"实习教师"概念主要指处于实习阶段的或处于实习情境当中的准教师。

虽然在一些文献中，学者们也常用"实习生"来指代处于实习阶段的或处于实习情境当中的准教师，因为其扮演着"既生又师"的双重身份。但本书认为，实习阶段是准教师从学生蜕变为教师的过程，在这一过程中，更应以"教师"角色对其期许，而且这一用法也与英语中"Student Teacher"（实习教师）概念相一致。

### 四　对"英国"的说明

众所周知，英国包括英格兰、北爱尔兰、苏格兰和威尔士四个组成部分，由于英国在政治上实施的是民族区域自治政策，因此它们各自形成了独立的教育体制。但是因为英国议会的教育立法，主要适用于英格兰和威尔士。所以在本书中，对英国教育实习的研究也主要以英格兰和威尔士地区为主，间或提及其他部分。

# 第四节　研究思路、研究线索与篇章结构

## 一　研究思路

通过上述文献研究可见，目前对教育实习的理论探讨仍不够深入，在实践维度对英国教育实习的系统研究还显薄弱，所以本书将从理论和实践两个维度展开对教育实习问题的全面探究与考察。

在理论维度，本书在吸收和拓展已有理论研究成果的基础上，首先对教育实习的一些具有本体论意义的基本理论问题进行深入探究。因为在研究过程中，我们首先需要回答的问题是：研究对象是什么（What），即本质属性问题。所以笔者在研究中首先探讨的是：教育实习的本质是什么？如何对其定位？作为职前教师教育中的重要组成部分，其具有哪些特征？教育实习对于准教师的专业发展到底发挥着什么样的作用？

其次，我们需要回答的问题是：要使教育实习科学、有效，其所依据的理论基础有哪些，即从理论的视角阐释教育实习过程与实习教师专业发展的实然与应然状态。此部分的研究主要解决的是教育实习实施的依据问题，即为什么（Why）的问题。为此，笔者从哲学、心理学、社会学等学科视角来分别阐释实习教师的实践性知识如何获得、实习教师如何学习教学、实习教师经历了怎样的专业社会化过程、实习教师与大学和中小学实习指导教师及实习教师之间如何进行合作等一系列重要理论问题。希望此部分研究能够对深化教育实习领域的认识并在实践层面的开展提供理论阐释和理论依据。

再次，在上述理论研究的基础上，我们更需要解决的是教育实习如何在实践中具体实施的问题，即怎么做（How）的问题。为此，本书选取英国的教育实习进行全方位的系统研究。

在研究中，首先将英国教育实习置于历史进程中进行考察，但对英国教育实习发展历程的回顾并非是单调的历史铺陈与简单的现象描述，而是以理论与实践的关系为核心和视角将其实习观与实习模式的嬗变从其历史进程中抽离出来，以捕捉英国教育实习发展变革的根本线索，即教师教育中理论与实践的博弈。

在梳理英国教育实习历史沿革的基础上，本书重点对英国教育实习的现状进行全面的考察。不仅对其目标与内容进行深入考察与分析，而且对其过程、模式、指导策略、评价体系等方方面面的问题进行了立体的阐释与评介。不仅如此，本书还以剑桥大学教育实习理论分析框架和牛津大学教育实习项目作为案例，通过解剖这些案例来详细解读英国教育实习的真实状况。

虽然上述研究对英国教育实习进行了历史梳理、现状考察、纵向探究与横向比较、政策分析与实践考察，但这还不足以全面了解英国的教育实习的"前因后果"。所以，本书还从文化传统、政治形态、教师教育制度和理论—实践观等视角对英国教育实习的发展动因进行了深刻反思，旨在回答为什么是英国而非其他国家或民族选择了这样一条发展教育实习的道路。其次，评价一个国家教育实习的好坏，重要的是考察它的实效。为此，本书结合英国对教育实习效果的权威调查报告，分析了英国教育实习的实际效果，并且总结了英国教育实习的特点，反思了存在的问题。总之，这部分研究是对英国教育实习的深入评析与反思。

在上述对教育实习的理论研究与对英国教育实习的实践考察与反思的基础上，本书在最后一部分对教育实习进行了批判性思考，并在对教育实习的局限性进行深刻剖析的基础上，提出对教育实习未来发展的思考和建议。

为此，本书是对教育实习进行的融理论研究、历史研究、现状研究和发展策略研究为一体的系统研究。

## 二　研究线索

教育实习的根本目的之一是帮助实习教师融合教育理论与教育实践。在教育实习中，如何处理理论与实践的关系以及如何使二者实现成功的融合，是教育实习中非常重要的问题。为此，本书在研究的过程中，特别是对英国教育实习进行系统考察的过程中，始终关注英国教育实习中如何处理教育理论与实践的关系，包括英国教育实习的历史沿革中，理论与实践的关系发生着怎样的变化；在现实中，英国教育实习在课程结构、人员组织等方面又是怎样实现理论与实践的融合的。

总之，在研究过程中，教育理论与教育实践的关系是笔者始终关注的一条主要线索，虽然它是隐含着的，但它却是本书一以贯之的研究脉络与核心问题。

### 三　篇章结构

基于研究的需要，本书从理论和实践两个维度展开对教育实习的研究。

本书由引言和正文六章组成。

引言主要介绍论题的研究意义、研究的核心问题、国内外研究现状、研究思路、研究线索与本书的篇章结构，并对相关概念进行界定和说明。

第一章　主要探讨教育实习的本质、特征、价值与作用等基本理论问题。

第二章　借助于教师知识理论、建构主义理论以及教师专业社会化理论对实习教师的知识发展、学习过程以及专业社会化进程进行理论上的阐释。

第三章　对英国教育实习进行历史研究，揭示并分析其实习观与实习模式的嬗变历程。

第四章　对英国教育实习的现实发展进行全面、系统的透视，并以牛津大学教育实习项目作为案例分析其理念与实施模式。

第五章　对英国教育实习的历史沿革与现实发展进行全方位的深度解读，并反思其发展动因，归纳其特色，考察其效果，挖掘其存在的问题与不足。

第六章　对教育实习进行批判性思考，在剖析教育实习局限性的基础上对教育实习的未来发展与改革提出建议。

# 第 一 章

# 教育实习概说

在研究教育实习的过程中，我们首先需要解决的问题是教育实习的本质、属性特点等具有本体论意义的问题，对这些问题的回答是探讨其他有关教育实习理论与实践问题的基础与前提。为此，在本章中，笔者拟对教育实习的本质、属性特点、价值与作用等基本理论问题进行探讨。

## 第一节　教育实习的本质

弗里德森（Freidson）认为："假如人们对所谈的内容模棱两可，那就不可能去发展理论。"① 所以我们首先需要厘清教育实习的本质问题。长期以来，人们对于教育实习的认识大都基于一种常识性的理解，所以对其本质定位就显得比较困难。但从前文学者们对教育实习概念的界定和理解中，我们还是不难梳理出四种对教育实习本质的认识。一种认识将教育实习定位为职前教师教育中的一个"环节"，一种认识将其定位为一系列的"实践活动"，另一种认识将其界定为一门"课程"②，还有一种认识将其视为一种学习"过程"。

### 一　教育实习本质的各种界说

（一）"环节说"

对于"环节说"，如这样一种界定："教育实习是高师职业技能训练

---

① Feridson, E., *Professionalism Reborn*, *Theory*, *Prophecy and Policy*, Chicago: University of Chicago Press, 1994, p. 15.

② 骆玲：《中美教师教育实践课程比较研究》，博士学位论文，华东师范大学，2009 年，第 53 页。

的重要实践环节，是学生在教师指导下运用所学专业知识、教育理论和方法，完成教学实践的一次全面检验。"① 此外，还有学者认为，教育实习是"师范院校高年级学生到学校进行教育和教学专业训练的一种实践形式……它是师范教育教学计划中的重要组成部分，是培养中小学教师的综合实践环节"②。

教育实习的"环节说"，长期以来似乎已经成为一种人们约定俗成的认识和理解。这是因为教育实习在事实上一直扮演的就是一个"环节"的角色。在职前教师教育的课程体系中，教育实习一直被视为一个独立于通识课程、学科课程和教育理论课程之外的"附加部分，是准教师在学习完理论后，到实践中对理论加以检验和应用的部分"③。

（二）"活动说"

近年来，在对教育实习不断认识的过程中，很多学者将其定位为"实践活动"。例如，许高厚认为："教育实习是师范院校具有综合性的教育、教学专业实践活动。"④ 周蒲芳等认为："教育实习是培养师资的教育实践活动。"⑤

毋庸置疑，教育实习确实是有别于职前教师教育中理论课程的教育实践活动，如果从教育实习的广义来理解，它包括参观、见习、试教、教学实习、班主任工作实习、学校行政管理实习等一系列的教育教学实践活动。

（三）"课程说"

对于"课程说"，学者们认为，教育实习是教师教育体系中占有相应学分的一门课程。这种界说认为，随着现代课程观念的不断拓展与丰富，我们应该摒弃传统的课程理念，即"只承认以学科逻辑和结构为基础组

① 刘捷、谢维和：《栅栏内外——中国高等师范教育百年省思》，北京师范大学出版社2002年版，第4页。
② 张念宏主编：《教育学辞典》，北京出版社1987年版，第398页。
③ 骆玎：《中美教师教育实践课程比较研究》，博士学位论文，华东师范大学，2009年，第53页。
④ 许高厚主编：《教育实习》，人民教育出版社2001年版，第2页。
⑤ 周蒲芳、肖忠模主编：《教育实习教程》，航空工业出版社1998年版，第1页。

织起来的课程，以陈旧和排斥的眼光来看待一切非学科课程"① 的课程观。教育实习是一门有目的、有组织、有计划、有丰富内容的旨在统合准教师所有学习经验的特殊课程。

那么，它具体是什么样的一门课程呢？学者骆玎等进一步将其界定为一门"综合实践课程"②。因为依据课程专家的观点，"综合实践课程是一种以学习者的经验为核心的课程形态，它注重学习者在实践中获取的直接经验，强调课程内容要回归生活世界，关注学习者的亲身实践。这类课程注重将课程内容与学习者的个人生活和社会生活密切联系起来，并帮助学习者对各类知识加以综合运用"③。而教育实习正是以准教师的经验为核心，强调准教师通过亲身实践且在实践中获取直接经验，并对所有经验加以综合运用的一门课程。因此，教育实习完全符合综合实践课程的标准。

（四）"过程说"

尽管如前文所述，大多数学者都认为，教师的教育实习是在职前教师教育阶段联系理论与实践的一个重要环节，是职前教师教育的一门占有相应学分的实务演练的课程。但是，也有一些学者认为，教师的教育实习不应该仅仅被视为一门课程，而应该是延续整个职前教师教育阶段的一个学习过程。不仅如此，这种学习由于是基于实际的教学体验，因此，从本质上说，它是一种与经验对话、反思经验并从经验中学习的经验学习过程。持有这一观点的学者以我国台湾地区学者陈嘉弥与王秋绒为代表。

我国台湾学者陈嘉弥在其著作《师徒式教育实习之理论与实践》一书中即认为，"实习"之意，是指学习者在有经验的指导者督导之下，进入真实的现场环境中学习。其主要目的是帮助学习者自现场获得第一手的真实经验，将所学之理论与真实情境脉络相结合，以期了解两者间的差距，减少未来真正进入现场工作时的冲击。因此，从本质上说，教育

---

① 骆玎：《中美教师教育实践课程比较研究》，博士学位论文，华东师范大学，2009年，第54页。
② 同上。
③ 钟启泉：《课程的逻辑》，华东师范大学出版社2008年版，第138—140页。

实习在师资养成教育中被视为一个重要的经验学习过程，是统整养成教育中各式学习经验的综合应用。

学者王秋绒也在其著作《教师专业社会化理论在教育实习设计上的蕴义》中提出，教育实习不仅仅是一门实务演练的课程，而且是整个师范教育课程中的一个继续的历程。是一种通过经验的磨炼使人更懂得如何运用教育原理，并从实务中达至一系列教学目标的经验学习的过程。

依据经验学习的本质，并不是学习者获得了充足的经验就可以达到预期的目标。对于教育实习而言，必须通过引导实习教师运用分析、归纳、试用、分享、修正等历程，使其不断地与自己的"经验"进行对话，才能将经验转化为实践的智慧，从而创生出新的更有意义的经验。

正因为如此，王秋绒认为，教育实习需要较长的时间。因为只有在较长的时间内，才能引导实习教师主动参与、创造新经验的能力，所以需要把教育实习不仅仅作为一门课程来看待，更要把它视为一个持续学习的过程，只有这样才能达到教育实习的目标。

因此，她认为，教育实习不能仅仅被视为一门课程，而应该是职前教师教育中的一个持续的经验学习的过程。并且，这应该是"一连串师范生或教师不断以已有的专业知能、理念、态度，与教育实务'经验'产生'教育专业性对话'，以发展真正的教育智慧与有效的教育行动的辩证历程"[1]。

## 二 教育实习本质的阐释

上述对教育实习本质的不同界说，体现了人们对教育实习理解的多元性，也反映了这一概念的复杂性。笔者认为，教育实习的本质总体上可以从两个层面来分析，即内容上的"质"的规定性和形式上的"质"的规定性。就上述四种关于教育实习本质的判断而言，"活动说"体现了教育实习在内容上的本质，因为教育实习在内容上就是为实习教师提供的一系列实践活动。而其他三种界说都可以被视为是从形式的角度对教育实习本质的认识。

---

① 王秋绒：《教师专业社会化理论在教育实习设计上的蕴义》，中国台北师大书苑有限公司 1991 年版，第 64 页。

在"环节说""课程说"与"过程说"之间，笔者首先认为，"环节说"体现了传统的一种实习观念。作为一个"环节"，教育实习必然成为脱离于其他课程的、只是负责检验理论的一个部分、一个步骤而已。这种观念将教育实习从教师教育课程体系中剥离出来，使其仅仅成为其他职前教师教育课程的附庸。所以，从根本上来分析教育实习的"环节说"，这种界定在本质上体现的是"理论—应用"的实习观，而这种实习观造成了理论与实践的自然对立和脱离。不仅如此，更为严重的是，"环节说"把教育实习排除在了专业课程体系之外，这种定位很容易使人忽视教育实习所应具有的地位和价值。因为不具有课程的地位，所以教育实习似乎可有可无，可长可短，也正因为如此，教育实习长久以来一直处于"有其形而无其实"的尴尬地位。这种尴尬地位自然让教育实习很难发挥其应有的作用。所以，依笔者所见，"环节说"是我们应该摒弃的一种对教育实习本质的认识。

对于"课程说"与"过程说"，笔者认为二者都有可取之处，并且在某种程度上它们可以实现辩证统一。

如果从教师教育课程体系的角度而言，教育实习确实应该被界定为一门课程。这不仅因为在现实中，许多国家已经将教育实习列为在职前教师教育中占有相应学分的一门课程，而且因为这种定位有利于我们正确认识教育实习在职前教师教育课程体系中的应有地位。但是，虽然教育实习是一门课程，但它并不是一门人们惯常认为的常规课程，而是一种特殊的"综合实践课程"。综合实践课程是一种以学习者的经验为核心的课程形态，它的"课程内容超越了传统的学术性知识，突破了以文化符号作为表征的课程形态，强调准教师获取与教育教学相关的个人经验"[1]。因而作为综合实践课程，它强调准教师通过亲身实践且在实践中获取直接教育教学经验，并对所有获得的经验与知识加以综合运用，从而生出新的经验与智慧。这从本质上就是一种经验学习的过程。但是从课程形态上，笔者认为，作为一门课程，它应该成为一种"被延展了的课程"，即不是在时间段落上相对集中的课程，而是成为一门具有持续

---

[1]　骆玲：《中美教师教育实践课程比较研究》，博士学位论文，华东师范大学，2009年，第56页。

性、延展性、融合性的综合实践课程。因为只有这样，才能将实习教师的教育教学实践浸润于整个职前理论课程的学习过程之中，也只有这样才能使理论与实践实现长时间的融合与互动。

因而，如此的课程定位就可以与王秋绒的"过程说"相辅相成了。况且，虽然笔者非常赞同"过程说"所蕴含的理念，但毕竟这种经验学习的过程仍然需要在形式上由一门占有相应学分的课程来担负其功能。换句话说，只有这样，教育实习才能在整个职前教师教育课程体系中"名正言顺"地发挥其特有的功能和效用。

因而，笔者认为，教育实习在内容上的本质体现为一系列的教育教学实践活动，其形式上的本质不仅仅是一门综合实践课程，还应被视为贯穿于整个职前教师教育的持续的经验学习过程。

为此，基于上述对教育实习本质的理解，笔者认为，教育实习就是在职前教师教育中，与理论学习紧密联系的，基于学校真实教育教学情境的一种有指导、有组织的学习教学的过程，同时也是一个反思、批判性的经验式学习过程。那么根据以上理解，实习教师的专业发展过程也可以被概念化为：一个实习教师体验实践教学以及其他教育性学习情境的不间断的过程，一个在更具经验的同事的指导下反思自身的过程，一个在个人反思与大学教师教育者提供的理念的互动中发展自己对于教学洞见的过程。

## 第二节　教育实习的特征

教育实习作为职前教师教育中一门特殊的综合实践课程，一种实习教师所经历的经验学习过程，它到底具有什么样的属性与特征呢？

### 一　情境性

根据韦伯斯特词典所下的定义，"情境"是指"与某一事件相关的整个情境、背景或环境"①。从学习所发生的情境或场所来看，教育实习主

———————————

① 黄志成主编：《西方教育思想的轨迹——国际教育思潮纵览》，华东师范大学出版社2008年版，第383页。

要是实习教师在中小学校或其他教育机构真实的教育教学情境中展开的学习教学的过程。它强调的是现场性、情境性。因而，情境性是教育实习的一个本质性特征。

虽然在教育实习过程中，也包括在模拟的教育教学情境下进行的教育演习或模拟实习，如微格教学等，但教育实习的大部分实践活动都是在中小学校或其他教育机构真实的教育教学情境下进行的。也正是因为教育实习需要在真实的情境中进行，才凸显其特殊的意义和价值。

对此，美国学者帕莫尔（Palmer，1998）就曾指出，准教师的教育实习必须进入实际教学现场及与现场有经验的教师对话，才能更清楚地认识自己，学到教学知能。[①]

我国台湾学者饶见维也认为："一个人如果没有大量的实际情境来历练，不易理解一个理论的全貌，尤其是教育方面的理论及应用。真实的情境中具有相当丰富的'默会知识'，它可能来自于教师、学生、环境或事件，也可能隐晦在教师某些地方或某种刺激当中，可以提供参与者多样的省思脉络及素材，这类的丰富知识必须靠学习者长期浸润在真实的情境脉络中始能获得。"[②]

正因为如此，学者罗纶新指出，教育实习是将准教师安置在现场（on site）的教育环境里，由师资培育的指导教授及在校的辅导教师来指导其进行观摩、试教、反思及研究等教学的过程。[③]

所以说，教育实习是一种准教师在真实或逼近真实的教育环境里的情境学习过程。不仅如此，教育实习的这一情境性特征也成为很多国家在设计教育实习过程中必须遵循的一个基本原则，如美国在安排设计教育实习时，就特别强调为实习教师提供学校真实的而不是人为的环境，使实习教师通过亲身的实践和体验，对学校的实际工作产生真实的感受。

既然教育实习是一种情境学习的过程，那么为实习教师提供真实的、稳定的、安全的、多样性的情境就显得格外重要。为此，国内外学者都

---

[①]  罗纶新：《教育实习理论与实务之探讨》，《教育科学期刊》2002 年第 1 期。

[②]  饶见维：《从"临床教学"转向"专业发展学校"》，师范教育临床教学学术研讨会论文集，中国屏东，1997 年，第 23 页。

[③]  罗纶新：《教育实习理论与实务之探讨》，《教育科学期刊》2002 年第 1 期。

强调要加强实习基地的建设，这对保障教育实习的效果是至关重要的。

## 二　实践性

正如前文所言，教育实习是实习教师基于真实教育教学情境而展开的学习教学的过程，作为一种情境性学习，它要求必须以各种真实的活动作为学习的背景。所以，在教育实习过程中，其所有内容都是通过一系列的实践活动的方式而展开的，如实习教师亲自参加各种观摩活动、教学活动、行政管理活动、教育研修活动等，从而获得真实的专业体验和真正的专业行动的能力。正如舒尔曼所指出的："强调从实践中学习，允许学生（准教师）参加从观察到有限的参与直至最后全权负责管理的全过程，能促使学生学会实际的、有判断力的、智力性工作。"[①] 也正是教育实习的实践性特征使得教育实习在教师教育课程体系中与其他课程形成鲜明对比并具有特殊地位。

为此，实践性是教育实习的核心特质。同时也正是因为这一本质特征，使得教育实习成为职前教师教育中必不可少的重要组成部分。对这一本质特征的分析也可以部分地回答教育实习为什么在教师专业教育中如此必要。

我们不妨先来了解一下普通的专业培训所关注的知识基础。在 OECD 的报告《学习社会中的知识管理》（*Knowledge Management in the Learning Society*，2000）中提出了专业培训中所关注的四种类型的知识：其一，关于"是什么"的知识（Know What），即有关事实的知识；其二，关于"为什么"的知识（Know Why），即关于自然、人的思维以及社会中的行为与变化的原则与规律的知识；其三，关于"如何做"的知识（Know How），即技能、技巧，也就是做事情的能力；其四，关于"谁"的知识（Know Who），即关于谁知道什么以及谁知道去做什么的信息，也包括与不同的人合作与交流的社会能力。[②]

---

① ［美］李·S. 舒尔曼：《理论、实践与教育的专业化》，王幼真、刘捷编译，《比较教育研究》1999 年第 3 期。

② Hargreaves, David, "Knowledge Management in the Learning Society", a paper delivered to the Forum of OECD Education Ministers: Developing New Tools for Education Policy-making, Copenhagen, 2000.

应该说，目前在大多数专业如医学、建筑、法律等培训中，教育实习都是专业培训中的一个重要环节与组成部分。杜威就曾列举了医学院、法学院等专业学院的三个显著特征：（1）在专业学习之前要求学科知识的武装；（2）在专业学习的核心部分开发"应用科学与技术"（Applied Science and Arts）的学习；（3）提供集约性、典型性的实践而不是囊括性、细枝末节的实践，组织实践性的"准专业学习"（Practical and Quasi – Professional）。为此，在构想教育学院的专业教育的场合，这三个特征也必须加以具体化。第一要件，教养教育是专业教育的前提；第二要件，专业教育的核心是开发专业原理与技术教育的课程；第三要件，专业教育的基础是实践性、临床性经验。可以说，这个架构，显示了专业教育课程的基本结构。①

因为通过实习，未来的专业人员可以获得理论学习所不能带来的知识与体验，这是一种包括专业能力、专业态度以及在专业行动中所获得的实践性知识的综合知识与体验。如果说职前教师教育作为一种专业教育或培训，其理论课程的设置旨在使准教师们获得"是什么"与"为什么"的知识，那么在教育实习的过程中，实习教师就被希望通过真实的教育教学体验，在对理论知识的反思与互动中，更多地获得"如何做"的知识以及关于"谁"的知识，即养成一种对教育教学的胜任力与态度。因此，教育实习是理论学习所不能代替的，同时，通过教育实习以及与理论知识的互动所获得的综合性知识，也是专业教育所必不可少的知识基础。

不仅如此，与许多其他职业相比，教师职业是一种实践性很强的职业，有着许多其他职业所不具有的特点。比如，工作性质的复杂性和不确定性，工作对象的生成性和个体差异性，工作目的的价值取向和导向性，教师思维的非概念、非语言化和情感渗透，教师行动的身体化、自动化和情境性等。② 因此，教师职业需要具备特殊的专业知识基础，这无论从教师职业的特殊性，还是从我们对于将教师职业视为一种专业的角度来讲，都是极其必要的。所以，如果准教师只是凭借在大学获得的理

---

① ［日］佐藤学：《课程与教师》，钟启泉译，教育科学出版社 2003 年版，第 274 页。

② 陈向明：《理论在教师专业发展中的作用》，《北京大学教育评论》2008 年第 1 期。

论知识，即有关事实的知识和"为什么"的知识教学，而不具备"如何做"的知识和关于"谁"的知识，他们不仅难以应付充满复杂性与不确定性的真实的教学情境，而且行为本身还具有极大的危险性和冒险性，会给任教学生带来重大的负面影响。为此，通过教育实习过程中的各种实践活动，演练实习教师自己的"实战能力"，形成能够指导实践的实践性知识，拥有真实的角色体验与职责感，是保障教师专业教育的质量、预备合格教师的必要部分。

也正因为如此，各个国家都强调重视教育实习，注重实践训练。如苏联学者早就提出："大学生在课堂上所学的理论知识再多再好，也不能保证他们必然成为合格的教师。要把师范生培养成合格的教师，必须通过严密组织的教育实习。"① 对此，日本学者也认为："未来教师具有的各种品质和能力，是在教育实习、教学实践和同青少年的直接接触中形成的，如果未来教师只凭课堂所学的有关教育理论，毕业后就立即投入到教育实践场所——学校中去，具有极大的危险性和冒险性。"②

### 三　督导性

教育实习并不是实习教师盲目的实践、独自的摸索，而是有组织的、由大学与实习学校教师共同指导的学习过程。因此，这种学习教学的过程是在他者的督导下进行的。为此，督导性也是教育实习的又一本质特征。而且，许多学者都一致认为，实习指导教师的督导水平和效果在很大程度上决定着教育实习的成败。

对于这两类指导教师，一些学者，如约翰斯顿、威尔（Johnston & Will）等均指出，大学中指导教师与实习学校的合作教师虽然责任和角色不同，但同样都是教师教育者（Teacher Educator），具有相同的价值。③ 不仅如此，二者对于促进实习教师的专业成长应该发挥的是一种互补性的作用。大学的实习指导教师可以为实习教师提供理论上的支持，并协

---

① 《高等师范院校教育实习理论与实践》，西南师范大学出版社 1990 年版，第 176 页。

② 同上书，第 164—178 页。

③ Johnston, D. K., Duvernoy, R., McGll, P. & Will, J. F., "Educating Teachers Together: Teachers as Learners, Talkers and Collaborators", *Theory into Practice*, Vol. 35, No. 5, 1996, pp. 173 - 178.

助实习教师将其所"信奉的理论"转化为其"使用的理论"并指导实践行动，因为专业理论是实习教师据以反思及不断修正其专业行为的基础。而实习学校的指导教师则负责引导实习教师进入真实的教育教学世界，随时提供实务性的咨询，或者分析实习教师的教学实践的理念与技能，给出具体的教学上的示范、指导和帮助，并且帮助实习教师树立自己的信心，以减少实习教师在转换理论过程中的挫折体验。事实上，他们扮演着角色示范、教练（Coaching）以及支持者（Scaffolding）的多重角色。应该说，大学的实习指导教师与实习学校的合作教师都是协助实习教师专业发展的重要他人，这三者在教育实习的过程中共同形成了一个专业成长的三元框架（Tripartite）。否则不是造成理论在实际教学上的不堪一击，就是实习教师过度社会化，快速丧失原有的教学理想与热忱。[①]

可见，在实习过程中，大学与中小学教师的督导作用对于实习教师的专业发展至关重要。但是，无论是大学还是中小学的指导教师，他们对于实习教师的督导"不只是控制他们的表现、进行表扬或批评，他们的主要作用是使新教师去判断他们自己的工作"[②]。因为如果实习教师只是盲目服从指导教师，而没有学会自己判断自己的工作，那么他们的创造性与理智上的果敢性就会被压抑。

### 四　综合性

从本质上而言，教育实习是一门综合性的实践课程，为此，它具有鲜明的综合性的特征。这一特征主要表现在如下几个方面。

首先，教育实习的目的、内容体现出了综合性的特征。教育实习的目的在于通过教育实习全面提升实习教师的综合素质，使其能够胜任未来的专业要求，并为其后续的专业发展奠定基础。为此，教育实习的目的不只是简单的技能培养，而且是全面素质的综合提升。并

---

① Kroll, L. , Bowyer, J. , Rutherford, M. & Hauben, M. , "The Effect of School/University Partnership on the Student Teaching Experience", *Teacher Education Quarterly*, Vol. 24, No. 1, 1997, pp. 37 – 52. 转引自周成海《客观主义—主观主义连续统观点下的教师教育范式：理论基础与结构特征》，博士学位论文，东北师范大学，2007 年，第 132 页。

② ［美］伯利纳：《实验背景和师范教育的研究》，载瞿葆奎主编《教育学文集·教师》，人民教育出版社 1991 年版，第 555 页。

且，教育实习目的的综合性也决定了教育实习任务和内容的综合性。正是通过多种教育教学实践活动的综合演练，才能促进实习教师综合素质的全面发展。

其次，教育实习是一门统合准教师"学习经验之总体"的课程。① 在教育实习的过程中，准教师必须综合运用通识知识、学科专业知识、教育理论知识以及个体知识来解决教育教学过程中所遇到的一系列现实问题。因此，教育实习是准教师在职前阶段最好的一次综合运用所学知识的实践机会。为此，在这一意义上，教育实习类似于美国研究型大学的"高峰体验课程"（Capstone Course）。因为高峰体验课程即是"一种极点课程（Culminating Experience），通过学习这种课程，学生可以综合、拓展、批判和应用所学的专业知识"②。它要求每一个实习教师对自己所学的专业知识和教育理论知识做到融会贯通，综合运用，从而达到别的单科课程所不能给予的效果和体验。也正是在这种综合运用中，实习教师的理论知识水平和实际教学水平才能得到全面的提高。例如，这种对知识的综合运用使得实习教师不仅要关注自己所掌握的知识本身，还要考虑如何把自己掌握的知识传授给别人，不仅要注重知识本身的结论、问题的答案，还要重视如何获得结论与答案的思维过程，从而在自己的教学实践中引导学生积极思考。所以，教育实习确实是一门能够统合准教师所有学习经验与所得的总体的课程。

再次，教育实习提供了实习教师进行教育行动研究的机会，从而实现了教学与研究的结合。③ 在教育实习的过程中，实习教师通过接触教育教学实践，发现实践中的问题，并在大学与中小学指导教师的帮助下，反思、探究这些问题的缘由与解决的对策，从而改进自己的实践，这本身就是一种行动研究的过程。这种行动研究，能够帮助实习教师对教育问题形成更为深入与广泛的理解。因此，正是这种将教学与研究相结合的特征，使得教育实习能够成为培养反思型教师的一个重要过程。

----

① ［日］佐藤学：《课程与教师》，教育科学出版社 2003 年版，第 20 页。

② T. C. Wagenaar, "The Capstone Course", *Teaching Sociology*, Vol. 21, No. 3, 1993, pp. 209 – 214, 转引自刘宝存《美国研究型大学的高峰体验课程》，《中国大学教学》2004 年第 11 期。

③ 骆玲：《中美教师教育实践课程比较研究》，博士学位论文，华东师范大学，2009 年，第 59 页。

正是在上述意义上，我国学者孙启林认为："教育实习是实现高水平教师培养的综合实践训练。"①

## 第三节　教育实习的价值与作用

正如前文所述，对于教育实习，美国教育学者科南特（J. B. Conant）认为，"教育实习是教师教育中'无争论余地'的必要因素，在职前教师教育过程中具有'画龙点睛'之效"②。这不仅说明了教育实习在教师教育过程中具有重要的地位，即不可或缺，而且也说明教育实习具有不可小觑的价值与作用。

罗斯等人（Ross，et al.，1980）曾对教育实习的作用及存在的理由给出四个层面的论证：教育实习能够使学生进入师资培育课程后及早获得真实的教学经验以确定其后教学生涯的稳定性或及早获知自己是否应退出教学生涯，以免浪费时间和精力；学生在毕业及获得教师证书前得以加入教学能力的考评；师资生本身应在教学实习中获得专业能力；让未有经验的学生实习可以使课堂当中学得的理论在教学实际情境中更透彻了解及获得印证。③

学者陈嘉弥认为，实习教师在教育实习过程中所建构的经验与知识，一部分会影响他们对教育理论的学习，一部分会建构修正他们的教学技巧，一部分会冲击他们对教学的认知及态度，一部分会影响他们未来成为教师的意象，一部分可能潜存在实习教师的内在意识当中，当时可能对他（或她）毫无影响，却会在未来某一个时机点上表现出来。为此，他认为，教育实习的作用可以从六个方面来认识，那就是经验、知识、技能、社会化、反省及专业发展。具体说来，就是教育实习可以提供实习教师以丰富的实务经验，整合及建构新旧知识，操练与精熟教学技能，导引认知教师意象及学校生态，培养对自我教学的反省与批判能力，并

① 于亚中、霍宗治、张熙峰主编：《高等师范教育实习指导》，长春出版社1990年版，第446页。

② K. M. Zeicher, "Myths and Realities, Field-based Experiences in Pre-service Teacher Education", a paper delivered to the Annual Meeting of the Midwestern and Wiscouisin Education Research Association, Milwaukee, Nov. 1st, 1979.

③ 罗纶新：《教育实习理论与实务之探讨》，《教育科学期刊》2002年第1期。

建立专业发展的认知及行动力。①

　　学者郭秋勋运用因素分析法考察了教育实习的功能与作用，研究结果显示，教育实习的作用按重要次序排列如下：熟练及适应教学辅导工作、工作中培养责任感及获得自我实现；培养、发展及评鉴教学和行政技巧；了解教师权利义务，提高专业素养及促进沟通能力；发展专业研究兴趣、统整所学知识及试探任教志趣。②

　　在本书中，笔者结合一些国内外实证研究的结果并在综合学者们的分析的基础上认为，教育实习的作用可以从四个层面来体现：①从实习教师个体方面：能够影响实习教师个体的专业选择与专业成长；②从专业预备教育的角度：使教育理论与教育教学实践融合起来；③从教师教育一体化角度：帮助实习教师缩短入职适应期，并使职前与职后教师教育联结起来，从而有利于教师教育的一体化；④从教师职业生涯的角度：可以为实习教师的后续专业发展奠定基础。

## 一　影响实习教师的专业选择，促进其专业成长

### （一）对准教师的从教理想和职业选择的确认有着重要影响

　　一些学者通过研究发现，在职前教师教育阶段，对准教师从教理想影响较大的是教育实习。通过教育实习，实习教师可以进一步判断自己是否适合做教师，同时教育实习也是帮助实习教师发现自我的一个过程。

　　日本学者曾对一些大学教育系的学生做过关于从事教师职业志向的追踪调查。该调查分三次进行，第一次在学生刚入学时，第二次在教育实习之前，第三次在教育实习之后。调查结果发现，学生在实习前的从事教师职业的志向同刚入学时相比几无变化，即入学时想当教师者实习前仍想当，入学时不想当教师者实习前仍不想当。而在教育实习后与实习前相比则发生了很大的变化，90％ 的学生出现了积极变化，即原来不想当教师者现在有了从教的意向，而原来就有从教理想的人在实习后则愿望更加强烈。③尽管这一调查是在日本进行的，但是，也有一些其他国

---

① 陈嘉弥：《师徒式教育实习之理论与实践》，中国台北心理出版社 2004 年版，第 14—15 页。

② 郭秋勋：《教育实习目标、功能的探索及启示》，《教育研究资讯》1997 年第 5 期。

③ 鲁洁：《教育社会学》，人民教育出版社 1990 年版，第 472 页。

家的学者支持这样的研究结果。

那么，为什么教育实习会产生这么大的影响力？笔者认为，或许教育实习给了准教师一种做教师的真实的体验和感受，或许在某种程度上，通过实习让准教师认识和理解了教师职业的某些价值和意义。更为重要的是，教育实习具有现实的结构特征，它使准教师能够清晰地感觉到他正在迈向自己的目标——教学工作。可以说，实际的教学给了实习教师一种有价值的心理安慰（reassurance）。在美国学者贝蒂（Betty E. Steffy）等针对实习教师日记所做的一篇评论中，可以明显地看出实习教师主要担心的是能否实际进行教学。而教育实习有助于减轻他们的这种疑虑，因此即使是小小的成功也可以使实习教师肯定自己在职业上的选择。

因此，许多实习教师表示，他们并非仅仅把教育实习当作学习和发展新的教学技能和对教学的理解的一个机会，同时把教育实习看作一个能够帮助他们发现自我的过程。例如，英国的实习教师就表示："教育实习能够使我实验各种不同的教学策略，同时发现最适合于自己的教学策略。并且，享受教学的过程证明了，我选择了对自己而言正确的工作。"[1]美国学者的研究也证实了教育实习的成败对实习教师职业选择的确认有着重要影响：实习教师的"最初的教学实践经历具有深远的影响。如果没有专家的指导、支持并缺乏反思自身实践的机会，那么对大多数人来说，成功的可能性将大大降低。因为最初的实践经历不仅会影响到教师整个职业生涯的态度和能力的形成，也会对新教师做出是否继续自己教师职业的决定产生影响"[2]。

（二）促进实习教师教学知识的整合及其个人实践性知识的建构

1. 教育实习能够有利于促进实习教师教学知识的发展与整合

在英文中，教师的教学知识常用"Pedagogy"一词来表述。为此，有必要先对英文"Pedagogy"一词的含义做简略的解释。在广义上讲，"Pedagogy"指"关于教育的研究"，有时直接指"教育"本身；从狭义

---

① John Furlong, Len Barton, Sheila Miles, Caroline Whiting & Geoff Whitty, *Teacher Education in Transition: Re-forming Professionalism?* Buckingham: Open University Press, 2000, p.131.

② Linda Darling-Hammond：《发展中的教师专业发展学校：早期教训、挑战与展望》，王晓华、向于峰、钱丽欣译，中国轻工业出版社 2006 年版，第 4 页。

上说，是指"关于教学方法的研究"，或简单地指"教学方法"。有的学者将二者折中，将其定义为"一门关于教学的包括课程和方法在内的科学"。尽管人们对这一术语的理解有异，但其核心都是关于"教学"和"教学方法的"。① 为此，教师的教学知识，可以包括舒尔曼所提出的教师知识结构中的"一般性教学法知识""课程知识"与"教学内容知识"（学科教学法知识）。相应地，我国学者范良火以数学教师为例，也将教师的教学知识界定为三个方面的内容：教学的课程知识——关于包括技术在内的教学材料和资源的知识；教学的内容知识——关于表达数学概念和过程的方式的知识；教学的方法知识——关于教学策略和课堂组织模式的知识。②

那么教师如何才能获得教学知识呢？也就是教学知识的来源有哪些呢？对此，范良火对教师的教学知识来源进行了实证研究，并建立了一个研究框架来调查（数学）教师用于发展他们自身的教学知识的来源（如图1—1所示）。范良火通过实证研究，得出的结论之一就是："在职前教师教育的课程结构中，教师们认为教学实习在发展他们的教学知识中很有用，但一般教育学课程和数学教育课程的有用性都要少得多。"③

不仅如此，国外学者的研究也证实了这一结果。琼斯（M. G. Jones）和维斯林德（Vesilind）在研究中调查了23名师范专业的学生在大学四年级期间教学专业知识方面的变化情况。结果发现，那些未来教师在其教育实习中期重新构建了他们关于教学的知识，他们对于教学的灵活性和计划性的思想也变得很快。这些学生将他们在知识结构上的这类变化主要归因于他们的教育实习经验。④

为此，研究已经证明，在职前教师教育中，教育实习成为教师获得教学知识的一个重要来源。换句话说，教育实习促进了实习教师教学知识的发展。

---

① 范良火：《教师教学知识发展研究》，华东师范大学出版社2003年版，第44页。

② 同上书，第45页。

③ 同上书，第212页。

④ Jones M. G., Veslilind E. M., "Putting Practice into Theory: Changes in the Organization of Preservice Teachers' Pedagogical Knowledge", *American Educational Research Journal*, Vol. 33, No. 1, 1996, p. 91.

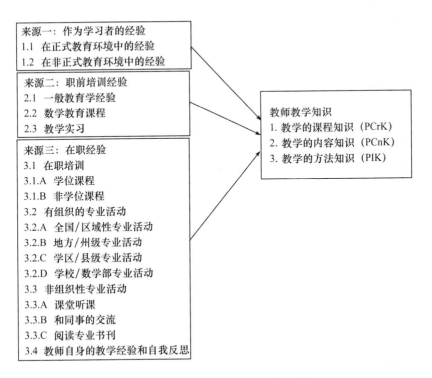

**图 1—1　一个考察教师教学知识来源的框架**

资料来源：范良火：《教师教学知识发展研究》，华东师范大学出版社 2003 年版，第48页。

2. 教育实习有利于实习教师激发、建构与累积个人实践性知识

自 20 世纪 80 年代以来，国外的诸多学者就关注到了教师的实践性知识并进行了大量而深入的研究，诸如 20 世纪 80 年代初期的艾尔贝兹（Elbaz）的研究，80 年代中期到 90 年代中期的康奈利（F. M. Connelly）和柯兰蒂宁（D. J. Clandinin）的研究，20 世纪 90 年代中期至今的贝加德（D. Beijaard）、威鲁普（N. Verloop）和梅耶（P. C. Meijer）的研究，等等。

其中，艾尔贝兹的系列研究使得教师的实践性知识开始受到人们的关注。她认为，教师在教学时所运用的知识是融合了个人的教学信念、价值观、过去教育与生活的经验以及专业理论知识的一种综合性知识。这种知识能有效解决教师当前教学情境中的各种复杂问题。艾尔贝兹将

这种以教学情境为取向的知识称为"实践知识"（Practical Knowledge）。①近年来，我国学者也开始关注到教师实践性知识的研究。例如，我国的陈向明教授就对教师的实践性知识进行了深入的研究。她认为，教师的实践性知识是教师真正信奉的，并在其教育教学实践中实际使用和表现出来的对教育教学的认识。②

对于教师实践性知识的内涵笔者将在后文详细阐述，在此主要探讨教育实习对于激发和建构实习教师的实践性知识的作用问题。对此问题的研究，首先需要明了的是，教师的实践性知识是如何形成的。

对于教师实践性知识的形成，率先提出专业实践知识论的舍恩认为，实践性知识的生成并非来自逻辑性的过程，它是实践者通过"行动中认知"（Knowing in Action）与"行动中反思"（Reflection in Action）等方式对经验的反思而生成的，或者说，实践性知识是人们经过审慎思考（Deliberate）而进行自我建构（Idiosyncratic Constructions）的过程形成的。③格罗斯曼（Grossman）从观察与访谈教师的过程中发现，教师的实践性知识会受到其他同事的影响，与其他同事分享经验、感受与心得，也会丰富教师的实践知识。④然而无论怎样，非常重要的是，教师的个人实践性知识的形成需要教师个体基于自己的教育教学实践并对其进行主动的反思与个人建构。对此，诺斯菲尔德（Northfield）提出，要想增进自己的实践性知识，教师必须批判性地反思自己前期业已形成的经验和观点，并且要通过不断的学习来有意识地增进自己的新知，且必须积极保持与其他同事的经验分享与互动。⑤

① Elbaz, F., *Teacher Thinking: A Study of Practical Knowledge*, New York: Nichols, 1983, p. 34. 转引自周成海《客观主义—主观主义连续统观点下的教师教育范式：理论基础与结构特征》，博士学位论文，东北师范大学，2007年，第44页。

② 陈向明：《实践知识：教师专业发展的知识基础》，《北京大学教育评论》2003年第1期。

③ Schon, D. A., *The Reflective Practitioner: How Professionals Think in Action*, New York: Basic Books, Inc. Publishers, 1983, p. 50.

④ Grossman, P. L. & Richert, A. E., "Unacknowledged Konwledge Growth: A Re-examination of the Effects of Teacher Education", *Teacher and Teacher Education*, Vol. 4, No. 1, 1998, p. 53.

⑤ Northfield, J., Gunstone, R. & Erickson, G., "A Perspective on Science Teacher Education", in Treagust, D. F., Duit, R. & Fraser, B. J., eds., *Improving Teaching and Learning in Science and Mathematics*, New York: Teachers College Press, 1996, pp. 201–211.

为此，萨通（Sutton）等学者主张，通过鼓励教师持续反思自己的经验、感受、信念与前见，特别是在观摩他人的教学活动时，或与他人的经验互动时，能够帮助教师建构个人实践性知识。[①] 换句话说，人们可以通过实践和直接经验的方式，或者通过"师傅带徒弟"的现代"学徒制"的形式获得个人实践性知识。正因为如此，教师实践性知识的获得离不开实践，离不开教师个体对实践经验的参与和互动，而通过教育实习，以及各种与教学相关的旁观习艺经验，实习教师就可以实现与实践经验的互动，并在对实践进行反思的过程中获得个人性的、情境性的实践性知识。为此可以说，教育实习为实习教师实践性知识的获得与积累提供了平台与条件。

我国学者石中英认为，从这一角度来说，教师的教育实习的意义就不仅在于应用从课堂上学到的已有的"显性的"教育理论，更重要的是，实习教师可以通过在实习中的熟练教师或专家型教师对自己的言传身教，来掌握和理解大量的在大学课堂上所学不到的缄默性的实践知识。[②] 有经验的教师所具有的个人实践性知识是实习教师专业学习的重要给养，为此，通过实习教师观察他们的教育教学实践，与他们交流、反思合作教师的实践性知识，并在自己的教学实践中反复体验，就可以帮助实习教师获得属于他们自己的个人实践性知识。

从这个意义上来说，教育实习对于激发并建构属于实习教师自己的实践性知识起着重要的作用，其意义也是一般的教育理论学习所不能代替和代替不了的。

（三）操练与精熟教学技能，形成职业惯习

教育实习对教师教学能力的形成具有重要影响。这也是教育实习所发挥的重要作用之一。因为教师的教育教学能力形成于教育教学实践之中。教育教学实践不仅是教师师德、文化知识、学科理论、教育理论、教育技能的综合运用，更是对教师教育教学能力的实际检验。教师的学科知识和教育知识只有通过实践才能内化、生成教师的教育教学能力。

---

[①] Sutton, R. E., et al., "A Developmental Constructivist Approach to Pre-service Teachers' Way of Konwing", *Teaching and Teacher Education*, Vol. 12, No. 4, 1996, p. 413.

[②] 石中英：《知识转型与教育改革》，教育科学出版社 2001 年版，第 254 页。

所以，教育实践对于培养教师的教育教学能力十分重要。[①] 对此，法国学者阿尔戴（M. Altet, 1996）也认为，教育实习可以帮助准教师掌握发展职业性的技能。他认为，教师职业的特殊性产生的原因在于教学活动包括两个不同但又相互依存的领域——教学与教育。其中，教学领域包括教师对信息、知识的管理和结构化，以及学生对他们的掌握；在教育领域，教师通过关系性的实践和行动建立适当的学习条件，处理信息，并使他们成为学生的知识。据此，他认为，教师的职业能力涉及知识、识做和知存三个维度。即保证教师任务和角色的完成所需要的知识、能力和态度。成功的教师不仅要掌握准备和教授教学内容的技术和方法，同时，还要能够灵活、自如地适应课堂中与学生之间的交互活动。[②]

针对教育实习，阿尔戴认为，教育实习首先可以帮助实习教师对真实的实践进行反思，发展其会分析（Savoir-Analyser）的能力。会分析被阿尔戴视为教师职业的元能力，即它凌驾于一切知识和能力之上。会分析的能力至少在两个维度发生作用：其一，教学知识更多的是经验性的，它源于教师的实践活动。在教学知识的实践—理论—实践的发展过程中，如何使实践经验明晰化、形式化，从而上升到理论高度，是构筑教师职业性的关键之一。在此，就涉及教师要会对实践进行分析的问题。其二，现在的教学情境日益不定、变化多端，教师在具体的职业活动中，要应对每时每刻出现的问题，这就需要他能够对情境中的多种因素进行尽可能详尽的分析、把握，然后，通过思考采取恰当的对策。教师教育的最终目标无疑是培养教师对各种情境的适应能力，而这以对问题的分析为前提。[③]

其次，教育实习活动可以引导准教师通过这种实践活动认识、发展自己的惯习，走向职业的个性化。惯习（Habitus）是法国社会学家布迪厄（P. Bourdieu）在他1972年的著作中使用的一个概念。从某种程度上说，"惯习对教师的职业实践的作用是决定性的，它决定了教师对新的教

---

① 柳海民、史宁中：《专业化教师教育课程的理论样态与基本结构》，《课程·教材·教法》2004年第10期。

② 汪凌：《从教学的实践看教师职业性的培养》，《外国教育资料》1999年第6期。

③ 同上。

学方法的使用水平和方式，决定了他们对日常教学情境的解决方法，从而也决定了教师的职业生活。因此可以说，教师的教育教学行为更多地求助于个人或职业性惯习。而对惯习的认识和培养只有在实践活动中才能实现。因为只有在实践活动中，它才可能被启动，也才可能更加丰富和充盈"①。

为此，社会学家认为，职前教师教育和其他教育类型一样，始终在有意无意地改变着学生的惯习。而在职前教师教育中，教育实习借助于各种教育教学实践活动可以帮助准教师认识自己行为的运作机制，将某些行为置于过程性知识和理性的控制之下，从而有意识地发展自己的职业惯习。②

此外，我国台湾学者郭秋勋在《教育实习目标、功能的探索与启示》一文中，通过实证研究，探讨了教育实习的目标与功能。研究结果也显示，教育实习的一个重要的功能就是帮助实习教师养成实际从事教学的能力。③ 美国学者米尔沃特与雅柔（Millwater & Yarrow，1997）也指出，师范生透过教育实习能获得经验性及学术性的教学知能，能更平顺地自师范生的角色转换为新任教师，在日后的教学上，也有能力将理论与实务融会贯通，进而迈向成为一位圆熟智慧教师的途径。④ 美国塞奇大学的朱丽亚·罗森伯格和约翰·哈默等人对两组实习教师（一组为有实地经验的本科生，一组为无实地经验的研究生）进行问卷调查分析、对比得出的结论是：有无实地经验直接影响到教学能力的强弱。⑤

（四）促进实习教师的专业社会化

对大多数实习生来说，教育实习不仅使他们掌握了一些基本的教学技能和技巧，而且在一定程度上转变了师范生的某些价值观和态度，影响他们的教学信念和对教学工作的认识，对自己的教学品质和能力也会重新评价。这些都有利于准教师的专业社会化，并为他们将来承担教师

① 汪凌：《从教学的实践看教师职业性的培养》，《外国教育资料》1999 年第 6 期。
② 同上。
③ 郭秋勋：《教育实习目标、功能的探索与启示》，《教育研究资讯》1997 年第 5 期。
④ 陈嘉弥：《师徒式教育实习之理论与实践》，中国台北心理出版社 2004 年版，第 13 页。
⑤ 罗耀：《中美师范教育实习之比较研究》，硕士学位论文，南京师范大学，2005 年，第 14 页。

角色奠定基础。①

具体说来，教师专业社会化"是在教师职业生涯发展中，个人获得教育专业知识和技能，内化职业规范和价值、伦理，建立和发展自我观念，表现角色行为模式，逐渐胜任教师专业角色的过程"。②

一些研究表明，实习学校的社区环境、学校政策、学校文化，实习学校教师团体的次级文化特质、教室系统，大学与实习学校的指导教师的引导与支援，实习教师与学生、指导教师、其他实习教师的人际关系，学生对实习教师的态度等，都会对实习教师的专业社会化产生重要影响。③

从功能论的观点来看，教师在社会化过程中居于被动地位，遵循既有的社会规范与期望而表现既定专业角色。为此，教师所处的学校体系、学校之外的社会文化结构等共同组成社会角色期望与规范的环境力量，这些环境力量通过角色期望与规范的影响作用，决定学校教师的角色态度、价值与行为。④ 为此，上述因素会对实习教师的专业社会化产生重要影响。

例如，一些学者通过研究发现，在职前教师教育过程中，"由教师的形象、学生的角色、知识、专业化的发展以及受教学校环境、班级气氛、同辈团体、社团生活等多种因素交互作用形成的潜在课程（Hidden Curriculum）对准教师专业社会化的意义重大"⑤。对于实习教师而言，实习学校的社区环境、学校政策、学校文化，实习学校教师团体的次级文化特质，大学与实习学校的指导教师的角色扮演等同样会构成影响实习教师的潜在课程或隐蔽课程。这些潜在课程会极大地作用于实习教师的专业社会化进程。

不仅如此，学校中的科层体制也会对实习教师的专业社会化产生影响。对此，学者赫尔瑟与科奇尼亚克（A. Helsel & S. Krchniak）就曾对学校中的科层体制对实习教师社会化的影响做了专门研究。他们认为，

① 杨秀玉、孙启林：《实习教师的专业社会化研究》，《外国教育研究》2007年第11期。
② 项亚光：《论当前国内外教师专业社会化发展》，《外国中小学教育》2004年第6期。
③ 杨秀玉、孙启林：《实习教师的专业社会化研究》，《外国教育研究》2007年第11期。
④ 朱沛雨：《初任教师的继续社会化研究》，硕士学位论文，南京师范大学，2006年，第6页。
⑤ 田秋华：《教师专业社会化研究及其实践意义》，《西北师大学报》（社会科学版）1999年第36期。

在教学和管理学生方面，在实习之前，实习教师大都倾向于人文取向，由于实习学校的科层体制的影响，在实习过程中或实习后，实习教师会改变为控制甚至专制的取向。[①]

在教室系统方面，美国学者道尔（Dovle）等人提出了教室生态系统的观点。他认为教室是一个生态系统，它由教室中的师生交互作用、师生比例、教学时限和各种资源设备等因素构成。教室生态系统中的各种因素和系统结构特征均对教师的专业社会化产生影响。

除了上述组织因素，一些人为的因素也会作用于实习教师的专业社会化。因为从符号互动论观点看，学校教师与其所处的环境中的成员不断互动，所以"重要他人"对教师专业社会化产生影响，且权威导向者具有较大的社会化作用，再依次为同辈团体、服务对象。[②] 对于实习教师而言，"重要他人"应该是实习的指导教师。无论是大学的还是中小学校的实习指导教师，其教学模式、教学观念对于实习教师的教学观念、未来教学行为的形成都将产生重要的影响，这种影响比对其传授内容性知识更为重要。此外，指导教师愿意为实习教师提供教学专业知识方面、班级管理技巧方面以及情感方面的支援，还是任由实习教师的沉浮，（Sink or Swim）都将对实习教师的专业社会化起到推力或阻力的作用。

此外，"同辈团体"也会对实习教师的专业社会化产生影响。为此，实习教师要处理好与其他实习教师的关系，加强彼此的交流，开研讨会促进各自的专业社会化。

服务对象，即教室中的学生，也会对实习教师的专业社会化产生影响。有研究表明，"学生对于实习教师的反应，决定了实习教师在教室的地位、一般教学取向、在教室中运用语言的类型及所采用的特定教学方法之类型与频率"。[③]

总之，在教师教育实习过程中，上述因素会相互作用，共同对实习

① 王秋绒：《教师专业社会化理论在教育实习设计上的蕴义》，中国台北师大书苑有限公司 1991 年版，第 33—48 页。

② 朱沛雨：《初任教师的继续社会化研究》，硕士学位论文，南京师范大学，2006 年，第 6 页。

③ 何云光：《国中实习教师专业社会化过程之问题调查研究》，《教育研究资讯》1995 年第 3 期。

教师的专业社会化产生重要影响。所以，教育实习是促进实习教师专业社会化的重要过程。

### 二　融合职前教师教育中的理论与实践

职前教师教育，即教师的专业预备教育。教育实习作为职前教师教育中的重要组成部分，在它与其他部分的外在结构与关系方面，很重要的一个功能就是使职前教师教育中的教育理论与教育实践融合起来。这是教育实习的目的，也是它应该发挥的作用。为此，很多学者都提出，教育实习是联系理论与实践的纽带。"教育实习最本质性的功能是在理论与实践之间建立联系，正因如此它具有极强的研究性质。"[1]

虽然教育实习的最本质的功能是在理论与实践之间建立联系，但长期以来，由于传统教育实习观的影响，这一功能发挥得并不理想，教育理论与教育实践的脱离几乎成为教师教育中的一个积弊。

在传统上，我们对于教育实习的理解，基本上是以技能训练、理论运用、能力检验的教师培训观来看待教育实习的。事实上，这些传统的教育实习观就是把教育实习视为一次性的对理论学习的实践检验，这是基于能力本位的教师教育和工具理性主义而提出的教育实习观。对此，美国学者罗赛尔（Russel）称其为"把理论运用于实践"（theory into practice）的教育实习观，即教育实习是为了"验证教育理论"或"应用教育理论"的实践活动。

为此，在职前教师教育中，理论课程与教育实习常常是分割开来的。而在理论课的学习过程中，准教师们接触真实的教育情境的机会并不多。因为理论缺乏与实践的联系，所以理论课总会给人一种非常抽象、枯燥的感觉。

以往的教育实习，虽然也安排了参观、见习、教学实习等内容和环节，但实习教师在教案设计、实习报告与总结研讨方面都不够深入，并且常常与之前的理论课程无关。所以，一些研究表明，实习教师在教育实习过程中并没有太多地运用到在职前教师教育中所学习到的理论。而且，很多实习或初任教师抱怨这样一个事实，那就是当他们进入学校开

---

① 饶从满、满晶：《德国教师教育的演进》，《外国教育研究》1994 年第 5 期。

始正式教学的时候，他们就会遇到很多在职前教师教育中没有对此做好充分应对准备的问题情境，这被学者们描述为"现实的震撼"（Reality shock）[1]。并且，一旦准教师们离开了职前教师教育机构，他们在那里所获得的对教育教学的积极态度，就会被学校中的体验一扫而光（Zeichner & Tabachnick）。[2]

对此，泽兹纳与特巴尼克（Zeichner & Tabachnick）认为，大学虽然高举自由的口号，但实际上的社会互动却与中小学类似：强调传递公认的观点与信息，并且要求学生专精理论知识。大学学习经验中的理论与实际的分离才是师范生在进入实际教学情境时即转向传统经验的关键因素。职前教育机构与任教学校其实共同造就了教师在教学专业上的态度。[3]

尽管对于教师教育中理论与实践的关系，学者们的讨论经久不息，而且常说常新，这是因为教师教育中理论与实践相脱离的问题至今也还未完全解决好，同时也是因为人们对于教师教育中理论与实践的关系的认识也处在不断变化与深入发展的过程之中。如今，对于教育实习与理论知识学习的关系问题，人们已经认识到过去那种先理论后实践的、一次性的且二者相互隔离的关系有着诸多的弊端，因此，这种传统的观点已经被人们所摒弃。在今天，人们不仅抛弃了一次性的教育实习观而强调教育实习应成为延续整个职前教师教育阶段的一个学习过程，而且认为，教师教育中的理论知识学习与教育实习是一种相互融合，交替往复，动态发展，互相修正的关系。只有这样，教育实习才能够很好地发挥联系理论与实践的纽带作用。

而要做到这一点，教育实习与理论知识的学习不仅应该紧密联系，彼此融合，互相促进，而且要做到两个重点的突出，即教师教育机构应该把重点放在"与实践有关的命题知识"上，而在实习学校则应该把重

① Veenman, S., "Peiceived Problem of Beginning Teachers", *Review of Educational Research*, Vol. 54, No. 2, 1984, p. 143.

② Fred A. J. Korthagen, Jos Kessels, Bob Koster, Bram Lagerwerf, Theo Wubbels, *Linking Practice and Theory—The Pedagogy of Realistic Teacher Education*, Mahwah: Lawrence Erlbaum Associates, Publisher, 2001, p. 32.

③ 周淑卿：《课程发展与教师专业》，中国台北市高等教育文化事业有限公司 2004 年版，第 10 页。

点放在"命题解释的实践性知识"上。①

### 三　缩短入职适应期，减少离职率，促进教师教育一体化

教育实习通过为实习教师提供充足的实践体验和高质量的指导与监督，通过赋予实习教师逐渐增强的教学独立权，缓和了从职前培训到真实教学的过渡，从而大大减少了新教师对教学实际的不适应。② 这在很大程度上缓冲了实习教师在入职后常常要经历的所谓的"现实的震撼"。而且经历过教育实习之后，实习教师无论在对教师角色的理解上，还是在教学方法、班级管理以及与学生相处的态度上和方式上，都表现出对现实的适应性，并开始形成主动协调专业自主与学校体制之间冲突的能力。③ 因此说，教育实习非常有助于缩短实习教师在步入教职后的入职适应期。而且由于很快适应了真实的教学环境，也能在一定程度上缓冲实习教师在入职后的压力，因此教育实习对于减少其入职期的离职率也发挥了重要作用。

不仅如此，在终身教育思潮的影响下，教师教育一体化已经成为教师教育发展的必然趋势。教育实习作为一门综合实践课程，在发挥联系教育理论与教育实践的纽带作用的同时，也联结了职前教师教育和教师职后培训，从而有利于教师教育逐渐走向一体化。

同时，也有学者指出："反思型教师的养成是一个贯穿于教师教育职前和在职阶段的整体培养过程，因为反思过程的本质决定了准教师必须在连贯的专业发展的过程中形成批判性思考的能力。"④ 而教育实习淡化了教师职前和在职阶段的"断层"，使准教师的反思能力始终处于连贯的

---

① Thiessen, D., "A Skillful Start to a Teaching Career: A Matter of Developing Impactful Behaviors, Reflective Practices, or Professional Knowledge?", *International Journal of Educational Research*, Vol. 33, No. 5, 2000, p. 515.

② Stokking, K. Leenders, J. D. Jong & J. V. Tartwijk, "From Student to Teacher: Reducing Practice Shock and Early Dropout in the Teaching Profession", *European Journal of Teacher Education*, Vol. 26, No. 3, 2003, p. 329. 转引自骆玎珵《中美教师教育实践课程比较研究》，博士学位论文，华东师范大学，2009 年，第 64 页。

③ 刘捷：《专业化：挑战 21 世纪的教师》，教育科学出版社 2002 年版，第 139 页。

④ [美] 斯蒂芬·D. 布鲁克菲尔德：《批判反思型教师 ABC》，中国轻工业出版社 2002 年版，第 52—53 页。

进程和体系之中，使反思真正成为准教师的专业习惯而融入未来的学习和实践中去。①

### 四　为后续教师专业发展奠定基础

教师的教育实习，作为教师专业发展的阶段之一，对于后续的教师专业发展具有重要的影响。正如一些学者所言，正是这个阶段决定了教师的入职与职后的教师生涯的成功与否。或者说，职前教师在教育实习中的表现对于预测职后教师的成功与否是一个更为重要的标准。

学者赵昌木也对教育实习的作用提出了自己的看法："我们可以把教育实习看作是师范生从事教职之前教师角色的预演。这种预演对一些师范生来说有着愉快的体验，而对某些师范生来说也可能是苦涩记忆。不管怎样，实习能使师范生更多地了解教学意味着什么，帮助他们确定是否适合教学的内在要求。实习教师的经历会一直影响到他们从事教职之后。"②

正因为如此，教育实习不仅应被视为发展实习教师作为教师的起始能力的重要阶段，也是其发展后期继续实现专业成长能力的重要机会。所以一些国家在教育实习中，不仅重视实习教师作为一名教师的基本教学能力的培养，而且从实习伊始，就非常重视实习教师的批判反思能力、专业合作能力以及自主学习等能力的提升，以培养其实践智慧，进而为其后续发展奠定基础。

总之，从上述学者们的观点可以看出，教师的教育实习是教师专业成长过程中的一个重要时期，实习教师在实习期间的表现对于未来的职业生涯有着重要的影响。这段最初接触教学的真正情境的经历会给实习教师留下不可磨灭的印象，无论愉快与否，都会对其未来从事教学的信心与对自身的评价产生深刻的同时又是潜在的影响。

---

① 骆玲：《中美教师教育实践课程比较研究》，博士学位论文，华东师范大学，2009 年，第 66 页。

② 赵昌木：《教师成长论》，甘肃教育出版社 2004 年版，第 105 页。

# 第 二 章

# 教育实习的理论阐析

当前对于教育实习的研究更多地关注于对教育实习组织与实施等制度性、保障性的外围条件的探讨，而对教育实习期间实习教师应该获取什么样的知识、如何进行学习、如何反思、如何发展等根本性问题却研究不多。我们知道，要使教育实习设计得科学，并产生良好的效果，就必须对这些根本性问题进行深入、系统的研究，因为这是规划、组织教育实习的前提和依据。为此，本章将借助于哲学、心理学、社会学等学科理论来深入阐释实习教师需要获得哪些专业知能、实习教师如何学习教学、实习教师经历了怎样的专业社会化过程等一系列基本理论问题。希望此部分研究能够对深化教育实习领域的认识并为实践层面的开展提供理论解释与依据。

## 第一节　教育实习的知识学原理

自 20 世纪 80 年代以来，伴随着认知心理学的勃兴和教师专业化运动的推进，有关教师知识的研究日渐丰富起来，并逐渐成为教师教育研究领域的一个热点问题。因为学者们通过研究发现："行为背后起决定作用的是知识体系。教师知道什么以及他们如何在教学中表达这些知识对学生学习与教师的教学至关重要。"[1] 不仅如此，教师的教育教学观也在很大程度上取决于教师拥有什么知识、如何使用这些知识以及教师是如何

---

[1]　F. Michael Connelly, D. Jean Clandinin, "Teachers' Personal Practical Knowledge on the Professional Knowledge Landscape", *Teaching and Teacher Education*, Vol. 13, No. 7, 1997, p. 665.

获得这些知识的。① 为此，为了提升教师的教学质量并促进教师的专业发展，同时也为改进教师教育提供依据，教师知识研究日见蓬勃。

诸多学者通过对教师知识的研究发现，教师在教学中所使用的知识并不是高度抽象的命题性知识，而是经验性的、情境性的、带有教师个人风格和特征的实践性知识。② 这种实践性知识是教师真正信奉的，并在教育教学实践中体现出来的教育观念。③

在职前教师教育阶段，作为具有情境性、实践性特征且作为实习教师的经验学习过程的教育实习，可以为准教师实践性知识的积累和发展提供良好的平台，因为单纯的学科知识并不足以支持准教师顺利解决来自实践中的各种难题，个体教育实践才是准教师获取实践性知识的主要路径。④ 反过来，也正是由于这种实践性知识的获得，才能帮助实习教师顺利开展教育教学实践，并实现由学生到教师的转变。为此，实践性知识的获得对于实习教师的专业发展意义重大。然而，单纯的、重复性的实践并不能为实习教师带来丰富的实践性知识。因此，了解什么是教师实践性知识，实习教师的实践性知识包含哪些内容，具有什么样的特征，以及如何使实习教师在教育实习过程中获得实践性知识，或者说什么样的教育实习过程能够帮助实习教师获得实践性知识就成为教育实习理论研究中需要深入探究的一个重要问题。

## 一　教师知识研究

根据《教育大辞典》，所谓"知识"是对事物属性与联系的认识。表现为对事物的知觉表象、概念、法则等心理形式。可以通过书籍和其他人造物独立于个体之外……按照来源划分有直接知识和间接知识，前者从人类社会实践中直接获得，后者通过书本学习或其他途径获得。⑤

---

① 陈向明：《对教师实践性知识构成要素的探讨》，《教育研究》2009 年第 10 期。

② 韩继伟、林智中、黄毅英、马云鹏：《西方国家教师知识研究的演变与启示》，《教育研究》2008 年第 1 期。

③ 陈向明：《对教师实践性知识构成要素的探讨》，《教育研究》2009 年第 10 期。

④ 刘东敏、田小杭：《教师实践性知识获取路径的思考与探究》，《教师教育研究》2008 年第 4 期。

⑤ 辛涛、申继亮、林崇德：《从教师的知识结构看师范教育的改革》，《高等师范教育研究》1999 年第 6 期。

正如兹南尼基（Znaniecki）所说："每个人无论承担何种社会角色都必须具备正常担任该角色所必不可少的知识。"① 所以，对于教师而言，人们也都会同意教师要有效地进行教学必须具备一定的知识。然而，对于教师需要"什么样的"知识，学者们基于不同的研究视角，提出了不同的观点。

例如，根据埃尔伯兹（Elbaz，1981，1983）的观点，教师需要拥有广博的知识，包括：学科知识；课程知识（关于学习的经验及课程内容的建构）；教学知识（关于课堂管理，教学常规，学生的需要、能力及兴趣）；教学环境的知识（关于学校及其周围社区的社会结构）；以及自身的知识（关于他们自身作为教师的优势及弱点）。他把这些知识称为"使用知识"，认为当教师遇到"各种任务和问题"时，这些知识可以引导教师的工作。② 格罗斯曼（P. L. Grossman）在《教学和教师教育百科全书》中认为，教师知识结构体系可以包括这些方面的内容：学科专业知识、有关学习者和学习的知识、普通教育学知识、课程理论知识、教学情境知识、关于自身的知识。学科内容的知识主要包括学科内容和学科教学法；学习者和学习的知识主要有学习理论，学生的生理、心理、认知和社会知识，激励的理论与实践，对学生种族、社会经济和性别差异性的了解；一般的教育学知识包括课堂组织和管理、一般的教学方法；课程知识包括课程发展和学校各年级课程的基本知识；教学情境知识包括课堂、学校、家庭、社区、学区、国家或地区知识；关于自身的知识主要是对自己的价值观念、优点和缺点、教育哲学、学生的目标、教学目标等的了解等。③

舒尔曼（Shulman，1987）对于教师知识的研究影响较大。他定义了构成教师知识基础的七类知识：①内容知识，主要是指学科知识；②一般性教学法知识，指超越各具体学科之上的关于课堂管理和组织的一般原理和策略；③课程知识，指对作为所教的"职业工具"的教材和教学

① Znaniechi F., *The Social Role of the Man of Knowledge*, New York：Octagon Books, Inc., 1965, p. 24.

② 范良火：《教师教学知识发展研究》，华东师范大学出版社2003年版，第14页。

③ Grossman, P. L., "Teacher's Knowledge", in T. Husen & Postlethwaite, eds., *The International Encyclopedia of Education* (2nd ed.), New York：Pergamon, 1994, pp. 6117 – 6122.

计划的掌握；④学科教学法知识，指对将所教的学科内容和教育学原理
有机融合而成的对具体课题、问题或论点如何组织、表达和调整以适应
学习者的不同兴趣和能力以及进行教学的理解；⑤学习者及其特点的知
识；⑥教育环境的知识，包括从班组或课堂的情况、学区的管理和经费
分配，到社区和文化的特征；⑦关于教育目标、目的和价值以及它们的
哲学和历史基础的知识。① 其中，舒尔曼提出的学科教学法知识（Peda-
gogical Content Knowledge）因为融合了学科内容知识和教育学科知识，
而被视为教师知识的核心。

　　除了国外学者，我国的陈向明、申继亮与傅道春等，也对教师的知
识基础提出了各自的观点（如表 2—1 所示）。

表 2—1　　　　　　　　　　　　**教师的知识分类**

| 研究者 | 教师的知识分类 |
|---|---|
| 埃尔伯兹 | 学科知识；课程知识；教学知识；教学环境的知识；自身的知识 |
| 伯利纳 | 学科内容知识；学科教学法知识；一般教学法知识 |
| 斯滕伯格 | 内容知识；教学法知识；实践的知识（外显的、缄默的） |
| 舒尔曼 | 学科内容知识、一般教学法知识；课程知识；教学内容知识（学科教学法知识）；有关学生的知识；有关教育情境的知识；其他课程的知识 |
| 格罗斯曼 | 学科内容知识；学习者和学习的知识；一般教学法知识；课程知识；情境的知识；自我的知识 |
| 考尔德黑德 | 学科知识；行业知识；个人实践知识；个案知识；理论性知识；隐喻和映象 |
| 申继亮 | 本体性知识（学科知识）；条件性知识（教育学、心理学知识）；一般文化知识；实践性知识 |
| 傅道春 | 原理知识（学科原理、一般教学法知识）；案例知识（学科教学的特殊案例、个别经验）；策略知识（将原理运用于案例的策略） |
| 陈向明 | 学科知识；学科教学法知识；实践性知识 |

　　资料来源：参见陈向明《教师实践性知识研究的知识论基础》，载《社会转型与教师教育
变革》，东北师范大学出版社 2008 年版，第 152 页。

　　尽管学者们在对教师知识进行研究的过程中，将教师所需要的知识

---

① 范良火：《教师教学知识发展研究》，华东师范大学出版社 2003 年版，第 15 页。

划分成了不同的种类，但正如博科（Borko）和帕特南（Putnam）所指出
的，人们对知识所做的分类并不代表知识在人头脑中的存储方式，这种
知识划分不过是帮助我们思考的启发装置（Heuristic Device）。① 的确，
在日常的教育教学实践中，教师的各类知识常常是交织在一起的。不仅
如此，基于上述的研究发现，许多学者开始质疑，由专家建立的有着
"公共取向"的教育理论知识在教师个体的教育教学实践中到底能起到多
大程度的作用。例如，泊科恩（Perkin）指出，理论性知识是大学和研究
机构教学和研究的基础，与实践者所需要的实践知识或程序技术是截然
不同的。② 斯科内德（Schneider）也认为，由于自然科学的量化与实验方
法的影响，教育学术研究很少对资源较少的实际教室情境进行研究，因
此研究结果往往不能完整表现出个体的心理层面，也无法准确呈现出情
境与个体交互作用的复杂性，这使得教育学术并不像预期的那样能够提
升教师的专业形象。③ 古德莱德也认为，教师进入教学现场以后，所需要
的是各种应急的技能，他们并没有时间反思大学所学的教育理论，实际
教学情境与所学抽象理论相去甚远，理论与研究的结果显得无用武
之地。④

　　正是由于由专家建立的教育理论知识存在着脱离教育教学实践和情
境的局限，所以强调教师知识的个体性、实践性、情境性和建构性特征
的教师实践性知识的研究开始受到越来越多的关注。

## 二　教师实践性知识的显现

　　最早对教师实践性知识进行系统研究的学者是艾尔贝兹（Elbaz，
1983）。然而在她之前，一些学者对于理论知识与实践知识关系的研究为
之奠定了基础。

---

① Borko, H., Putnam, R., *Learning to Teach*, Handbook of Educational Psychology, New York: Macmillan, 1996, p. 708.

② Perkin, H., *The Teaching Profession and the Game of Life, Is Teaching a Profession?* (Second Ed.), London: Institute of Education, University of London, 1985, p. 17.

③ Scheider, B., *Tracing the Provenance of Teacher Education, Critical Studies in Teacher Education—Its Folklore, Theory and Practice*, New York: Falmer, 1987, p. 216.

④ Goodlad, J. I., "Connecting the Present to the Past", in J. I. Goodlad, R. Soder, K. A. Sirotnik, eds., *Place Where Teachers are Taught*, San Francisco: Jossey-Bass, 1990, p. 32.

（一）"知道怎样""缄默知识"与"行动中的识知"和"行动中的反思"

英国学者赖尔（Ryle，1949）第一个指出"知道怎样"和"知道什么"的区分是对知识本质的误解，并认为前者是后者的应用这种观点是对实践的错误表征（Misrepresentation）。① 在他看来，实践与理论是融为一体的，二者并非是实践为理论的应用的关系。

另一位英国的以科学家出身的哲学家波兰尼（Polanyi，M.，1957）在20世纪50年代末出版的《人的研究》一书中，明确地提出了"显性知识"与"缄默知识"的划分。他认为："人类有两种知识。通常所说的知识是用书面文字或地图、数学公式来表述的，这只是知识的一种形式。还有一种知识是不能系统表述的，如我们有关自己行为的某种知识。如果我们将前一种知识称为显性知识的话，那么我们就可以将后一种知识称为缄默知识。"② 波兰尼进一步指出，无论在日常生活中，还是在科学活动中，不可言说的知识就像是可以言说的知识一样是大量存在的，甚至从数量上说，前者会比后者更多，因为它们显得似乎根本就是不可计数的。两者共同构成了人类知识的总体。对于这种知识，波兰尼用一句精练的话进行了概括，即"我们所认识的多于我们所能告诉的"③。而且，波兰尼还在与显性知识的比较中分析了缄默知识的特征：首先，缄默知识不能通过语言、文字或符号进行逻辑的说明。在这个意义上，波兰尼又把缄默知识称为"前语言的知识"（Pre-verbal knowledge）或"不清晰的知识"（inarticulate knowledge）。其次，缄默知识不能以正规的形式加以传递。众所周知，显性知识可以通过正规的形式加以传递，如学校教育、大众媒体等，能够同时为不同的人们所分享，具有一种"公共性"和"主体间性"。但是，由于缄默知识是一种连拥有者和使用者都不能清晰表述的知识，因此自认不能在社会中以正规的形式加以传递。不过，波兰尼认为，缄默性知识并非是不可以传递的，只是其作为一种不能言说的知识只能通过"学徒制"的方式进行传递，在科学研究中只能通过

---

① Ryle，G.，*The Concept of Mind*，London：Hutchinson，1949，p. 29.

② Polanyi，M.，*The Study of Man*，London：Routledge & Kegan Paul，1957，p. 12.

③ Polanyi，M.，*The Tacit Dimension*，London：Routledge & Kegan Paul，1966，p. 4.

科学实践中的科学新手对导师的自然观察与服从而进行。①

不仅如此，波兰尼还进一步分析了理论知识与实践知识的关系。他提出，缄默知识是所有知识中不可或缺的部分，现代科学所宣称的要建立严格分离的、客观的和正式化的知识（Formalized Knowledge）的观点是误导性的。他认为，除非理论知识被人"内化"并广泛用于诠释经验，否则它是不可能被确立的。真正的知识在于应用它。波兰尼同意赖尔的观点并断言，理论知识与实践知识不是孤立存在的。而且，知识的明确正式化（Explicit Formalization）不可能取代缄默知识。因此，他使用"识知"（Knowing）一词来统摄理论知识和实践知识。②

学者舍恩在对专业知识的理解方面又在很大程度上受到了波兰尼的影响。舍恩在对技术理性模式进行批判的同时，以专家实践性认识的案例研究为中心，开始了关于"专业实践"（Professional Practice）中理论与实践关系的探讨。并且，他认同波兰尼的观点，提出专业人士是在行动中获得知识，即在行动中"识知"。而且，他将这种行动中的理论称为个人实践性知识。

对于理论与实践相分离的状况，舍恩认为，会出现在很多专业从业人员身上。其根本问题在于大学或学院的专业训练常常重视科技理性，过度强调系统的、科学的知识，然而当学生成为专业从业人员后，进入复杂而冲突的现实情境时，就会面临专业知识的"严谨性"（Rigor）与"相关性"（Relevance）的两难——要遵守学院式的原则，建构一些系统的、却难以应用于实际情境的知识？或是跳脱科技理性思维，由实务问题与个人经验中研究切身相关的问题？学院式的理论多建立在实验室情境，当理论不植根于现实，理论与实践之间就会有很大的裂缝，而理论所产生的结果并不能影响实务。③

为此，舍恩在其研究中提出了"行动中的反思"（Reflection in Ac-

---

① 石中英：《知识转型与教育改革》，教育科学出版社 2001 年版，第 225 页。

② Polanyi, M., *The Tacit Dimension*, London: Routledge & Kegan Paul, 1966, p. 4. 转引自徐碧美（Amy B. M. Tsui）《追求卓越——教师专业发展案例研究》，陈静、李忠如译，人民教育出版社 2003 年版，第 48 页。

③ 周淑卿：《课程发展与教师专业》，中国台北市高等教育文化事业有限公司 2004 年版，第 9—10 页。

tion）的观点，并把"行动中的反思"视为实践性思考的本质特征，因此克服了"行动"与"思维"的二元论，同时也打破了"理论"与"实践"的二元论。在这种实践性认识论中，理论不是从外部控制实践过程的基础，而是作为实践主体的思考与行为的"框架"（Frame）在活动过程内部发挥作用的。这是从"理论应用于实践"（Theory into Practice）向"实践中的理论"（Theory in Practice）的转换。①

舍恩指出，我们以往的关于"理论应用于实践"这样的观点的出现，是由于从严格的科学行为中不适当地推衍出的理论与实践模式的限制。对此，舍恩认为传统的教师专业实践模式是基于对理论与实践二元论框架下的技术理性的应用模式。"技术性实践"理念认为，存在着对所有的教室和所有老师都普遍有效的程序、技术与原理，教师教育的基本任务就是掌握一般化的程序、技术和原理，并在教学实践中应用这些程序、技术和原理。显然，这些理念因其否定个性、多样性和创造性而应当受到批判。

不仅如此，舍恩也指出，理论与实践的二元论存在的前提是承认知识的序列性层级结构，即以纯粹的科学知识为顶端，其下层是应用科学，再下层是应用技术，最底层是现实问题解决的实践。与之相应，教师专业培训也是开始掌握基础的、原理性的事件，接着学习应用性技术事件，最后学习现实的实践技术。②

他进一步指出，由于和人打交道的所有的专业实践都是复杂的、情境性的、独一无二的、不可预测的，同时又由于艺术的不可恢复性在里面，因此，理论被视为与实践有着基本的更加复杂的关系。为此，在专业实践中，人们无法用统一的理论、标准化的方法来解决问题，而需要在行动中反思，需要对行动进行反思。所以，专业实践不是简单的应用科学和技术来解决问题，而是需要一种反思性的实践。在反思的过程中，实践者的个人行动理论就需要被梳理出来。这种个人行动理论也可称为个人实践性知识。它是缄默的、隐性的，是专业实践的基础。

---

① ［日］佐藤学：《课程与教师》，钟启泉译，教育科学出版社 2003 年版，第 298 页。

② Schon, Donald, *The Reflective Practitioner：How Professional Thinks in Action*, Basic Book, 1983, p. 12.

（二）教师实践性知识的内涵

继上述学者提出"行动中的识知""行动中的反思"及"个人实践性知识"等观点之后，人们发现，对于具有情境性、实践性、复杂性、不确定性等特征的教师职业而言，教师也以一种独特的方式拥有一种特别的知识。因为教师无法复制理论知识于实际教学情境之中，所以教师在教学时所运用的知识通常不完全等于理论知识，而是融合了个人的教学信念、价值观、过去教育与生活的经验以及专业理论知识的一种综合性知识。这种知识是教师赖以生存的知识，因为它能使教师斡旋于复杂的实务当中，能有效地解决当前教学情境中的种种问题。对于这种以教学情境为取向的知识，艾尔贝兹将其称为"实践性知识"（Practical Knowledge）。[1]

艾尔贝兹对于教师实践性知识的研究引起了诸多学者的关注。康奈利和柯兰蒂宁等将其对教师实践性知识的研究重点放在探讨教师个人实践性知识与专业知识场景及教师专业身份之间的关系方面。他们从教师的个人经验出发，强调教师个人实践理论在特定专业知识场景中的作用。他们通过对教师日常工作和叙事研究的分析表明，教师不会自动地将教育理论和教育政策转化为教育实践，并从而转化为学生的学习。教师的个人实践性知识以及他们工作的知识场景对其教学实践具有决定性的影响。教师实践知识是教师对各种教育问题的看法与信念，它来自教师的经验。[2]

贝加德、梅耶（Beijaard & Meijer）等一批学者则在以往研究的基础上，将教师的实践性知识的研究视野扩展到具体的学科教学、教学评价、新手教师和富有经验的教师的比较以及专业身份等方面。其中，在贝加德、梅耶看来，教师实践性知识是存在于教师教育教学实践活动背后的知识与信念。这种知识具有教师的个性化特征，同时又是适应具体情境的，并且是只可意会不可言传的缄默性的知识。

――――――――――

① Elbaz, F., *Teacher Thinking: A Study of Practical Knowledge*, New York: Nichols, 1983, p. 4.

② ［加］康奈利、柯兰蒂宁、何敏芳:《专业知识场景中的教师个人实践知识》，《华东师范大学学报》（教育科学版）1996 年第 2 期。

与国外学者对于教师实践性知识的深入探究相比，近年来，我国学者也开始关注教师实践性知识的研究。例如，陈向明、鞠玉翠、姜美玲等。国内学者往往将教师知识分为"实践性知识"与"理论性知识"两大系统，认为教师实践性知识是一种教师对自己的教育教学实践经验进行反思、解释、矫正、深化后形成的综合性知识，而且与理论性知识通常呈外显状态不同，教师实践性知识往往呈内隐状态，其来源于教师的个人经验，具有教师的个性特征，且隐没在教师日常的教育教学情境和行动中，因而具有个人性、隐蔽性、非系统性和缄默性等特征。

但是需要明晰的是，教师实践性知识不等同于教师的"经验"，也不等同于教师的"能力"。依据陈向明的观点，教师的实践性知识不同于人们一般意义上的"经验"，也不同于杜威意义上的"经验"。它来源于经验但高于经验，抽象层次更高，具有概括性……此外，实践性知识也不等同于能力。能力表现在教师的具体做法、策略、行动中，但不是信念……实践性知识作为一种信念，它包含了经验和能力，并且需要"主体""对象"和"情境"的相互支撑和融贯才能共同发挥作用。①

### 三　教师实践性知识之于教育实习的蕴意

正像艾尔贝兹所言，由于教师在教育教学实践中，无法直接复制理论知识于实际教学情境之中，所以教师在教学时所运用的知识通常是融合了个人的教学信念、价值观、过去教育与生活的经验以及专业理论知识的实践性知识。而这种实践性知识成为教师赖以实施教育教学的知识，因为它能帮助教师做出判断，进而有效地解决当下教学情境中的种种问题。也正因为如此，学者替森（Thiessen）认为，教学应被视为以知识为基础的工作，这种工作需要将教师的实践性知识和命题性知识联系起来使用，因此，教师的实践性知识是教师工作的重要知识基础。我国学者陈向明也指出，教师实践性知识在教师职业中发挥着不可替代的重要作用，是教师真正成为专业人员的核心基础。②

①　陈向明：《对教师实践性知识构成要素的探讨》，《教育研究》2009 年第 10 期。

②　陈向明：《实践性知识：教师专业发展的知识基础》，《北京大学教育评论》2003 年第 1 期。

　　由此可见，教师的实践性知识是教师开展教学工作必不可少的知识基础之一，因此，准教师要由学生蜕变为具有专业水准的教师，其专业实践活动的开展，不仅需要理论性知识，同时更需要实践性知识的支撑，因为正是教师的实践性知识引导着教师在具体或特定情境中的行动。① 并且帮助准教师解决实践情境中的种种问题。一些学者的研究显示，在职前教师教育中，这些未来的教师们发现，在他们学习的"理论"和实习学校那些有经验教师的知识之间存在着很大的差异，而后者却对他们更加有用。② 因为与理论性知识相比，正是这种引导准教师的教育教学行为的实践性知识，能够帮助准教师在实习阶段学会如何去教，因此实践性知识也成为实习教师迫切需要的知识，并成为实习教师能够顺利开展教学实践的重要知识保障。

　　此外，教师实践性知识的发现对于教育实习的开展也有着重要的理论启示。由于教师实践性知识不能像理论知识那样脱离情境、行动和直接经验，以纯命题、纯逻辑的方式呈现，也不能直接用语言传递，必须由教师亲历。③ 所以说，实践性知识是教师基于实践，依赖情境和个人经验而获得和发展的知识，这也凸显了教育实习作为一门综合性实践课程和一个实习教师的持续经验学习过程在职前教师教育中的独特作用，即教育实习为准教师获得实践性知识提供了条件与平台。

　　同时，教师实践性知识所具有的对新经验和新知识的"过滤"作用对于教育实习的理念和实施也有着重要的理论价值。正如学者帕加瑞斯（Pajares，M. F.）指出的那样，每个教师的实践性知识多由其个人经验、经历（包括学习过程）、个性特征、学科知识等决定，并"染上"了这些个人性色彩。这些个人知识基础在解释新的经验或选择新知识中的作用就像过滤器一样。④ 它虽然不如理论性知识显而易见，但在教师接受外界

　　① Brown, S. & McIntyre, D., *Making Sense of Teaching*, Buckingham: Open University Press, 1993, p. 216.

　　② Kagan, D. M., "Implications of Research on Teacher Belief", *Educational Psychologist*, Vol. 27, No. 1, 1992, p. 65.

　　③ 陈向明：《对教师实践性知识构成要素的探讨》，《教育研究》2009 年第 10 期。

　　④ Pajares, M. F., "Teachers' Beliefs and Educational Research: Cleaning up a Messy Construct", *Review of Educational Research*, Vol. 62, No. 3, 1992, p. 307.

信息时会起到过滤和筛选的作用。它不仅对教师所遭遇的理论性知识进行筛选，并在教师解释和运用此类知识时起到重要的引导作用。[①]

事实上，在进入大学接受教师教育之前，准教师已经通过自己多年的受教育经历积累了很多默会性的个人实践性知识。这已为罗蒂等许多学者在研究中所证实。通过对教师实践性知识的"过滤"作用的了解，我们知道，这些先前积累的实践性知识对于教师教育过程中所学习的理论、经验起着过滤、筛选和引导的作用。为此，在教育实习的过程中，特别是在指导教师对实习教师进行指导的过程中，必须关注实习教师业已积累的默会性的实践知识，只有在了解了这一隐藏的、缄默的实践性知识的基础上，才能帮助实习教师对新的经验和新的知识进行良好而顺畅的"同化"和"顺应"，即实现新旧知识与经验的对接与融合，自然也包括调整与改进，从而生成新的对后续经验有所指导的实践性知识。因此，在这一意义上，教育实习的过程也是实习教师通过个人体验，通过与情境的互动进而激活和发展自己的实践性知识的过程。

### 四　实习教师实践性知识的内容与特征

（一）实习教师实践性知识的内容

对于教师实践性知识所包含的内容，学者艾尔贝兹认为，教师实践性知识的内容包括五类：关于自我的知识，包括作为资源的自我、与他人相关的自我和作为个体的自我；关于环境的知识，即课堂、政治环境和社会环境的营造；关于学科的知识；关于课程的知识，包括课程的开发、组织、评价等；关于授课的知识，包括学习理论、学习和教学、师生关系等。[②]

我国学者陈向明通过项目研究，提出教师实践性知识包括如下六个方面的内容。这些知识既来自教师自己个人经验的积累、领悟，同行之间的交流、合作，也来自对"理论性知识"的理解、运用和发展。这些

———————

①　鞠玉翠：《教师教育与教师个人实践理论的更新》，第12届中青年教育理论工作者年会论文，武汉，2002年10月，第3页。

②　Elbaz，F.，*Teacher Thinking：A Study of Practical Knowledge*，New York：Nichols，1983，p. 3.

内容包括：①教师的教育信念；②教师的自我知识，包括自我概念、自我评估、自我教学效能感、对自我调节的认识等；③教师的人际知识，包括对学生的感知和了解、热情和激情等；④教师的情境知识，主要透过教师的教学机智反映出来，教学机智是教师做瞬间判断和迅速决定时自然展现的一种行为倾向，它依赖教师对情境的敏感、认知灵活性、判断的准确、对学生的感知、行为的变通等；⑤教师的策略性知识，主要指教师在教学活动中表现出来的对理论性知识的理解和把握，主要基于教师个人的经验和思考，此类知识包括：教师对学科内容、学科教学法、教育学理论的理解，对整合上述领域的教学学科知识（Pedagogical Content Knowledge）的把握，将原理知识运用到教学中的具体策略，对所教科目及其目标的了解和理解，对课程内容和教学方式的选择和安排，对教学活动的规划和实施，对教学方法和技术的采用，对特殊案例的处理，选择学生评估的标准和手段等；⑥教师的批判反思知识，主要表现在教师日常"有心"的行动中。①

　　上述学者的研究主要关注的是已经步入教职的教师实践性知识所包含的内容，但对于实习教师实践性知识的内容，目前专门对其进行实证研究的还比较少见。不过，依据学者们对于实习教师关注的经典理论，如傅乐在 1975 年提出了实习教师关注的三阶段理论②：早期的教师自我关注或生存关注（Early Concerns about self or Survival）、教师的任务关注或教学情境关注（Concerns about Tasks or Teaching Situations）、教师对学生的影响关注（Concerns about Impact on Students）。笔者认为，实习教师关注点的变化及其呈现的规律在一定程度上可以反映实习教师实践性知识的变化与发展。因此，笔者认为，实习教师的实践性知识在内容范围上有着上述教师实践性知识的共性，但由于实习过程的特殊性，因此受其关注点变化的影响，其实践性知识主要围绕着三类知识展开：关于自我的知识、人际知识；关于教学、课程与教学情境的知识；关于

---

① 陈向明：《实践性知识：教师专业发展的知识基础》，《北京大学教育评论》2003 年第 1 期。

② Fuller, F. and Brown, O., "Become a Teacher", in K. Ryan, eds., *Teacher Education, Seventy-fourth Yearbook of the National Society for the Study of Education* (Part 2), Chicago: University of Chicago Press, 1975, p. 46.

学生的知识及其对学生管理的知识。然而，对实习教师实践性知识内容的研究还有待进一步深入。

（二）实习教师实践性知识的特征

对于教师实践性知识的特征，很多学者在研究中都对此做出了描述和分析，现将几种典型的观点列举如下（如表2—2所示）。

表2—2　　　　　　　　教师实践性知识的特征

| 学者 | 教师实践性知识的特征 |
| --- | --- |
| Woods | （1）个人的，即教师专业实践性知识具有高度的个性化色彩，是教师个人在教学过程中逐渐发展出来；（2）经验的，即教师专业实践性知识乃是其个人不断经过实践经验的累积与重组的结果；（3）建构的，即教师专业实践性知识是教师基于专业上的需要，通过界定、发现、认知、修正与内化等复杂的过程所建构；（4）再诠释的，即教师不断将既有的知识融入教师生活当中，并经过个人的重新诠释与转换的过程，使知识的形式能符合现有的环境需求。 |
| Meijer | （1）个人化，即每一位教师的实践性知识在某种程度上都是独特的。（2）情境脉络化，即教师实践性知识会依教室情境而定义与调整。（3）基于对经验的反思，即通过教学经验而开始并发展。（4）会引导课堂教学实践。（5）是内隐的（tacit）知识。（6）与所教的教材内容相关。 |
| Hiebert | （1）实践性知识与实践相联结，它植根于教师的工作情境当中，是为回应实践问题而发展出，可有效解决特定实践问题。（2）实践性知识是详细、具体且特殊的，与学者所产出的抽象知识不同。（3）实践性知识是整体性的，并且围绕着实践问题而组织。 |
| 佐藤学 | 实践性知识是依存于语脉（context）的一种经验性知识；实践性知识属于"实例知识"；实践性知识是不能还原为特定学术领域的综合性知识；实践性知识不仅作为显性知识，而且还作为隐性知识发挥作用；实践性知识还具有个性，是以每个教师的个人经验为基础的。 |

资料来源：周成海：《客观主义—主观主义连续统观点下的教师教育范式：理论基础与结构特征》，博士学位论文，东北师范大学，2007年，第48页。

归纳相关文献，我们可以发现教师实践性知识主要具有如下方面的特征：个人性、实践性、情境性、默会性、综合性、经验性、行动性、价值导向性等。

　　实习教师实践性知识，除了具有上述教师实践性知识的特征之外，还富有其独特的个性。对此，学者骆玲的观点比较具有代表性。她认为实习教师的实践性知识还具有形成性、自我性和体悟性三大特征：[1] 首先，由于实习教师的实践性知识大部分来源于大学所学的理论、策略和方法性知识，并依靠刚刚在教育实践中形成的少量经验来面对教育情境中的种种问题。可以说，实习教师的实践性知识刚刚起步，处于形成阶段。因而具有很强的形成性特点。其次，由于实习教师是刚刚进入教学领域的新手，很多人还处于关注自身的阶段，因此他们对教育实践环境以及来自环境的反馈信息更为敏感，更容易从个人角度考虑环境对自身行为的影响。与在职教师相比，实习教师更倾向于从"自我"的角度来开展全部的实践活动，比如实习教师所进行的日常观察、分析和反思都带有强烈的个体色彩。最后，有关教学实践的方法、原则的知识是无法直接传递给实习教师的，而是要依靠其自身的体悟与内化才能获得。

## 五　实习教师如何生成与发展实践性知识

　　对于实习教师的实践性知识，很重要的一个问题是，实习教师如何生成并发展自己的实践性知识。

　　杜菲认为，教师实践性知识是流动的，其形成受到以下三个因素的影响：①教师过去的经验：包括所受的教育、生活形态、家庭因素、朋友等。②教师现在的教学情境：包括现有的法规、课程内容、学生特征、同事等因素的影响。③教师对教学工作的愿景（vision）：教师的教学行动会受到自身信念、价值观的指引，朝着自己心目中的"理想教学"而努力。[2] 枚尔和玛尔兰德认为，教师对个人经验的反思是形成实践知识的关键。实践知识主要通过教师在实际教学情境中的试误，并对有效、无

---

　　[1]　骆玲：《中美教师教育实践课程比较研究》，博士学位论文，华东师范大学，2009 年，第 41 页。

　　[2]　Duffee, L. & Aikenheak, G. , "Curriculum Change, Student Evaluation, and Teacher Practical Knowledge", *Science Education*, Vol. 75, No. 5, 1992, p. 493.

效的教学经验进行鉴定、评估而形成的。①

　　陈向明在新近的研究中提出，教师的实践性知识在结构上至少应该具备四个要素：主体，实践性知识的拥有者是教师，而不是理论工作者；问题情境，即教师必须面临一个令其困惑的、有待解决的问题；行动中的反思，教师必须采取行动来解决这个问题，形成一个杜威意义上的"经验"，具有"做"与"受"的关系（经验的互动性），并对教师今后的教育教学具有指导意义（经验的连续性）；信念，实践性知识虽然蕴含在这个整体的经验中，但可以被提升为一种信念，通过教师的后续行动被验证为"真"（可以不断视情况而调整），并指导教师的后续行动。②而教师实践性知识的构成要素如何形成一种动态关系并进而生成教师实践性知识呢？陈向明认为，在行动开始之前，来自教师以往经验的实践性知识通过教师身体化的行动表现出来，当教师遇到某个问题情境时，教师就会形成意识上的困惑与冲突，而此时教师的实践性知识就会被激活，并在教师意识到的情况下成为显性的知识。教师通过行动中的反思，可以形成对问题情境的重构，这一过程就会产生新的实践性知识。

　　易凌云和庞丽娟认为，教师个人实践性知识（教师个人教育观念）的形成，首先是通过对社会倡导教育理念的学习、教师直接教育经验的体悟、他人间接教育经验的观察、已有个人教育观念的反思，建构出教师的浅层教育观念，然后又在运用和实践中，借助正负两方面的反馈，通过反思，不断地深化自己的个人教育观念。③ 其过程如图2—1所示。

　　结合教育实习所具有的情境性、实践性、督导性与综合性的特点，并且在参考上述学者研究成果的基础上，笔者认为，实习教师要生成并发展实践性知识有以下几条路径。

　　首先，教师实践性知识具有缄默性的特点，如波兰尼所指出的，缄默性知识并非是不可以传递的，只是其作为一种不能言说的知识需要通

---

　　① Mayer, D. & Marland, P. , "Teachers' Knowledge of Students: Asignificant Dmain of Practical Knowledge?", *Asia-Pacific Journal of Teacher Education*, Vol. 25, No. 1, 1997, pp. 47 – 88.

　　② 陈向明：《对教师实践性知识构成要素的探讨》，《教育研究》2009年第10期。

　　③ 易凌云、庞丽娟：《论教师个人教育观念的形成机制》，《教育理论与实践》2006年第9期。

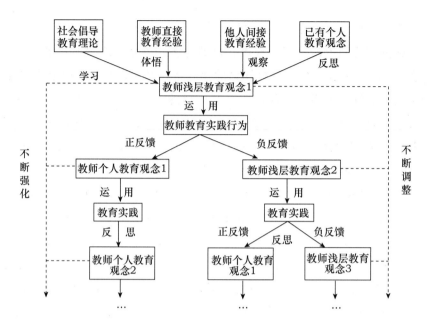

**图 2—1　教师个人教育观念的形成过程**

资料来源：易凌云、庞丽娟：《论教师个人教育观念的形成机制》，《教育理论与实践》，2006 年第 9 期。

过"学徒制"的方式进行传递。萨通（Sutton）等学者也认为，人们可以通过"师傅带徒弟"的现代"学徒制"的形式获得个人实践性知识。因此，在教育实习过程中，实习教师可以通过观摩指导教师的教育教学实践，获得间接经验，因为经验丰富的学校教师的实践性知识也是实习教师实践性知识的重要来源。只是，对于指导教师的实践性知识，一方面并非所有指导教师的实践性知识都是科学的、正确的，因而需要实习教师批判性地进行思考与吸收；另一方面，由于指导教师自己也经常不能清楚地表述自己在具体活动中运用了哪些知识和理论，因而对于作为初学者的实习教师而言，他们对于指导教师的表现及其背后支撑的理论或信念，也常常感到困惑。正如布朗所说，我们应该认识到，对于教师，"大多在他们课上所发生的，特别是他们自己在课堂上所做的一切，对他们来说是如此平凡、如此明显，显然不值得一提。很少有人要求他们说出并描绘在日常普通教学中所做的。因此，有经验教师的这部分专业知识只有很少一部分能够传给新手教师，而每一代新人只能重新制造教学的车轮"①。

因此，在教育实习过程中，实习教师需要"向经验教师学习"，通过观察他们的教育教学实践，与他们交流，描述并反思指导教师的实践性知识，并在自己的教学实践中反复体验，就可以帮助实习教师获得属于他们自己的个人实践性知识。对此，英国的学者们就曾借助于牛津大学的"中学教育研究生证书"（Postgraduate Certification of Education, PGCE）课程框架进行了一个实验课题，旨在帮助实习教师开发利用学校资深教师的实践性知识。这一课题被称为"牛津见习计划"。②

其次，由于实践性知识来源于经验和实践，并依赖于情境，因此教育教学实践是实习教师获得实践性知识的主要途径。因为实践性知识不是某种客观的和独立于实习教师之外而被习得或传递的东西，它需要实习教师对实践经验的参与和互动。因此，实习教师通过试讲以及独立教学等形式真正参与教育教学实践，从而获得直接经验，并通过持续反思自己的经验、感受、信念，进而抽象、生成属于自己的实践性知识。为此，在教育实习的过程中，需要适度延长实习时间，以使得实习教师能够有更多的机会积累自己的体验，此外，更重要的是，要使实习教师能够持续地进行反思，如此实习教师才能在"行动中反思"的过程中建构自己的实践性知识。

再次，在教育实习过程中，通过一些方法和形式可以帮助实习教师激活以往所积累的实践性知识。比如，通过实习教师撰写实习日记，反思自己的教学实践，或者通过与大学的指导教师与实习学校的指导教师的讨论等形式，将自己已经积累的可能并不为实习教师所觉知的实践性知识显现出来，并有意识地挑战自己的"前见"，以便修正并重新建构其个人实践性知识。

最后，实习教师对自我实践性知识的建构与发展，自然也离不开对教育理论知识的不断学习与更新。更重要的是，在上述所有路径中，实

① Brown, S. & McIntyre, D., *Making Sense of Teaching*, Buckingham: Open University Press, 1993, p. 210.

② ［英］哈赛尔·海格等：《向经验教师学习指南》，马晓梅、张昔阳译，华东师范大学出版社 2009 年版，第 76 页。

习教师都要通过将理论知识与自己所获得的直接或间接实践经验进行联系、融合，从而在实现知识的整合过程中建构自己的实践性知识。因而，在对实践性知识肯定的同时，不能忽视理论知识的价值与作用。这一点正如学者威恩·罗斯等所指出的那样："尊重教师的经验和个人理论是必要的，但并不认为它就是完美无缺的，教师如果不善于学习理论、批判反思自己的经验，二十年的教学经验或许只是一年工作的十九次重复。"①

　　需要强调的是，无论是上述哪一种路径，实习教师获得实践性知识的过程都离不开实习教师的反思，因为研究表明，教师对个人经验的反思是形成实践性知识的关键。奥斯特姆（Osterman）曾将教师的理论知识分为两类——"所倡导的理论"和"所采用的理论"。前者是教师容易意识到、容易报告出来的知识，这种知识易受到外界新信息的影响而发生变化，但它并不能对教学行为产生直接的影响；后者是直接对教学行为产生重要影响但却不容易被教师意识到的知识，它不容易受新信息的影响而产生变化，而是更多地受文化和习惯的影响，基本上等同于教师的"实践性知识"。在反思过程中，教师对自己的信念、假设、活动过程以及学生的表现等做细致观察和深入分析，并针对一些现实问题和同事们展开相互观摩和研讨，不断地交换意见和看法，以逐步达成共识。这样教师最终会看到自己"所倡导的理论"与"所采用的理论"的不一致，看到自己行为的偏差，在"所倡导的理论"的引领下，纠正自己的教学行为。这样，理论知识对实践的指导作用就充分地发挥出来了。同时，实践性知识从理论知识那里获得了参照的标准，也获得了其持续生长所需要的营养。因此，反思是教学理论与教学实践之间的对话，是沟通教师"所倡导的理论"与"所采用的理论"的桥梁，是促进"教学理论知识"与"实践性知识"互动共生的手段。②

　　基于此，教育实习的过程就应该是实习教师的反思性实践的过程。

---

　　① E. Wayne Ross, Jeffrey W. Cornett, Gail McCutcheon, *Teacher Personal Theorizing*, *Connecting Curriculum Practice*, *Theory*, *and Research*, New York: State University of New York Press, 1992, p. 12.

　　② 饶从满、杨秀玉、邓涛：《教师专业发展》，东北师范大学出版社 2005 年版，第 99 页。

# 第二节  教育实习的认识论分析：
## 基于建构主义理论

自从 20 世纪 80 年代后期以来，建构主义在美国兴起并很快风靡世界。建构主义以皮亚杰（Piaget）的认知发展理论和维果茨基（Vygotsky）的社会建构理论为理论基础，关注人的认知问题，在有关人类学习心理和学习过程方面提出了许多新的理念和观点，并且这些建构主义的学习观也带来了教育领域中的课程观、教学观等一系列的观念变革。建构主义的学习观、课程观与教学观也可以为教育实习带来重要的理念上的启示，并为我们了解教育实习的学习过程、进行教育实习的课程设计和选择教育实习模式提供重要的理论依据和理论参考。

### 一  建构主义理论

建构主义是在皮亚杰的认知发展理论和维果茨基的社会建构理论的基础上发展起来的。皮亚杰认为，知识主要来源于主体的建构，如果没有主体的建构过程，知识将不会产生。并且他提出了认知的发生学原理，即人在认知的过程中，会有一个平衡的机制，平衡作为一种动态的促进认知发展的机制，它均衡着两种自我调节行为，即"同化"和"顺应"。"同化是指通过自身的逻辑结构或理解，对外部经验进行组织；在认知的发展中，同化是个体将感受到的刺激纳入原有图式的过程。而顺应是指有机体通过调节自己的内部结构以适应特定环境刺激的过程，它包括反思、整合以达到对自我与客体的双重建构。"① 正是通过"同化"与"顺应"及其之间的平衡机制，个体实现着知识的建构与认知的发展。维果茨基则强调，对人的意识与心理发展的研究，必须置于社会环境之中，因为人的认知与心理过程是在与社会环境相互作用的过程中发展着的。正因为维果茨基强调社会环境对人的认知与心理发展的影响和作用，所以他在西方被视为社会建构者。建基于上述理论，建构主义理论在发展

---

① 黄志成主编：《西方教育思想的轨迹——国际教育思潮纵览》，华东师范大学出版社 2008 年版，第 367 页。

的过程中，又相继出现了各种不同的流派，如激进建构主义（Radical Constructivism）、社会建构主义（Social Constructivism）、社会文化认知观（Sociocultural Cognition）、信息加工建构主义（Informational Processing Constructivism）以及控制论系统观（Cybernetic System）等。尽管这些不同的理论流派在某些观点上各有侧重，甚至也存在差异，但在很多方面仍有着共同的主张。

总体上说来，传统的知识论把知识看成是真理，认为知识是客观存在的。针对传统的客观主义知识观，建构主义提出知识不是对现实的纯粹客观的反映，它是人们对客观世界的一种解释、假设或假说，它必将随着人们认识程度的深入而不断地变化。而且知识并不能绝对准确无误地概括世界的法则，它需要针对具体问题的情境对原有知识进行再加工和再创造。知识的存在依赖于认知个体，具有个体性，因为对知识的真正的理解只能是由学习者自身基于自己的经验背景建构而成。但是，建构主义虽然强调知识的"个体性"，但并不否认其"社会性"，它强调知识是个体的社会建构过程，即个体的认知活动是在一定的社会环境中得以实现的，是学习者个体通过与他人的交往，在社会磋商过程中逐渐形成的。总之，建构主义认为知识是发展变化的，是主体借助原有的知识和经验在一定的社会环境中在与他人的互动过程中建构而成的。

为此，建构主义学习理论否定了知识的客观性，将个体知识视为主体自我建构的产物。因而学习就成了学习者在一定的情境，即社会文化背景下，利用各种学习资源，借助社会协商，实现意义建构的过程，这也是一个学习主体立足于已有经验并对经验进行重新组织和重新解释的过程。[①] 建构主义学习理论强调学习者通过反思、自主探究和与他人互动的过程中进行知识的建构与发展。为此，学者西蒙斯（Simons）认为，这样的学习具有如下一些特征：主动的学习（Active Learning），即学习者可以自主学习和探究，而不是被动地接受外部灌输；建构的学习（Constructive Learning），即重视学习者本身的经验和知识，鼓励学习者以此为基础尝试对新知识的解释、建构和使用；累积的学习（Cumulative Learning），

---

① 周成海：《客观主义—主观主义连续统观点下的教师教育范式：理论基础与结构特征》，博士学位论文，东北师范大学，2007 年，第 121 页。

即新知识的建立是以旧知识为基础的；目标导向的学习（Goal Oriented Learning），即利用主题或问题中心的学习方式；诊断学习（Diagnostic Learning），即提供更多的线索，来帮助学习者以反思的方式来解决问题；反思的学习（Reflective Learning），重视学习者在学习过程中的反思。①

建构主义学习理论发展至今，已经出现了一个庞大的理论群，这些衍生出的学习理论，如情境学习理论、经验学习理论、合作学习理论等都对我们理解教育实习过程本身具有重要的启示意义。不仅如此，建构主义的课程观与教学观也为我们设计安排教育实习提供了重要的理论依据。

## 二　建构主义的学习观与教育实习过程

### （一）情境学习理论观照下的教育实习

### 1. 情境学习理论

"情境学习"（Situated Learning）是西里（Seely）、布朗（Brown）、柯林斯（Collins）等人先后提出来的一种学习理论。后来，情境学习理论出现了两个流派，即心理学传统的情境学习理论和人类学传统的情境学习理论。柯林斯、布朗、诺尔曼（D. Norman）和克朗西（B. Clancey）等认知科学家认为，情境认知与人工智能、神经系统科学、语言学、心理学有着密切关系。而莱夫（Lave）和萨屈曼（L. Suchman）等人类学家感兴趣的是意义的文化建构，他们往往喜欢使用"情境行动"或"情境学习"这样的术语，而避免使用"情境认知"。

在秉持心理学传统的学者们看来，情境理论关于知识或者说"知道"这些问题的核心观点是："知道"指一种活动——而不是一件事情；"知道"始终是情境化的——而不是抽象的；"知道"是在个体与情境相互作用的过程中被建构的——而不是被客观定义或主观创造的；"知道"是相互作用的功能——而不是真理。② 因此，在知识观上，心理学传统的情境

---

① P. Roben-Jan Simons, *Constructive Learning*: *The Role of the Learner*, Published in Co-operation with NATO Scientific Affairs Division, 1993, pp. 291 - 313. 转引自邓涛《教师专业合作的理论与实践研究》，博士学位论文，东北师范大学，2008 年，第 87 页。

② Barab, S. A. & Duffy, T. M., "From Practice Field to Communities of Practice", in Jonassen, D. H. & Land, S. M., eds., *Theoretical Foundations of Learning Environments*, Lawrence Erlbaum Associates, Mahwah, New Jersey, 2000, pp. 28 - 36.

学习理论持个体与情境相互作用的、动态的观点，强调知识对个体与情境的双向依赖。学者们认为，学习在本质上是情境性的，由它所发生的情境所构成。情境不仅决定了学习的内容还决定了学习的性质。按照这种学习理论，建构知识与理解各种知识的关键所在就是参与实践。

在心理学家循着心理学传统深入研究情境学习理论的同时，舍恩（Schon）、莱夫、温格（Wenger）等则从人类学的视角展开了对情境学习理论的探究。舍恩曾对专门行业从业人员的学习模式进行了研究，并提出了"在行动中求知"与"情境行动"等主张。舍恩指出，许多专门行业的知识、技能、行规或术语，无法完全用文字或语言来一一加以详述。欲习得该专业技能，只能进入专业情境之中，成为一名学徒，亲自观察和参与，才能有所收获。为此，舍恩提出了"在行动中求知"（Knowing in action）及"在行动中反思"（Reflection in action）的学习概念，这是情境学习理论的重要内涵之一。[①] 萨屈曼通过观察人们操作复印机发现，大部分并非先阅读完说明书后再操作机器，而是在使用过程中遇到困难时，再查阅说明书或直接请教有经验的人。所以，他提出了"情境行动"的观点，强调知识若脱离具体的情境，则学习就变成了抽象的文字游戏。[②]

在人类学传统方面，除了舍恩和萨屈曼，对于情境学习理论研究得更为深入的是莱夫和温格等人。在《情境学习：合法的边缘性参与》一书中，莱夫和温格以"合法的边缘性参与"（Legitimate Peripheral Participation，LPP）来描述现实生活中的学习过程，并以"实践共同体"（Community of Practice）表示现实生活中学习发生的场地，正是在"实践共同体"的环境中，每个人均以"合法的边缘性参与"的过程来进行学习。[③] 莱夫和温格等人在对学习和日常活动的研究中发现，一些专门行业的老百姓，如裁缝、屠夫等，虽然只是从一个学徒做起，并未像专

① 周成海：《客观主义—主观主义连续统观点下的教师教育范式：理论基础与结构特征》，博士学位论文，东北师范大学，2007年，第129页。
② Suchmon, *Plans and Situated Actions: The Problem of Human-machine Communication*, Cambrideg NJ: Cambridge University Press, 1987, p. 245.
③ ［美］J. 莱夫、E. 温格：《情境学习：合法的边缘性参与》，王文静译，华东师范大学出版社2004年版，第32页。

家一样接受完整的教育或正式的训练，但他们在面对专业上各种复杂的疑难杂症时，依然有令人满意的表现，甚至更懂得一些诀窍，知道如何直接利用环境资源解决陌生的问题。[①] 温格在《实践的共同体：学习、意义和身份》一书中，进一步论述了情境学习的四个要素：实践、意义、共同体和自我认同。也就是说，学习是身处共同体的学习者，积极参与共同体的实践，并在实践中建构意义和自我。情境学习是归属中的学习、形成中的学习、经验中的学习和实践中的学习。[②]

总之，情境学习理论认为，知识存在于或来源于我们所活动的情境，是我们在情境中通过与自己所从事的活动或行为的互动而产生的。为此，学习者如要学习某种知识，就必须首先进入相应的情境之中，在情境下与实践中建构意义和对自我的认同。换句话说，学习者只有融入实际的情境，在真实的情境中从事实践活动，才能不断建构出有意义的新知识。为此，情境是所有认知活动的基础，并且只有在具体情境下获得的知识，才能使学习者对知识产生真正的理解以及去应用它的能力。正如布朗、柯林斯等人指出，知识只有放在它产生及应用的活动、情境与文化中去了解与学习，才能使学习者获得真实的理解与应用能力。孤立于情境之外的抽象概念学习，往往不是效果不彰，就是让学习者不知学习所为何用。[③]

2. 情境学习理论视角下的实习过程

情境学习理论启示我们，知识只有在它产生和应用的情境中来解释，才能产生意义。在职前教师教育过程中，准教师必须尽可能地置身于真实的教育教学情境中，并通过实践活动去学习如何教学。因为虽然也有模拟实习，但通过微格教学等模拟实习，实习教师所得到的概念经验与

---

① Lave, J. & Wenger, E., *Situated Learning*: *Legitimate Peripheral Participation*, Cambridge N. J.：Cambridge University Press, 1991, p. 5.

② Wenger, E., *Communities of Practice*: *Learning*, *Meaning*, *and Identity*, Cambrideg N. J.：Cambrideg University Press, 1998, pp. 3 – 5. 转引自周成海《客观主义—主观主义连续统观点下的教师教育范式：理论基础与结构特征》，博士学位论文，东北师范大学，2007 年，第129 页。

③ Brown, J.S., Collins A. & Duguid, P., "Situated Cognition and the Culture of Learning", in H. McLellan, eds., *Situated Learning Perspective*, New Jersey：Educational Technology Publications, Inc., Englewwood Cliffs, 1996, pp. 21 – 22.

来自现场真实情境下的显然不同，即便在两种场合中的相同的事件或观念，由于学习者的个别差异，所造成的学习经验、感受、建构知识的过程与诠释知识的意义也不一样。所以学者们指出，比较两种不同场地所得到的经验差异，由日后的学习迁移观之，证明实习活动应尽量选择在真实现场（Real Site）实施，才可能取得最大的成效。

不仅如此，学者们还认为，基于工作情境的学习对于克服传统大学本位学习的僵化、无趣、与现实脱离等弊端，提高学生的学习兴趣，整合理论知识与实践知识，促进"缄默知识"的学习以及实践能力的发展，是非常有效的。这是基于工作情境的学习最大的价值所在，这些价值是大学本位学习所不具备的。因为大学本位的学习，是一种正式学习，正式学习往往脱离具体的情境，为此，正式学习很容易存在形式化、抽象化、简单化、记忆表征的单一化等弊端。正是由于通过正式学习所获得的理论知识不能迁移到复杂的真实情境之中用于解决结构不良的问题，所以很多实习教师才会容易在接触真实的教育教学情境时产生茫然无措的感觉，并感到之前所学的理论似乎无用，都被现实的问题、困惑冲刷掉了。因此，一定要在教育实习期间，加强这种情境性学习，以避免入职后经历同样的"现实的震撼"。

为此，正如保尔与寇恩（Ball & Cohen）所指出的那样，教师应"在实践中或从实践中学习"（Learn in and from practice），而不是"在准备实践中学习"（Learn in preparing）。[1] 为此，情境学习理论观照下的教育实习，必须要关注以真实情境为中心的教师学习，目的在于使准教师在解决问题的过程中，在真实的情境脉络中，构建新的知识，产生新的理解和应用能力，从而真正学会教学。

布朗、杜基德（Duguid）等人基于情境学习理论，提出了一个新的概念，即"实习场"的学习概念。这一概念主张通过创设基于实践情境的或模仿从业者真实活动的学习环境，实现学习者获取的知识向真实情境的转移，即帮助学习者将已获得的各种知识转化为真实情境下的个人知识与

---

[1] Larissa S. Thompson, "Powerful Pedagogy: Learning from and about Teaching in an Elementary Literacy Course", *Teaching and Teacher Education*, Vol. 22, No. 2, 2006, p. 194.

实践能力。① 不仅如此，巴拉布和杜菲（S. A. Barab & T. M. Duffy）还进一步总结了"实习场"设计的主要原则："学习者必须进行与专业领域相关的实践；探究的所有权（即学习者面临一定困境，并承担其问题解决的责任）；教师通过参与性的工作，对学习者的学习和问题解决进行指导；使学习者拥有反思的机会；学习者面临的困境是结构不良的；用搭建脚手架等方式支持学习者，而不是简化困境；工作是合作性的和社会性的；学习的情境脉络具有激励性。"② 应该说，实习场理论可以为教育实习的实施提供理论基础。实习教师必须置身于真实的、丰富的教学实践和学校情境之中，并且在大学的指导教师与实习学校的指导教师的合作指导下，通过参与实习学校教师共同体的人际互动并浸染于学校文化中，逐渐积累具有情境适应性的个体知识。

（二）经验学习理论视野下的教育实习

1. 经验学习理论及其基本观点

经验学习理论（experiential learning theory）认为，学习是学习者通过自身的观察，在特定情境下的参与，并且经过系统的反思而进行的对知识、态度、技能的学习。这种学习的过程是学习者基于对经验的引入、重新组织而形成的，同时也是学习主体与环境交互作用而产生的学习过程与结果。

对经验学习理论的探究首先要追溯到美国学者杜威的经验论教育哲学。杜威认为："书本上的知识是他人的思想，不等于个体自己的知识和经验；个体只有通过自身的经验——在社会生活中的参与、感受和体验，才能内化为自己的知识，才能获得经验的生长和发展。"③ 经验学习的最基本的定义为"做中学"。他认为，教育必须植根于个体真实的生活经验，促成个体经验的改组与改造。杜威强调通过观察从日常生活中获得

---

① 周成海：《客观主义—主观主义连续统观点下的教师教育范式：理论基础与结构特征》，博士学位论文，东北师范大学，2007年，第129页。

② ［美］D. H. 乔纳森：《学习环境的理论基础》，华东师范大学出版社2002年版，第132页。

③ 杨小秋：《教育实践性课程：高师院校教育改革新视域》，《黑龙江高教研究》2006年第6期。

经验，并通过反思来形成判断，进而与周围的环境产生交互作用。[①]不仅如此，杜威强调，并非所有能引发我们反应的经验都具有教育价值，具有教育价值的经验是有一些规准的。这个规准就是"凡是可以引发深思熟虑的行动的经验才具有教育价值"[②]。

基于经验论观点，对于教师的教育实习问题，杜威曾强调分析技能的发展，并认为在教育实习期间，实习教师不仅要对教学的现象进行观察，而且要对教学的问题和材料进行深入的分析和思考，而不只是简单地学习如何做某事情。

美国组织行为学教授科尔布（Kolb）以杜威的"做中学"思想、勒温（Lewin）的场域理论等为基础，进一步发展了经验学习理论。他认为经验学习是一个学习主体通过对所获得的"经验"进行转化从而创造知识的过程。并且，他认为要进行经验学习，需要具备四种能力："具有开放的意愿，愿意将自己置于新的经验中；具有观察的反思的技巧，以便从各种不同的观点来检视新经验；分析的能力，即通过观察创造出整体的观念；做决定及解决问题的能力，以便新的观念能在实践中运用。"[③]不仅如此，科尔布认为，经验学习是一个连续的循环过程，每个循环周期包括四个阶段：具体经验（Concrete Experience）、反思性观察（Reflective Observation）、抽象概括（Abstract Conceptualization）及活动性实践（Active Experimentation）。[④]每个经验学习周期就是一个人们在学习活动中获得具体经验—通过反思去观察—体会自己的实际经验由反思中悟出新的原理、观念，形成个人的概念化知识——把新观念应用于新的具体情境加以验证的过程（如图2—2所示）。

不过，荷兰学者科萨桢（Korsangen）指出了这一经验性学习模式的

----

① 周成海：《客观主义—主观主义连续统观点下的教师教育范式：理论基础与结构特征》，博士学位论文，东北师范大学，2007年，第123页。

② K. M. Zeichner, *The Student Teaching Seminar: A Vehicle for the Development of Reflective Teachers*, A Paper Presented at the Annual Meeting of the Association of Teacher Educators, 1980, p. 2.

③ Kolb, David A., *Experiential Learning: Experience as the Source of Learning and Development*, Englewood Cliffs, N. J.: Prentice-Hall, 1984, pp. 27 – 34.

④ 周成海：《客观主义—主观主义连续统观点下的教师教育范式：理论基础与结构特征》，博士学位论文，东北师范大学，2007年，第123页。

缺陷。他提出，该模式认为经验中的学习，是一种自然的、几乎是自动的过程，这就没有给有指导的学习机会留下空间和余地，即否定了指导下的学习。此外，该模式过度强调了抽象概念的作用，而牺牲了具体的、更具有个性化的观念、形象、感受和需要。更重要的是，该模式没有认识到在掌握教学的专业知能的过程中，在认知、情感、社会的与个人的发展之间建立发展性联系的需要。

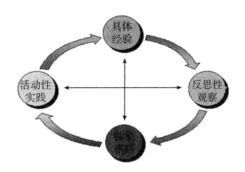

**图 2—2　科尔布的经验学习过程**

资料来源：Kolb, David A., *Experiential Learning：Experience as the Source of Learning and Development*, Englewood Cliffs, N. J.：Prentice-Hall, 1984, pp. 27 – 34.

此外，美国学者谭纳特与珀格森（Tennant & Pogson）还提出了四种经验学习的使用策略。这些策略分别是：使学习内容与学习者过去的经验相联系；将学习内容与学习者目前的经验相结合；利用模拟、游戏及角色扮演等分享经验的机会创造新经验；通过个别或集体的方式来反思经验使之成为重要的学习资源。[①]

2. 基于经验学习理论的教育实习：反思性的学习过程

教育实习是安排准教师亲自到学校现场参与实际教学的活动，由其中学到如何教学及获得第一手与教学有关的直接经验。诚如傅朗与梅纳德（Furlong & Maynard, 1995）所指出的那样：师范生学习如何教学，最好的方式是经由亲身教学的经验而得。不仅如此，美国学者罗蒂

---

① Mark Tennant, Philip Pogson, *Learning and Change in the Adult Years：A Developmental Perspective*, Jossey-Bass Higher and Adult Education, 2002, p. 324.

（Lortie，1975）通过研究发现，当教师回想他们经历过的教育实习，大多数教师都认为他们在教育实习期间的专业成长较其他的师资培育课程更为"有用"。其最主要的原因就是教育实习让准教师有了上台教学的实际临场经验，教师对那第一次站在讲台上讲课的感受，不管愉快与否，都会刻骨铭心。因为正是由于实习教师能够在实习期间获得亲身教学的经验，所以经验的获得为他们学习教学带来了重要的意义。

正因为如此，如前文所述，准教师在教育实习期间的学习被认为是一种经验学习（Experiential Learning）的过程。依据经验学习理论，在教育实习期间，不仅要重视实习教师的"前期经验"，如实习教师十多年做学生的经验和在职前教师教育中的经验，从而将新旧经验联结起来；而且要在课程安排上尽可能地融合实习教师职前教师教育中所学内容与当下的教育教学经验，做到理论与实践的融合，并要鼓励实习教师和其他实习教师及指导教师分享自己的经验。不过更重要的是，通过对经验学习理论的了解，我们可以发现，在学习过程中，实际经验不一定必然带来新的知识，必须通过反思这一环节才能产生真正的学习，并创造出新的经验与实践的智慧。而且在这一过程中，参与者要分享彼此的经验，通过大家共同地对经验进行分析与反思，学习才能产生新的意义。据此我们可以得出，反思是经验学习的核心与要求。

为此，实习教师要懂得在教育教学实践中运用讨论、分析、归纳、试用、修正、分享等历程，不断与经验的东西对话，反思经验，并对经验进行分析和判断，只有这样才能从参与经验中，发展新的经验，创发出足以不断朝向教育理性迈进的教育实践智慧与方法，即教育实习必须是一个反思性的学习过程。

在教育实习阶段，"反思性实践"已成为一个重要的指导原则，"培养实习教师的反思能力"也已成为指导许多国家教育实习项目的主流实习观。无论是作为指导原则还是实习观，其核心都旨在培养实习教师"一种能够跳出来反观自身的能力"，其基本意蕴在于将实习教师视为主动积极的学习者，能够批判性地审视自身的行为及其行为发生的情境，并在实习辅导教师的协助下，能针对他们的教学或教学情境进行主动的省思探究活动，透过反思及做判断、决定等历程，省思自己的教学行动，并据以不断改进自己，发展自己，提升自己。故此，学者科尔布在提出反思模式的同时就曾强调说："我们对于反思的方法的研究也在试图促进实习教师对于那些不太明确的、模糊的方面的意识化，因为我们相信，那些比教师教育中的理论对于实习教师的影响要大得多。"①

　　反思是实习教师在教育实习期间非常重要的一种学习方式，对此，美国学者贝蒂·E. 斯黛菲（Betty E. Steffy）等还提出了一个理论模型。他们认为，这一理论模型可将实习教师的反思与行动联系起来。也就是说，它将实习教师目前的知识和技能与关于预期未来的愿景建立了联系。正是出于这样的愿景，实习教师才建构能够实现自身发展的一些策略，其专业成长也正是通过这个过程才得以实现的（如图2—3所示）。

**图2—3　反思—更新—成长的周期模型**

资料来源：Betty E. Steffy, Michale P. Wolfe, Suzanne H. Pasch and Billie J. Enze, *Life Cycle of the Career Teacher*, Thousand Oaks, California: Cowin Press, Inc., 2000, p. 49.

　　杜威（1910）将反思性思维视为一种迟疑不决的过程或者怀疑的状态，它将导致"探索、搜寻、探究的行为，以发现可以解决疑惑，澄清并解除困惑的新资料"。因此，实习教师作为一个反思者会陷入认知失调（cognitive dissonance）状态。通过缜密的反思和新知识的获得，实习教师就会找出各种解决困惑的可选方法。伴随疑惑的解决，更新与成长的感觉会自然而然地表现出来。

　　杜威认为，解决认知失调涉及反省思维的五个步骤：暗示、问题、

---

　　① Kolb, David A., *Experiential Learning: Experience as the Source of Learning and Development*, Englewood Cliffs, N. J.: Prentice-Hall, 1984, pp. 27 – 34.

假设、推理和检验。以这些思想为基础，舍恩（1983，1987）提出，在
教学实践中，个体展示行动中的知识（knowledge-in-action）、行动中的反
思（reflection-in-action）和行动后的反思（reflection-on-action）。行动中
的知识与综合知和行的能力相关。这一过程是天衣无缝的。我们的所知
一定会指导我们的行为。行动中的反思涉及我们在教学过程中进行的分
析、判断和采取的行动。格里麦特和埃里克森（1998）是这样描述这一
过程的：因某一种教学情境而产生困惑；将当前的教学情境与过去碰到
过的情境建立联系；重构解决问题的方法；并应用到实践中去。行动后
的反思发生在事件之后。它可能会涉及寻求新的知识和意向上的变革。①

　　实习教师进行反思包括获取新知和强调对实践的反思。反思笔记、
案例研究、日志以及日记都是可供反思的"形式"（modalities）。在一个
有效的反思过程中，实习教师可以通过与其他实习教师及指导教师交流、
参加研讨会以及有组织的专业发展活动来获取新知识。由于这种新知需
要被内化，以影响实践，因此实习教师会经常需要辅导教师的协助。对
此，正如奥斯特曼和考特凯姆所述："反思型实践就像兰花一样，需要特
殊的条件才能使之茁壮成长。环境中的最重要元素就是信任。"② 奥斯特
曼和考特凯姆发展了一种"反思型实践的信条"，包括如下几个关键性假
设：每个人都需要专业成长的机会；所有的专业人员都希望改进提高；
所有的专业人员都能够学习；所有的专业人员都有能力担负起其自身专
业成长与发展的责任；人们需要并且想要获得有关自身表现的信息；合
作丰富了专业发展。

　　3. 基于经验学习理论的教育实习：批判性的学习过程

　　由于教育实习是一种经验学习的过程，依据经验学习理论，实习教
师不仅要持续地进行反思，和自己的教育教学实践对话，而且这一学习
过程还需是一个批判性的学习过程。如此，才能从经验中获得新的理解
和行动的智慧。

　　学者们认为，在一种专业教育过程中，理论知识的学习与实践能力

---

　　① Betty E. Steffy, Michale P. Wolfe, Suzanne H. Pasch and Billie J. Enze, *Life Cycle of the Career Teacher*, Thousand Oaks, California: Cowin Press, Inc. , 2000, p. 63.

　　② Ibid. , p. 58.

的养成同等重要，但在理论与实践的联系中，专业自身并不能把知识从学校输送到实践当中去，这个时候，"判断"就成为联系知识与应用之间的中介。"人类的判断是理论条款与特定实际情况变化之间的桥梁。判断要综合技术与道德因素，在普遍性与特定性、理想状态与实际可行性之间达成共识。"①

我们知道，很多大学或专业教育学院在处理实践问题时，往往是以典型化、简单化、系统化的理论来简化复杂、烦琐、多变的实际生活。然而，现实世界到处充满了复杂性、不确定性、独特性、不稳定性和价值冲突性，当学生进入实际工作时，他们会发现实践中的问题没有一个能准确无误地照搬照套典型。基于此，学者们认为，培养专业人员不能只是简单地把他们所学知识应用于实践，而是要培养他们能够在不可避免的、不确定的情况下学会运用判断，即学会变化、融会贯通、批判、创新，把学校所学的理论知识变成职业工作所需的临床知识。用亚里士多德的话来说就是：理论是关于"必然性"的，实践是关于"偶然性"的。而要实现由必然性到偶然性的过渡，其唯一途径是运用"判断"。②

在教师的专业教育过程中也是如此，特别在教育实习，这个意欲将在师资培育机构中传授的理论知识与真实的教学实践联系起来的过程中，实习教师学会教学的过程也应是一个学会判断与批判创新的过程，这样才能将学校所学的理论知识变成职业工作所需的临床知识。

不仅如此，我们说教师的教育实习是实习教师在真实的工作情境中学习如何教学的学习过程，但是事实上，这种学习如何教学的学习过程，或者说对教学的"学徒式观察"（apprenticeship of observation）早在其十几年的学生时代就开始了。在教育实习期间，如果实习教师缺乏反思与批判这种由"学徒式观察"所内化的经验的能力，则可以想见的是，教师就会自觉或不自觉地复制上一代教师的传统的教学方式。因此，实习教师在跟随指导教师学习教学的过程中，需要借助美国学者罗蒂（Lortie，1975）所说的"理性的干涉"（Intelligent intervention），即实习教师对其

---

① ［美］李·S. 舒尔曼：《理论、实践与教育的专业化》，《比较教育研究》1999 年第 3 期。

② 同上。

在学校指导教师的教室中的教学观察进行批判性的学习。只有这样，才能避免对传统教学模式的简单模仿与复制，为此，在教育实习期间，实习教师的学习教学的过程，必须要伴随有批判性的反思，以及大学指导教授与学校辅导教师的批判性指导。只有这样，才能帮助实习教师去除传统式教学的印象，真正学会进行具有自己独特风格的并采纳了新的理念的教学。

（三）基于格式塔学习理论的教育实习：以科萨桢的观点为中心

近年来，一些学者从"学会教学"的视角来阐释准教师的专业学习，并将职前教育实习视为一个"学会教学"的过程，一个发展格式塔的过程。持有这一观点的学者以荷兰的科萨桢教授为代表。

在传统上，我们往往都会认为，职前教师的专业教育应该从学习教育专业理论知识开始，但一些持实践认识论的学者却提出，职前教师学习如何教学的过程应该从观察、了解、接触教育教学的实践经验开始。因为只有有了一定的实践感受与经验，准教师才能够理解理论的意义，并产生学习理论知识的动机与需要，只有这样，才能将已有的实践与后续不断学习的理论加以联系。

荷兰学者科萨桢也赞成这一观点。他区分了教师知识的三个层次——格式塔层次、图示层次和理论层次以及和其对应的形成过程——形成格式塔、图示化和理论建构，来展示教师内部认知过程和他们行为之间的关系，以此说明教师专业学习的核心。[①]

长久以来，研究者们相信，教师行为是由教师思维所引导的，特别是教师心目中的关于教育学的理论的引导。如果是这样的话，那么采用传统的演绎式的教师教育模式（Theory-into-Practice，即先理论后实践的模式）就是顺理成章的。在这种教师教育模式中，教师被灌输有用的教育理论，目的就是使教师在教学中运用这些理论。然而，关于这种假设的诸多疑问就会出现。很多研究者已经发现教师在教学中会做出大量的即时性的决策。也就是说，教师的很多决策是以一种无意识的或半意识的方式做出的。正如卡特（Carter，1990）所说："在师生互动中，教师

———————
① 王旭卿：《信息技术中介的教育实习环境创设研究》，博士学位论文，华东师范大学，2005 年，第 67 页。

在几种不同的选择中，很少会做出富有逻辑性的选择。"① 相反，他们的行动更多地被一些规则、惯例所支配。而舒尔森和斯德恩（Shauelson & Stern，1981）及因格（Yinger，1986）认为，教师的那样一种惯习，在很大程度上建基于一种习惯的养成。谈论这些行为的时候，我们也正在同时实施这些行为。舍恩也表达了同样的观点，他认为，我们经常没有意识到我们已经学会了做这些事，而只是简单地发现我们自己正在做这些事。德尔克（Dolk）将这种没有经过过多的反思与有意识的选择就已发生的教师行为称为"直觉的教师行为"（Immediate Teaching Behaviour）。科萨桢与拉格威尔弗（Korthagen & Lagerwerf，1996）认为，那样一种教师行为是一种内在认知过程的结果，在这一过程中，需要、价值观、感受、缄默性知识、意义与行为倾向等诸多因素构成了一个活跃的共同体，并且这个共同体发挥了作用。他们称这样一种共同体为格式塔（Gestalt）。

对于这种行为的解释，科萨桢与拉格威尔弗并非仅仅强调教师行为的这种无意识的来源，同时还强调了居于知觉与行为之间的非理性的方面。我们可以拿人的大脑的左右两侧打个比方，大多数的教师行为并没有过多地受到左脑的分析、逻辑以及言语的功能的影响，而是更多地受到右脑的缄默的、非理性的以及有着信息合成特点的整体模块，即格式塔的引导。并且，格式塔需要与具体情境互动，而且其形成过程会受到具体情境中的、能够触发格式塔形成的他人的影响。

不仅如此，科萨桢等学者还具体阐释了格式塔的形成、图示化与理论建构的具体过程。他们指出，格式塔是由以往的相似情境触发所自然形成的。不仅如此，在人们回顾、反省某种具体情境，并对其进行识别、描述、分类、推理的过程，进而形成概念关系时，就已经开始了"图示化"的过程。图示化的过程也要受到具体情境与以往经验的影响，特别是某些细节会发挥关键作用。而当图示化过程积累得越来越多的时候，人们就需要从概念中抽离出图示的本质特征，进而建立逻辑关系和结构，而这又会进入下一个过程，即理论建构的过程。

---

① Fred A. J. Korthagen, Jos Kessels, Bob Koster, Bram Lagerwerf, Theo Wubbels, *Linking Practice and Theory—The Pedagogy of Realistic Teacher Education*, Mahwah: Lawrence Erlbaum Associates, Publisher, 2001, pp. 63 – 64.

　　科萨桢认为，正是由于学习者在具体情境中不断反思自己已有的经验和已经获得的知识，认知的过程才能逐一地实现层次的转换并进而形成新的认知结构和系统。此外，要使人们已经获得的经验和知识指导接下来的实践活动，还需要一个将已有知识降级（level reduction）的过程，即使知识更为接近实际，更易于管理，也就是将复杂的理论和图示还原为缄默性的、情境性的、无意识的或类似于一种惯习性的格式塔，从而在瞬间引导人们的即时决策和教学行为。为此，科萨桢指出，准教师"学习如何教学的过程是一个发展惯习性的格式塔的过程"①。这一过程非书本上的理论知识所能解决，虽然理论知识对理解特定情境是有益的，但这种理解仍不同于应用于特定情境中的行动能力，即教师很难将理论转化为课堂中的行动，而只有通过将理论层次简化为格式塔层次，教师知识的新结构才会直接影响教师还未反思的行为，并导致舍恩所说的"行动中的识知"②。并且，因为格式塔的形成必须是与情境紧密联系在一起的，也是在实践情境中最容易受到触发的，所以，职前教师学会教学的起点应该是基于实地经验的教育见习以及后续的持续的教育实习。也正是基于这样一种认识，科萨桢特别强调，要尽早安排教育实习。也正是在科萨桢这一观念的指导下，荷兰乌特勒支大学（Utrecht University）的"现实主义"教育实习模式就尽早地为准教师引入了教育实践的体验，以减少实习教师的"现实的震撼"，并为实习教师应对实际教学中的问题情境做尽可能的准备。

　　科萨桢的教师专业学习的格式塔理论强调了基于教学实践情境的教育实习的重要性，并将其视为职前教师学会教学的基础和起点。所以，教育实习是一个"学会教学"的过程，也是一个发展足够格式塔的过程。

　　而在传统中，教育实习作为实习教师学会教学的过程、发展自我的过程，这样一种观点却往往被忽视，原因是对实习的评估在很大程度上仅仅取决于指导教师的一两次观课。教育研究已经广泛地证明，教学工

---

　　① Fred A. J. Korthagen, Jos Kessels, Bob Koster, Bram Lagerwerf, Theo Wubbels, *Linking Practice and Theory—the Pedagogy of Realistic Teacher Education*, Mahwah：Lawrence Erlbaum Associates, Publisher, 2001, p. 65.

　　② 王旭卿：《信息技术中介的教育实习环境创设研究》，博士学位论文，华东师范大学，2005 年，第 68 页。

作比精心发现几种有用的教学技巧要复杂得多。学习教学需要一个不断反思、批判、实验的学习过程，而不仅仅是精心为观课老师准备一两次精彩的"表演"。

科萨桢的教师专业学习的格式塔理论提醒我们，实习教师学会教学的起点应该是基于实地经验的教育见习以及后续的持续的教育实习。所以在设计教育实习的时候，不仅要尽早地为实习教师提供参观学校、观摩教学和有限参与教学的机会，而不是在职前教师教育的最后阶段，而且要使实习教师学习教学的过程是一个持续的过程，这样才有利于实习教师格式塔的形成。同时，科萨桢的格式塔学习理论也同样强调了反思在实习教师学习如何教学的过程中的重要作用。

（四）合作学习理论视域下的教育实习

1. 合作学习理论

合作学习是多位学习个体在彼此支持、信赖的情境下，为了达到某一学习目标或完成某一学习任务，共同研究、共同讨论、共同学习并共同创生新的经验与行动智慧的学习过程。

合作学习也是建构主义倡导的重要学习理念之一。例如，社会建构主义就强调，知识一方面具有个人性和独特性，另一方面又具有社会性，因而知识的获得过程实际上是社会性的建构过程，它离不开学习者之间的交流、对话和合作。[1] 此外，一些学者还对合作学习的特征进行了研究和分析。例如，约翰逊（Johnson）等指出，合作学习具有以下方面的特征：①建立积极的互相信赖的关系（Positive Interdependence）：让参与者明白团队成员祸福同当，个人的成功植根于团队的成功，只有团队成员一起努力才能达到目标、完成任务；②增强面对面的互动关系（Face-to-Face Interaction）：让参与者了解合作学习是一种积极的互动行为，促使学习者彼此互动、彼此关心，共同研究、讨论，一起达到目标；③个人与团体绩效责任的建立（Individual and Group Accountability）：除了强调整体表现外，同时也要注重个别绩效，团队的成功是每位成员的成功的累积与联合，如果部分成员无法达到要求，则会拖垮整个团队；④增进

---

① C. T. Fosnot, *Constructivism: Theory, Perspectives and Practice*, New York: Teachers College Press, 1999, pp. 35 – 48.

社会技能（Social Skills）：学习者必须具备一定的社会技能，如彼此信任、正确地进行沟通、相互接纳与支持、理性地解决冲突等；⑤团体历程（Group Processing）：在通过合作学习完成目标的过程中，应给予每位成员学习讨论的机会，促进团体成员努力达到团体目标。①

姚克斯和玛维克（Yorks & Marwick）等人也指出，成人的学习常常是一种社会互动性的活动，而团体可以提供有效率的情境促进学习，这种环境足以挑战学习者个人的经验，并提供机会与其他专业人员合作。②美国合作学习的倡导者斯莱文（Slavin R. E.）在《教育中的合作革命》一文中也曾倡议："应该把合作学习的基本原则纳入整个学校系统的运行轨道中，其中包括学生与学生、教师与教师、教师与学生、教师与行政人员、学校与家庭和社区、一般教育与特殊教育的全面合作……合作革命的前景十分诱人，学校将成为更人道、更愉快的工作与学习的场所。"③

正是由于合作学习具有不同于传统的个体性学习的特征，所以在教育中，学者们已经发现对学生与教师而言，合作学习与共同创生知识的重要性，因此在教育改革中，这一理念得到大力的倡导。而这一理论也可以为实习教师在教育实习过程中与指导教师和实习同伴的合作学习提供指导和支持。

2. 合作学习理论与教育实习

如今，世界上的教师教育大都发生了这样的改变：教师的学习由从专家那里习得知识转向自我引导的学习，由个体的学习转向团体中的合作学习。教师的学习由从专家那里习得知识转向自我引导的学习，发生如此改变的原因之一就是建构主义学习理论的影响。此外，还有一个重要原因就是，如果想要促进教师的终身学习，我们就必须发展他们的自我成长的能力。因此，我们就必须发展他们自我引导学习的能力，以使其能够建构他们自己的经验和自己的个人实践理论。第二个维度的改变

---

① Johnson, D. W. & Johnson, R. T. & Holubec, E. J., *Cooperation in the Classroom* (Seven Edition), Interaction Book Company, 1998, pp. 22 – 23.

② Yorks, L. & V. J. Marsick, "Organizational Learning and Transformation", in J. Mezirow et al., eds., *Learning as Transformation: Critical Perspectives on a Theory in Process*, New York: Teacher College Press, 2000, p. 252.

③ 转引自王坦《论合作学习的教学论贡献》，《课程·教材·教法》2003 年第 8 期。

是关于个体学习还是群体学习的问题。在教育中，学者们已经发现了合作学习与共同创生知识对学生学习与教师发展的重要意义。因此，如果要使学校变成一个促进教师进一步发展他们自己的专业知能的实践共同体，教师就要习惯并养成这种合作学习的方式。为此，教师的合作学习已经成为教师学习与发展领域中的核心理念之一。

不仅如此，很多学者也提出，准教师在学习教学的教育实习期间，也要加强合作学习，这对实习教师有效学习教学和发展自己的实践性知识意义重大。因为教师的教育实习是在大学与中小学校教师的指导下进行的，为此，实习教师与指导教师之间的关系既是指导者与被指导者的关系，同时也是一种合作学习的关系。正因为如此，在美国，中小学的实习指导教师就被称为"合作教师"（Cooperating Teacher）。不仅如此，实习教师之间在教育实习期间也应该是一种"同伴指导"（Peer Coaching）的合作学习关系。

对此，也有很多学者进行了专门的研究。例如，巴特勒（Butler）通过研究指出，教师学习如何教学的过程以及教师专业知识的建构首先应该是一种社会性的交往和合作活动，因为教师"不是在真空中建构知识，他们的知识、信念态度和技巧是在社会文化情境中形成的"①。英国学者理查德森（V. Richardson）不仅从社会建构主义出发阐述了教师合作学习的心理学依据，而且还从实践上探讨了教师合作建构专业知识的方式和途径，如教育实习期间可以采纳的实习模式，师徒制合作（Mentoring）等。② 此外，美国心理学家约翰·D. 布兰思福特（John D. Bransford）等也提出："最成功的教师专业发展活动是那些在教师共同体中受到鼓舞的发展，这些类型的活动的完成得益于共同创造的机会，分享经验，共享资源，共同决策。"③ 前述情境学习理论的倡导者莱夫和温格也指出，发生

---

① Deboran L. Butler, Helen Novak Lauscher, Sandra Jarvis-Selinger, Beverly Beckingham, "Collaboration and Self-regulation in Teachers' Professional Development", *Teaching and Teacher Education*, Vol. 20, No. 5, 2004, p. 435.

② Virginia Richardson, *Constructivist Teacher Education: Building New Understandings*, London: The Falmer Press, 1994, pp. 108 – 126.

③ ［美］约翰·D. 布兰思福特等：《人是如何学习的——大脑、心理、经验及学校》，程可拉等译，华东师范大学出版社 2002 年版，第 223 页。

在"群体实践"中的社会性学习对于学习者的专业知识的学习非常重要。他们认为，群体中的新成员或低一级的成员通过自己对群体生活和工作的"合理的外围参与"可以使其达到学习的目的。

对于促进教师发展的合作学习，我国学者也进行了深入的研究。如陈向明认为教师合作学习的内在条件包括：① ①小组学习中参与者的心理感受，如安全感、信任感、相互依赖感；②小组的思维特性，如群体内聚力、群体思维；③小组成员的合作技能，特别是他们的基本社交技能。要有效地实现合作学习就必须采取积极的措施以培育良好的环境（如表2—3所示）。

表2—3　　　　　　　　　　教师合作学习的内在条件

| 项目 | 内在条件 | 具体措施 |
|---|---|---|
| 小组学习中参与者的心理感受 | 加强安全感 | ▲制定活动规则<br>▲控制小组规模（4—6人）<br>▲鼓励积极参与<br>▲通过"做中学"增强参与者信心 |
| | 促进正相互依赖 | ▲建立有效的合作交流机制<br>▲所有成员任务分工明确，各自承担相应的责任、义务 |
| 小组的思维特性 | 提高群体内聚力 | ▲使参与者认同自己的小组<br>▲提高目标与个人动机间的一致性 |
| | 避免群体思维 | ▲创设具有自我批评意识的学习氛围 |
| 小组成员的合作技能 | 改进社交技巧 | ▲组成小组的技能<br>▲小组活动的基本技能<br>▲交流思想的技能<br>▲表达情感的技能 |

资料来源：陈向明：《小组合作学习的条件》，《清华大学教育研究》2003年第8期。

此外，饶见维还提出了"协同成长团体"（Co-Development Group）的教师合作学习方式。即一群专业人士（在此指教师，由七到十人组成）

---

① 陈向明：《小组合作学习的条件》，《清华大学教育研究》2003年第8期。

持续且定期聚会，于聚会时彼此交换专业经验、分享心得或讨论遭遇到的实务问题等，以便促进彼此的专业素养。[①]

总之，依据建构主义的理论观点，知识是通过社会交往而生成的。所以，首先，教师的教育实习就应是实习教师与指导教师之间的交流、合作的学习过程。在合作学习的过程中，实习教师能够学习指导教师的教学方法，同时学习指导教师实际教学的思维方式，即那些非言语表达的缄默性的实践知识。而指导教师也能够在指导实习教师进行教育教学实践的过程中，反思自己的教育理念与教学模式，从实习教师那里获得改进自己教育教学实践的灵感，从而促进自己教育教学水平的提升。因此，成功的教育实习应该是实习教师与指导教师教学相长的学习，双赢的学习，而这种双赢的学习必然是平等的、合作的学习。

其次，在指导实习教师的过程中，大学教师与中小学教师为了共同的目标，即为实习教师提供有效的教育实习的过程，双方也应是合作学习的关系。在共同指导的过程中，二者可以取长补短，针对教育实习过程中实习教师出现的问题共同研究、讨论，共同协商解决，并建立起平等、信赖、彼此支持和鼓励的合作关系，这不仅有利于教育实习质量的提升，对于双方的专业发展同样是一种促进。

再次，实习教师之间互相观摩，互相提供建议，互相给予支持，共同研究所面对的问题，这自然也是一种合作学习的过程。

为此，在教育实习的过程中，仅仅关注实习教师如何学习教学是狭隘的想法，重要的是在这一过程中，使所有参与者都成为合作性的学习共同体中的一员，因为只有所有成员专业发展水平的提升才能从根本上保障教育实习质量的提高。所以，实习教师、大学与中小学教师、实习教师之间应该进行合作学习，建立一个彼此合作、彼此信赖、彼此支持、共同研究与发展的实践共同体。

### 三　建构主义的课程观与教育实习课程设计

由于建构主义对学习过程与学习心理重新进行了理解，这必然导致课

---

[①]　饶见维：《教师专业发展——理论与实务》，中国台北五南图书出版公司 1996 年版，第 317 页。

程观念与课程设计原则的更新与发展。建构主义在课程目标、课程内容与课程评价方面的观念重建，对于教育实习目标的设定、课程内容的安排以及评价过程的整体设计都具有重要的启示意义。并且，在很多国家的教育实习项目中，已经看到了建构主义课程观为教育实习所带来的改变。

（一）教育实习目标的深化

首先，建构主义课程观在课程目标方面强调"生成—表现性"的目标取向。美国课程论专家舒伯特（Schubert）认为，典型的课程目标取向可以归纳为四种类型：普遍性目标（Global Purposes）取向、行为目标（Behavioral Objectives）取向、生成性目标（Evolving Purposes）取向以及表现性目标（Expressive Objectives）取向。建构主义课程观的目标价值取向是"生成—表现性"，它是在批判普遍性目标、反思行为性目标，同时吸收生成性目标与表现性目标的优点的基础上而构建的新的目标取向。生成—表现性目标是指在教育情境中随着不同问题的不断解决而生成的与教师和学生个体的主观价值紧密相连的目标，其特点是强调与参与者个性紧密相关的个体性。① 在这种目标取向的指导下，强调通过创设情境，鼓励学习者对具体情境下的问题展开思考，在问题解决的过程中，鼓励学习主体充分发挥自己的主动性、展示自己的独特性和创造性，并通过多元的视角去探寻解决问题的对策。因而，对学习者而言，每一个问题的解决都成为个体发生转变和提升的阶梯。为此，课程的目标关注的是学习者个体在课程中所获得的发展与生成的变化。

依据建构主义课程目标取向，在教育实习过程中，实习目标的设定也要跳出"普遍性目标"和"行为目标"的窠臼。教育实习不能将目标仅仅设定为帮助实习教师通过《教师专业标准》，养成某些教学的技能，因为即使一个实习教师逐项地达到了这些标准，他未必就是学会了教学或是保证能成为称职的任课教师。这些目标容易误导实习教师仅仅成为教书的匠人，而不能对教育中的问题形成自己的批判性见解，更妄谈解决问题能力的养成。事实上，在教育实习的过程中，实习教师必然会遭遇一系列的教育问题，对这些问题的探究、反思、追问，才能引导实习

---

① 黄志成主编：《西方教育思想的轨迹——国际教育思潮纵览》，华东师范大学出版社2008年版，第386页。

教师深入理解教育教学的过程，才能形成其对教育教学实践的自己的洞见。而这种分析问题、解决问题的能力才能引发实习教师真正的转变，才能使其获得真正的意义的建构，这对于实习教师的未来专业发展才是至关重要的。所以，教育实习的目标设定也要摒弃普遍性目标与行为目标的取向，而选择"生成—表现性"目标取向。因为对于实习教师个体而言，学会反思自己的教学实践、发现问题并予以改进才应是促进其持续专业发展的重要目标。所以，目前，英国、美国、澳大利亚等很多国家已都将"培养反思性实践者"设定为教育实习的主要目标。

（二）教育实习内容的"个人需要"导向

建构主义的课程观强调课程内容的意义建构性。在建构主义思想的指导下，课程内容注重在情境中随时发现问题以及解决问题，这种问题的发现—解决—再发现新的问题—再解决的过程就构成了课程的内容。①不仅如此，课程内容的安排须和学习者的个人需要紧密联系在一起，即课程内容的选择与安排会尽可能满足学习者的个人需要，而学习者学习自己最为需要的、最感兴趣的内容，其学习的积极性会被大大激发，学习的效率也会极大地提高。

依据建构主义课程内容设计原则，在教育实习中，实习活动内容的选择，不仅要注重提供问题情境，引发实习教师的思考，而且要使实习内容的安排满足实习教师的个人内在需要。因为研究表明，在实习的整个过程中，关注实习教师的内在需要，以其为引领，对于促进实习教师的专业发展是非常重要的。"如果实习教师的学习教学的过程，被其内在需要所引导，并植根于其自身的经验或经历，且实习教师能够具体地反思这些经验，那么这种专业学习就会更加有效。"②换句话说，实习教师的专业学习，要与其内在需要联系起来，这种内在需要，就包括他所关注的事物。事实上，荷兰乌特勒支大学的现实主义教育实习模式就是一

---

① 黄志成主编：《西方教育思想的轨迹——国际教育思潮纵览》，华东师范大学出版社2008年版，第386页。

② Fred A. J. Korthagen, Jos Kessels, Bob Koster, Bram Lagerwerf, Theo Wubbels, *Linking Practice and Theory—The Pedagogy of Realistic Teacher Education*, Mahwah：Lawrence Erlbaum Associates, Publisher, 2001, p. 87.

种情境化的、以实习教师的关注为基础的实习模式。其依据的理论就是美国学者傅乐所提出的教师关注阶段理论。

简言之，依据建构主义课程内容设计原则，在教育实习的过程中，各种实习活动的安排以及对实习教师的支持、援助应考虑到实习教师的各种内在需要，以其为参照，才能真正推动实习教师的专业学习。

（三）教育实习评价的过程性与情境性

建构主义课程观，强调课程评价的过程性与情境性。首先建构主义的课程评价强调课程的设计者和评价者要考虑学习发生的背景，因此评价的标准考虑情境的因素。其次，评价要以真实任务的解决为标准，同时重视对学习者知识建构过程、经验累积过程的评价，即采用过程评价而非结果评价。最后，建构主义强调多元课程评价，即以社会建构与协商的意义为标准的评价，将学生、教师、社会、家长的多元评价进行整合。

依据建构主义课程评价观，教育实习的评价也应是一种过程性、情境性评价。即在实习评价中，要对实习进行过程中的评价、阶段性的评价，以为实习教师提供专业发展方面的及时反馈，同时通过不同阶段评价结果的相互比较，实习教师也可看到自己的进步，而且每一阶段的评价结果都可作为下一步实践的依据，这对于培养实习教师的反思能力，促进其发展有很重要的作用。不仅如此，指导教师也能从发展的角度来评定实习教师的最终成绩。此外，教育实习评价也应是一种包括指导教师、其他实习教师、任教学生、实习教师本人在内的多元评价，这样评价的结果是全面的，给实习教师提供的反馈才是多角度的。目前，美国实习教师的档案袋评价、英国的阶段性实习评价都贯彻了这一原则。

**四　建构主义的教学观与教育实习模式**

建构主义教学观不仅提出了一系列重要的教学原则，诸如支持学习者对所有问题都以主体的身份介入，以使全部问题或任务成为学习者自己的问题或任务；注意创设问题情境，以诱发学习者的问题，并利用它们激发学习活动，使学习者迅速投入问题解决的过程；设计一种真实的学习环境，以保持学习者的认知需求与环境对学习者的要求的一致性；

在学习者与教学实践潜在的损伤性影响之间维持一个缓冲，重视学习的情感领域，使学习与学习者个人相关，帮助学习者发展技能、态度和信念，以支持学生对学习过程的自动调节、学习环境的控制性与促进个人自治之间的平衡；学习者在认知结构的发展重构过程中不断增强反思调控能力，教师应通过促进学生学习技能和态度的形成，来支持学生自动调节学习①，等等。

而且更重要的是，建构主义提出了很多新的教学模式，诸如交互式教学模式、认知学徒式教学模式、抛锚式教学模式、问题解决式教学模式，等等。其中，认知学徒式教学模式对教育实习的模式选择很有借鉴价值。

认知学徒式教学模式是在杜威、维果茨基及众多心理学家所提出的教学模式的影响下于1989年提出的。它也是杜威"做中学"教学模式的衍生。认知学徒式教学模式为增进学生对教学内容的理解，提出了三种策略：增加内容的复杂程度、增加内容的多样性、首先传授最高水平的技能。为刺激学习者的认知活动，它还提出了六种教学策略：模仿、辅导、提供逐渐拆除和重新组合的"脚手架"、提供学生表达获取新知识的机会、反思、鼓励学生的探究能力。为促进学生个体学习的社会化，还提出了五种策略：情境学习、模拟、专家实践的文化群体、内在动机、利用合作。②

建基于建构主义的教学观及教学模式，特别是认知学徒式教学模式，在批判吸收传统的学徒制教学模式的基础上，很多学者也对教育实习模式进行了创新的研究。例如，我国台湾学者陈嘉弥经过大量的实证研究，推出了"师徒式教育实习模式"。"师徒式"教育实习理念首先对传统的"学徒制"进行了批判。学徒制为人所诟病的方面，如偏重技艺训练，提供理论探究、思维与创意等学习的缺失，而且强调独门技术、朋党结派、师徒间恩怨情仇等也常被视为阻碍进步、破坏和谐、制造纷争的害源。③

但是现代的"师徒式"学习以古希腊的神话中"Mentor"的角色作

---

① 高文：《教学模式论》，上海教育出版社2002年版，第110—111页。

② 同上书，第248—286页。

③ 陈嘉弥：《师徒式教育实习之理论与实践》，中国台北心理出版社2004年版，第42页。

为发展其概念与策略的依据，并在很多方面融入了建构主义教学理念，特别是认知学徒式教学模式的理念与策略。师徒式学习源于古希腊荷马史诗《奥德赛》（The Odyssey）神话故事中的 Mentor 角色。传说伊萨卡（Ithaca）国王奥德修斯（Odysseus）因赴 Trojan 征战，临行前他托付挚友雅典娜（Athena）女神即 Mentor 抚养、照顾、保护、教导他的儿子泰勒麦楚斯（Telemachus），使其能够胜任未来伊萨卡的国王之位。故事中的雅典娜女神，具有智慧、艺术、产业、学问及战争等特质，同时也具有男性的合身。在教养泰勒麦楚斯的过程中，Mentor 的主要工作是帮助泰勒麦楚斯为自己做反省、思考和判断，并从其中学习到知识和技能。在这一过程中，Mentor 对泰勒麦楚斯是一个长期的示范者、经验传承者、分享者、支持者、鼓励者及付出者。而泰勒麦楚斯的学习过程主要是一个自我反省与不断思考的学习过程，强调的是自我的内省与建构。

在指导教育实习的过程中，陈嘉弥采纳了"师徒式"学习（Mentoring）的理念，他强调现代的"师徒式教育实习"模式具有如下方面的特征：①整合相关教育理念，应用到师徒的学习过程中，如情境教学、反思批判、合作式社会化互动、三明治学习、生涯发展理论等；②透过渐进化、系统化的方式设计不同目的或阶段的学习活动；③具有三明治式的合作精神，加强理论、实务与反思的综合学习，三明治式的教学理念是"学校—真实现场—学校"的合作模式，强调准教师轮流在大学教师教育机构学习理论及在实习学校演练实务，进而缩短理论与实务的落差，形成准教师作为教师的圆熟智慧；④长期提供具体的情境学习，使学习者能够获得丰富及多元的刺激与省思；⑤提升师资培育机构教学效能与实习学校效能发展的双赢关系；⑥注重强调师傅、徒弟双方互蒙利益的合作关系。①

可见，陈嘉弥提出的"师徒式教育实习"理念与特征符合许多学者，如思帕克斯（Sparks）、汤姆森（Thompson）等人设计的有效教师专业成长的实习活动的要求，如延续性的学习、实务中反省与对话、学校本位、同伴合作学习与分享、实习教师自主控制、尝试创新与改变以及社会化学习，等等。

---

① 陈嘉弥：《师徒式教育实习之理论与实践》，中国台北心理出版社 2004 年版，第 48—54 页。

# 第三节　实习教师专业社会化过程管窥

一直以来，教师教育对学习者的关注不够，对专业培养的不足已经成为现有的教师教育课程的主要缺点。如今，要改进教育实习，首先就应该关注教育实习中的中心人物，即实习教师，要了解实习教师的专业社会化过程及其规律，因为这是规划教育实习的基础和前提。

教师的教育实习是实习教师由学生蜕化为教师的重要阶段，也是实习教师进行专业社会化的一个重要过程。这一过程对于实习教师能否顺利实现由受教育者到教育者的角色转换以及后续的专业社会化具有决定性的影响。对实习教师专业社会化过程与规律的研究，教师专业社会化理论可以为我们提供重要的理论参考。

## 一　教师专业社会化理论

19 世纪 90 年代中期，德国社会学家齐美尔（G. Simmel）首次提出"社会化"（Socialization）这一概念。社会学意义上的个体社会化是指个体在与社会环境相互作用中，发展自我观念与社会角色，掌握所属社会的各种技能、行为规范、价值观念，获得该社会所要求的成员资格，同时形成个性并完善自我，即从一个生物体的自然人转变成为一个社会人的历程。[①] 其中，职业社会化（Occupational Socialization）研究是人的社会化研究的重要内容，因为要成功地扮演职业角色，必须经历成功的职业社会化。要成为一名符合社会要求的教师，就必然要进行教师职业社会化。虽然目前仍有一些学者并未认可教师职业是一门成熟的专业，但随着教师职业走向专业化的趋势，学者们通常把教师职业社会化称为教师专业社会化。教师专业社会化即教师所经历的由一个"普通人"逐渐成长为一个"教育者"并最终融于教师共同体而成为其中一员的动态变化过程。[②]

---

① 项亚光：《论当前国内外教师专业社会化发展》，《外国中小学教育》2004 年第 6 期。

② Kenneth Zeichner, Jennifer Gore, *Teacher Socialization*, *Handbook of Research on Teacher Education*, New York：Macmillan Publishing Company, 1992, pp. 196 – 201.

1932 年，美国教育社会学家沃勒尔（Waller. W.）在《教师如何教学：专业类型的决定因素》中首次提出"教师专业社会化"（Professional Socialization of Teachers）一词，从此开启了教师专业化研究的先河。到目前为止，在教师专业社会化理论研究领域，已形成了三种主导的研究传统：功能主义（functionalist）传统、诠释的（interpretive）传统与批判的（critical）传统。

其中，最为古老、同时也是在目前仍然有着巨大影响力的功能主义传统，植根于法国的社会学实证主义哲学。该理论研究范式包括几种思想流派，如结构功能主义（Structural Functionalism）、系统论（Systems Theory）、社会行为理论（Social Action Theory）及行为主义（Behaviorism）等。功能主义传统致力于将人类及其活动置于更为广阔的社会情境下来考察。不仅如此，功能主义传统认为个体应符合社会的要求，并且在社会面前，个体是被动的和可塑的。因此有学者认为，功能主义传统时刻准备为人类行为的被规约的本性提供解释。回顾历史，一些早期的职业社会化研究就源于此类传统。最为有名的一项研究就是由莫通、瑞德与坎德尔（Merton，Reader & Kendall）在 1957 年所做的关于医科学生社会化的研究。对于教师专业社会化，功能主义传统认为，这是教师不断放弃自我而服从于社会的过程，社会在教师的成长过程中起决定性的作用。在社会的影响下，教师的个性、素质等会发生潜移默化的改变。

与功能主义不同，诠释的传统植根于德国社会思潮中的理想主义传统，而其出现正是为了弥补功能主义传统的不足。正如博瑞尔与摩根（Burrell & Morgan）所说，"它挑战了功能主义传统在本体论上的假设的合法性"[1]。诠释的传统也包含了不同的理论派别，如解释学（Hermeneutics）、现象学（Phenomenology）等。诠释主义者认为，"在社会化过程中，教师个体不只是一个被动的接受者，而是起着主动和积极的作用，他们正

---

[1] K. M. Zeichner, "The Student Teaching Seminar: A Vehicle for the Development of Reflective Teachers", A Paper delivered to the Annual Meeting of the Association of Teacher Educators, 1980, p. 2.

是通过在选择和限制、个体和制度之间不断的相互作用而实现自己的社会化"①。

诠释主义传统的代表人物、英国学者勒西（C. Lacey）在 1977 年对英国的教师专业社会化进行了研究。该研究被认为在一定程度上揭示了功能主义社会化理论的一些显而易见的瑕疵。勒西的研究旨在发展一种教师专业社会化过程的模式。在研究过程中，他不仅描述了教师完整的专业社会化过程，而且还特别探讨了实习教师的专业社会化过程与阶段。通过观察与问卷数据的搜集整理，勒西试图了解与理解实习教师的专业社会化经历。

批判主义传统植根于马克思主义与法兰克福学派（Frankfurt）。该传统强调的是改革，正如威斯克勒（Wexler）所说："批判理论就意味着改变。"② 为此，批判的传统强调的是创造与重构。批判主义传统的目的在于使人们具有批判那些日常生活中习以为常的事情的意识。为此，阶级、性别、种族关系等成为批判主义者关心的焦点。例如，批判主义者强调，当我们认识到教学在很大程度上是由女性担当的职业时，性别的问题就不能被忽视。美国学者金斯伯格（Ginsburg）在 1988 年做了一个对职前教师专业社会化的研究。③ 通过研究他认为，男性课程开发者所开发的课程对于女性职前教师是不利的。为此，他提出要关注性别、种族等对教师专业社会化的影响。

综上可见，尽管上述理论传统各自研究的出发点不同，但均是对教师专业社会化研究的丰富与发展。因为，教师专业社会化"显然是一项极其复杂的历程。绝对无法借用单纯的、单一因素的参考架构便能得到充分而周全的理解"④。事实上，教师专业社会化不仅是一个复杂、曲折的、受多种因素影响的持续动态发展的过程，而且它也是伴随教师整个职业生涯的过程。也就是说，教师专业社会化涵盖了从教师养成到职后

---

① 张晓贵：《论教师社会化研究的意义及其方法》，《外国教育研究》2004 年第 10 期。

② Kenneth Zeichner, Jennifer Gore, *Teacher Socialization*, *Handbook of Research on Teacher Education*, New York: Macmillan Publishing Company, 1992, pp. 196 – 201.

③ 张晓贵：《论教师社会化研究的意义及其方法》，《外国教育研究》2004 年第 10 期。

④ 高强华：《社会变迁与教育革新》，中国台北师大书苑有限公司 1988 年版，第 305—307 页。

的继续教育，从教师的专业培养到后续专业发展的整个体系与历程。其中，很多学者特别关注到了教师在实习阶段的专业社会化问题，因为教育实习是教师专业社会化的重要一环。

## 二　实习教师专业社会化过程

对于实习教师所经历的专业社会化阶段，英国学者勒西在其《教师的专业社会化》（Professional Socialization of Teachers）一文中，将实习教师的专业社会化过程分为四个阶段[①]。

第一个阶段为"蜜月"阶段（the Honeymoon Period）。因为从大学的学术性学习转变为与学生接触的实践经验，实习教师对这一转变感到兴奋，对实习学校的一切都感到新奇。第二个阶段为"寻找教学资料和教学方法"（the Search for Material and Ways of Teaching）的阶段。度过了"蜜月"阶段，实习教师便要面对教室中的问题与困难了。在此阶段，实习教师通过查找、收集所需的教学材料和掌握有效的教学方法来应付课堂中出现的问题与困扰。此外，实习教师在此阶段还要逐渐加强自己控制班级和临场应变的能力。第三个阶段为"危机"（the Crisis）阶段。危机源于实习教师感到自己无力控制教学与班级管理，因而觉得沮丧和失败。第四个阶段为"设法应付过去或失败"（Learning to Get by or failure）阶段。实习教师在危机阶段的经历和问题，需要与他人沟通、研讨，进而发现解决问题的对策，或者实习教师通过尝试错误等方式来自行发展出解决问题的方法。如果问题未能得到解决，或者实习教师的挫折感太深，有些实习教师也可能因此离开教学岗位。

我国台湾学者王秋绒在实习教师的专业社会化阶段的划分上采纳了勒西的观点。她将实习教师的专业社会化过程分为三个阶段。[②] 第一个阶段为"蜜月"期。实习教师体会到了做教师的快乐，全身心投入教学工作。第二个阶段为"危机"期。当在实际教学中遇到的问题越来越多，面临的现实压力越来越大时，实习教师就会产生强烈的危机感。第三个

---

① 罗纶新：《教育实习理论与实务之探讨》，《教育科学期刊》2002 年第 1 期。

② 王秋绒：《教师专业社会化理论在教育实习设计上的蕴义》，中国台北师大书苑有限公司 1991 年版，第 33—48 页。

阶段为"动荡"期。面对现实与理想的教师角色间的差距，有的实习教师重新自我预期，趋于妥协；有的则准备脱离教学岗位。

　　美国学者塞克斯与哈瑞顿（Sacks & Harrington）通过研究，将实习教师的专业社会化过程分为六个阶段。① 第一个阶段是在正式进入教室工作之前的阶段。实习教师热切期待，并感到兴奋、好奇，同时也伴有焦虑与紧张的情绪。第二个阶段是进入教室开始实习的阶段。实习教师很高兴开始实习，却也担心挑战过大。第三个阶段是正式导入阶段。实习教师进入教学实践，一开始会有表现不适当，感到自己的教学能力不充分的经验，体验到教学是如此复杂的工作。第四个阶段是尝试错误的阶段。实习教师在不断找寻正确的教学方法，接受管理班级和维护教室秩序的挑战。第五个阶段是融合巩固的阶段。实习教师经过一段时间的教学体验，在此阶段开始体验到成功教学的乐趣与成就感，进而开始关心学生的需求。第六个阶段是熟练阶段。实习教师逐渐有了得心应手的感觉，并且也较能控制班级了。

### 三　实习教师的关注阶段与内容

　　目前，实习教师在其关注点的变化方面所呈现的规律，不仅为诸多学者所关注与研究，而且在教师教育实践中也已经成为一些国家，诸如荷兰、美国等，在设计、安排教育实习课程与活动方面的重要理论依据。因为，实习教师的关注的变化在一定程度上反映了实习教师在实习期间的专业发展重点与内在发展需求的变化。只有契合了这种变化，教育实习的效果才能更好。而且，在实习的整个过程中，关注实习教师的内在需要，以其为引领，对于促进实习教师的专业发展也是非常重要的。正如布莱墨德等（Bramald et al.，1995）学者所言，我们"应该尽可能地了解影响教师思维、思考的一些变量或因素，并将其融合进教师教育课程设计之中"②。因此，实习教师所关注的问题是有效的教师教育所必须

---

① Sacks, S. R. & Harrington, G. H., "Student to Teacher: The Process of Role Transition", Paper Delivered to the South Pacif Association for Teacher Education Conference, 1982.

② Mau, Rosalind Y., "Concerns of Student Teachers: Implications for Improving the Practicum", *Asia-Pacific Journal of Teacher Education*, Vol, 25, No. 1, 1997, p. 53.

关注的重要因素，换句话说，在教育实习课程的设计和安排方面，我们要充分关注实习教师所关注的问题。

对于实习教师关注的研究，最早可以追溯到美国学者傅乐（Fuller，1969）提出的教师关注阶段理论。这一理论被瑞查森和普拉塞尔（Richardson & Placier, 2001）描述为"教师发展理论"中的最古典的理论，因为它开辟了教师发展理论研究的先河。后来，许多学者在研究中纷纷借鉴或引用傅乐的教师关注发展模式，这些研究有的是关于职前教师的，有的是关于入职教师的，还有的是关于实习教师的大学指导教师的。

（一）傅乐的教师关注阶段模式

傅乐对教师关注问题的研究早在 1967 年以前就开始了，并相继四次提出教师关注理论，使其得以不断发展和完善。傅乐及其同事继 1967 年提出最初的教师关注的六阶段理论模型以后，在 1969 年进一步提出了教师关注的三阶段论，[①] 该理论具体包括：第一阶段为教师任教之前的无关注阶段，第二阶段为教师任教初期的自我关注阶段，第三阶段为教师关注学生阶段。该理论一经提出，就引起了诸多学者的关注。为此，后续的教师发展理论研究大都植根于此理论模型。

后来，傅乐在大量访谈的基础上，又与同事一起编制了著名的《教师关注问卷》（Teacher Concerns Questionairre），并在 1975 年提出了职前教师（包括实习教师）关注的三阶段理论[②]：早期的教师自我关注或生存关注（Early Concerns about self or Survival）、教师的任务关注或教学情境关注（Concerns about Tasks or Teaching Situations）、教师对学生的影响关注（Concerns about Impact on Students）。

在 1985 年，傅乐进一步发展了教师关注理论。他将实习教师的关注

---

① Paul F. Conway, Christopher M. Clark, "The Journey Inward and Outward: A Re-examination of Fuller's Concerns-based Model of Teacher Development", *Teaching and Teacher Education*, Vol. 19, No. 5, 2003, p. 465.

② Fuller, F. and Brown, O., "Become a Teacher", *Teacher Education, Seventy – fourth Yearbook of the National Society for the Study of Education* (Part 2), Chicago: University of Chicago Press, 1975, p. 46.

分为三个阶段①：关注自己（Concern for self）、关注作为教师的自己（Concern about self as a Teacher）、关注学生（Concern for Pupils）。并且认为，最困难的转折是在第二与第三阶段之间。要实现由第二阶段到第三阶段的跨域，需要实习教师放弃自我防御的心理，放弃工作是为了获得赞许以及其他外界奖赏的想法。而且，他们需要建立足够的信心以从努力掩饰自己的不足转变到能够认识自己的感受、长处与限制。

傅乐的研究从职前教师（包括实习教师）所关注问题的角度来研究教师的专业发展，这也恰如另一位美国学者费斯勒（Fessler，1985）所言："该研究没有囊括教师发展的方方面面，而只是从教师所关注的事物在教师不同发展阶段的更迭这一个侧面来探讨教师的发展。"② 虽然这对全面了解教师的专业发展过程与面貌是不够的，但该研究确是为教师发展研究开辟了先河，同时也在教师的关注问题方面为后续研究奠定了重要的研究基础。傅乐除了提出了教师关注阶段的理论，还在得克萨斯大学与同事一起编制了《教学关注量表》（Teaching-concern Inventory）。

后来，得克萨斯大学的乔治（George，1985）进一步深入发展了傅乐的研究。他分析了五种对教师关注产生影响的假设因素，并通过研究发现，相对于在职教师更多地关注"压力"而言，实习教师对于自己是否受到欢迎的关注甚于对压力的关注。③ 不仅如此，在傅乐编著的《教学关注量表》的基础上，乔治进一步修订而成了傅乐与乔治的《教学关注量表》（Fuller & George's Teaching-concerns Inventory，1994）。该量表对于教师关注的理论与实践研究都提供了重要的参考，至今仍然是非常有价值的教师关注测量量表。

（二）西特尔和拉尼尔（Sitter，J. & Lanier，P.）的实习教师关注研究

西特尔和拉尼尔在傅乐研究的基础上，特别针对实习教师所关注的

① Mau, Rosalind Y., "Concerns of Student Teachers: Implications for Improving the Practicum", *Asia-Pacific Journal of Teacher Education*, Vol. 25, No. 1, 1997, p. 53.
② 杨秀玉：《教师发展阶段论综述》，《外国教育研究》1999 年第 6 期。
③ Mau, Rosalind Y., "Concerns of Student Teachers: Implications for Improving the Practicum", *Asia-Pacific Journal of Teacher Education*, Vol. 25, No. 1, 1997, p. 53.

问题进行了研究，并且其研究结果在总体上支持傅乐的研究，但在某些方面也与傅乐的研究结果有所不同。

就实习教师所关注的问题来看，西特尔和拉尼尔的研究与傅乐的研究结果一致，但在关注点的变化方面，这两位学者认为，诸如自我关注、生存关注、教学任务关注、学生学习关注、教学材料关注等，这些关注并非像傅乐的研究结果那样按一定的顺序出现，而是同时出现，并且"要求实习教师同时解决这些所关注的问题，即在关注中心发生转换之前，原来的关注问题可能并没有很好地得以解决"①。

应该说，西特尔和拉尼尔的研究进一步丰富了傅乐的理论，特别是为我们了解实习教师的关注问题提供了参考。二者的区别在于，傅乐的研究认为，职前教师关注的发展是有序的，并且，如果早期的关注问题没有得到解决，那么其后的关注则不会出现。而西特尔和拉尼尔则认为，实习教师的各种关注同时出现，并且在关注中心转换之前，原来的关注问题并非一定解决，即实习教师的各种关注不具有序列性和累积性。

（三）莫·罗塞琳蒂（Rosalind Y. Mau）的实习教师关注测量研究

新加坡南洋理工大学的莫·罗塞琳蒂采用傅乐与乔治的《教学关注量表》对新加坡的实习教师的关注进行了实证研究。在研究中，根据《教学关注量表》，他分别从实习教师的个人生存关注、教学情境关注、对学生需要的关注这三个维度进行了关注程度的测量、统计，最后得出了研究结果。

通过研究，莫·罗塞琳蒂发现，在实习教师的个人生存关注方面，其关注的层面主要包括：② 保持较好的课堂管理；当大学与实习学校的指导教师在场时表现得更好一些；感觉作为教师是称职的；得到肯定的教学评价；被其他教学人员接受或尊重；在大部分时间感觉处于压力之下。

在傅乐的研究中，美国的实习教师对个人生存方面的关注要高于对

---

① 叶澜、白益民等：《教师角色与教师发展新探》，教育科学出版社 2001 年版，第 258 页。

② Mau, Rosalind Y., "Concerns of Student Teachers: Implications for Improving the Practicum", *Asia-Pacific Journal of Teacher Education*, Vol. 25, No. 1, 1997, p. 54.

教学情境与学生需要的关注。对此，莫·罗塞琳蒂的研究也得出了同样的结果，即在三个关注维度中，实习教师更多关注个人生存方面。

在实习教师个人生存关注的所有问题中，对保持较好的课堂管理的关注是最高的。此外，对实习教师而言，得到肯定的评价也会在极大程度上影响实习教师的自信与自尊的水平。肯定的评价会帮助实习教师确立信心，同时会使他们对自己能够做好教学工作感到更加确定。为此，很多实习教师认为，在教育实习过程中，实习教师应该被给予更多的鼓励。

在实习教师对教学情境的关注方面，莫·罗塞琳蒂的研究认为，这一关注维度与实习教师对个人生存关注和学生需要的关注相比，不如后两者重要。在该关注维度中，实习教师所关注的问题主要包括：关注教学资料是否缺乏；教学情境的灵活性；一天中与太多的学生一起工作以及太多的教学任务。

在实习教师对学生的需要的关注方面，该研究认为主要包括以下一些问题：引导学生在智能与情感方面的成长；满足不同类型学生的需要；挑战缺乏动机的学生；关注是否每个学生都能够得其所需；诊断学生的学习问题。

通过对上述三个关注维度的测量，研究者发现，实习教师的关注，按关注度的高低排列依次表现为如下方面：保持较好的课堂管理；满足缺乏学习动机的学生的需要；满足处于不同学业成绩水平的学生的需要；当大学指导教师或实习学校的合作教师在场观察其教学时表现得更好一些以便得到他们的肯定评价。

（四）阔维与克拉克（Paul F. Conway & Christopher M. Clark）的实习教师内外部关注理论

美国密歇根大学学者阔维与克拉克以密歇根州立大学（Michigan State University）为期一年的教育实习项目为研究背景，重点对实习教师的关注问题进行了实证研究。美国密歇根州立大学的教育实习项目以社会建构主义理论与"作为反思性实践教学"的理念为基础，并且建立了该教育实习项目的教学标准。

在对实习教师的关注研究方面，阔维与克拉克认为，傅乐所提出的教师关注阶段理论，即由对自身的关注到对教学任务的关注以及对学生的影响的关注，这样的关注发展过程是一种外在的关注发展路线（a journey outward）。除了这样一种外在的发展路线以外，这两位学者认为，实习教师的关注还要经历一种内在的发展过程，那就是：从更多的自我觉知（或自我认识）（greater self-awareness/self-knowledge）到对更大程度的自我管理与自我发展（greater self-organization and self-development）的努力——这是一种内在的发展路线（a journey inward）。这种内在的关注既包括对学习教学这一过程的种种期望，又包括对这一学习过程所隐含的各种恐惧或担忧。

通过研究，这两位学者发现，实习教师与教学相关的期望包括以下五方面[①]：①对作为教师的自己（Self as Teacher）的期望：例如，"我希望自己能更加幽默一些"，"我希望自己是积极向上的，是充满爱心，能够关心别人的"。②对学生（Children）的期望：例如，"我希望孩子们都能拥有相同的学习资源"。③对课程与教学（Curriculum and Instruction）的期望：例如，"我希望我能够更有效地教授这门学科"，"我希望能够学习更多关于如何教授这一学科的知识"。④对大学的任务要求（University Expectation）方面的期望：例如，"我希望我能够完成我的教学档案袋"。⑤对作为教师的自己在课堂管理方面（Class Management）的期望：例如，"我希望我能够独自管理好这些孩子，以至整个班级"。

不仅如此，实习教师与教学相关的恐惧或者说担忧主要包括以下方面[②]：①对学生（Children）的担忧：例如，"我担心在我照顾和管理他们的时候，学生会受到伤害"，"我担心我没能照顾到每一个孩子"。②对大学的任务要求（University Expectation）方面的担忧：例如，"我担心我不能顺利完成大学课程的任务要求"。③对作为教师的自己在课堂管理方面（Class Management）的担忧：例如，"我担心在我的课堂上纪律混乱"。④对课程与教学（Curriculum and Instruction）的担忧：例如，"我担心学

---

① Paul F. Conway, Christopher M. Clark, "The Journey inward and outward: A Re-examination of Fuller's Concerns-based Model of Teacher Development", *Teaching and Teacher Education*, Vol. 19, No. 5, 2003, p. 465.

② Ibid..

生们不能理解我所讲授的观点"。⑤对作为教师的自己（Self as Teacher）的担忧：例如，"我担心我不能在实习期间学得足够多"。⑥对与合作教师关系（Collaborating teacher-intern teacher relationship）方面的担忧：例如，"我担心我不能与合作教师相处融洽"。⑦对家长（Parents）方面的担忧：例如，"我担心我不能与家长很好地合作"。⑧对专业主义（Professionalism）方面的担忧：例如，"我担心一些教师没有爱心"。

此外，通过研究发现，实习教师对于作为教师的自我关注，无论是期望还是担忧，在实习的整个期间都是实习教师关注的主要内容，这种自我关注通常包括对知识、人际关系、职业目标、是否达到自我期望以及自我发展方面的关注。

不仅如此，在整个实习期间，在自我关注的内容方面也会出现一些变化，那就是实习教师会由对自我生存方面的关注，到对自己的职业认同的关注，转变为对自我发展的关注。如此的转变也体现了实习教师对教育实习逐渐概念化的过程，他们从对教学采取一种尝试的态度逐渐发展为将教学视为一种"基于情境的学习与专业发展"。

对于这样一种内在的关注发展，阚维与克拉克认为这对实习教师而言是必要的，有价值的，并且这种内在的关注可以反映出实习教师在实习期间以成为一名专业教师作为自己的目标而不断反思自己的教学实践的一种努力。

可以说，阚维与克拉克强调实习教师的内部与外部两条关注发展路线的观点既支持又挑战了傅乐的教师关注发展模式。

（五）实习教师关注理论在实践中的应用：以荷兰教育实习项目为例

上述实习教师关注理论研究，让我们发现了实习教师在关注点方面的变化规律，这也成了一些国家在安排实习课程、设计实习模式方面的理论依据。例如，荷兰乌特勒支大学的现实主义教育实习模式就是一种情境化的、以实习教师的关注研究作为理论基础的实习模式。

具体而言，该实习模式以实习教师在教育实习阶段所经历的问题以及他们通过实践经验而发展的关注为基础，在实习课程、时间安排以及为实习教师提供的支援与协助等方面，都考虑到了实习教师的内在需要及其关注点的变化。该模式依据了实习教师在关注点的发展变化方面所呈现的一般规律，但重点放在了更加具体的层面。[①] 例如，实习教师会将前一日的学校教育体验中所遭遇的问题、麻烦以及自己比较关注的一些想法带回大学教师教育机构，并与自己的指导教师进行交流，讨论。教师教育者多年的指导经验会告诉他们，什么样的理论可以有效地与实习教师们的关注、问题等联系起来。研究发现，在第一阶段教育实习期间，实习教师比较关注的是，如何领导学生并使学生理解自己的命令。

　　总之，该教育实习模式遵循了实习教师关注的发展变化的一些规律，以此来满足实习教师的专业的、情绪的多方面的需要，从而真正地帮助实习教师顺利度过实习阶段，并在专业知能方面获得发展。

　　正如前文所述，实习教师的关注的变化在一定程度上反映了实习教师在实习期间的专业发展重点与内在发展需求的变化。只有契合了这种变化，教育实习的效果才能更好。为此，在教育实习的过程中，各种实习活动的安排以及对实习教师的支持、援助都应考虑到实习教师的关注问题及其各种内在需要，并以其为参照，这样才能真正推动实习教师的专业学习。

　　有鉴于此，在教育实习过程中，应定期性地将实习教师组织到一起共同讨论他们在实习中所共同关注的问题以及实习教学中存在的困惑。这种讨论可以是实习教师们自己组成的小组讨论，也可以让大学的实习指导教师参与并对其进行指导。

　　此外，在莫·罗塞琳蒂与莎珀（Sharpe et al.，1994）各自的研究中，都有这样的发现[②]：实习学校的合作教师们感到，他们的角色就是实习教师的引领者或导入者，并在寻找一些教学资料方面为其提供帮助，而这事实上并非是对实习教师的真正的督导（Supervise）。不仅如此，研究还发现，在实习教师进行实践教学之后的研讨会上，实习学校的合作教师与大学的指导教师们的讨论也大都集中在了实习教师的教学方法方面。教学方法方面的指导固然重要，但还应关照实习教师更为关注的其

---

　　① Fred A. J. Korthagen, Jos Kessels, Bob Koster, Bram Lagerwerf, Theo Wubbels, *Linking Practice and Theory—The Pedagogy of Realistic Teacher Education*, Mahwah: Lawrence Erlbaum Associates, Publisher, 2001, p. 48.

　　② Mau, Rosalind Y., "Concerns of Student Teachers: Implications for Improving the Practicum", *Asia-Pacific Journal of Teacher Education*, Vol. 25, No. 2, 1997, p. 53.

他问题或困惑，如课堂管理与学生的需要方面，等等。只有这样，这种指导才能真正满足实习教师的发展需求。

不仅如此，实习教师都比较关注当大学指导教师或实习学校的合作教师在场观察其教学时表现得更好一些以便得到他们的肯定评价，但仍有一些实习教师不能达到合作教师与大学指导教师的期望，这有时是因为大学指导教师与实习学校的合作教师各自对实习教师的期望本身就存在着不一致。而且，实习教师与实习学校的合作教师、实习教师与大学的指导教师，以及实习学校的合作教师与大学的指导教师之间的人际关系对于实习教师做好教学工作所需要的信心和发展都是至关重要的。为此，实习学校的合作教师与大学的指导教师要紧密合作，经常交流，共同为实习教师的专业发展而努力。

### 四　实习教师在专业社会化过程中面临的问题

实习教师在其专业社会化过程中，不可避免地会面临一些问题与冲突。这些问题和冲突表现为：由于难以适应理想的教师角色与现实的角色扮演之间的差距而产生的"理想与现实"的冲突，这常常表现为学者们所描述的"现实的震撼"；而且由于对教学实际，对学生，对实习学校的情况等缺乏深入了解，同时在应对教学实践中的问题时，感到无法运用在大学学习的理论知识来妥善解决，实习教师也会面临"理论与实践"的冲突。此外，实习教师在其专业社会化过程中还经历着"专业自主导向"和"组织制度导向"之间的冲突。

其中，对于实习教师所面临的"理论与实践"的冲突，我国台湾学者饶见维将其描述为"有知而不能行"的窘境。不仅如此，他还深入分析了导致实习教师遭遇"理论与实践"冲突的原因。

首先，实习教师在实际情境中应用新理论时遭遇困难是必然的，因为实际情境往往非常复杂，各种特殊情况都可能出现。而一个理论所描述的通常都只是一些典型的情况，一个理论所能处理的情况也通常都是在面对典型情况时最有效。

其次，准教师在学习某种教育理论时，对理论并非真的融会贯通，因此无法在实际情境中灵活应用。

再次，在实际应用新理论时，那些传授教育理论的"教师促发者"

已经远去，实习教师无法立即和他们讨论或沟通自己面临的处境与问题。

然后，教育理论本身过于庞杂，不易让准教师真正内化为自己的知识。

最后，人类的行动并非完全受"理性思考"的引导，人类有情绪的起伏，人类的行动易受环境、资源与人际关系等的影响……教育理论在这些非理性的因素下往往会显得使不上力。①

面对这些矛盾和冲突，实习教师由于实践知识的缺乏，会出现角色不适应的现象，如管理上的失败、教学上的低效、融入学校文化的困难，等等。这些实习教师所遭遇的困扰会遍及"教学、班级经营、教育设备和条件不足而负担过重、师生关系、与家长的关系、同事关系、教材内容"等各个方面。② 为此，一些实习教师会怀疑自己的教育信念，甚至会怀疑自己做教师的职业选择。这也是"现实的震撼"给实习教师带来的影响。正如学者温恩曼（Veenman，1984）曾指出的那样，实习教师在经受"现实的震撼"后会产生以下几方面的变化：①知觉的困难：个人主观察觉到工作的压力及困境，会抱怨工作的负荷过量；②行为的转变：因外在压力造成个人教学行为与信念无法一致；③态度的转变：因个人信念的改变导致态度渐趋于保守；④人格的转变：个人自我概念的改变与情绪的稳定性产生变化；⑤离开工作岗位：若理想与现实的差距过大，将给个人带来极大打击而导致教师提早离开教职。③

## 五　实习教师专业社会化的影响因素

### （一）实习教师"前期概念"的影响

对于实习教师而言，他们对于教育的"前期概念"对其专业社会化有着重要影响。为此，在考察实习教师的专业社会化过程并安排其具体的实习过程时，必须将其"前期概念"的影响考虑进来。什么是"前期概念"呢？前期概念是实习教师多年在教育系统做学生的经历中产生的

① 饶见维：《教师专业发展——理论与实务》，中国台北五南图书出版公司1996年版，第235页。
② 林生传：《实习教师的困扰问题与辅导之研究》，《教育学刊》1993年第10期。
③ 罗纶新：《教育实习理论与实务之探讨》，《教育科学期刊》2002年第1期。

知识、态度与信仰。正如罗蒂所言，准教师是带着他们多年在教育系统中做学生的经历中产生的知识、态度与信仰进入教师教育机构的。① 这也如同费曼所说："孩子们并不仅仅学到了父母与教师告知他们的东西，他们在同时也学习了如何做教师。"②

如果一个实习教师因为糟糕的纪律问题而害怕对某一课程的教学，如果指导教师试图帮助实习教师来分析课程的目标、教学活动及其效果等，这显然是一种"逻辑"（logical）方法，甚至指导教师还很具有耐心地来分析纪律问题产生的原因。然而问题是，以这些术语来分析、架构这些问题是否与实习教师关注的问题所契合。如果实习教师的情感需求、关注点与这些理性的分析距离甚远，那么就不会产生实习教师的学习。甚至，即使在指导教师与实习教师的对话中，指导教师关于具体的课堂教学行为的发生过程的逻辑性阐述，能够为实习教师所接受，但是这种分析是否能够真的带来实习教师课堂教学行为的变化还是一个问题。

人们并非单纯地依据逻辑的或理性的分析来采取行动。恐惧害怕的感觉也许会带来很大的影响，甚至会把课前形成的理性的设想一扫而光。所以，当我们看到一个实习教师回到传统的、陈旧的教学方式上去的时候，那很可能是受其个人历史中发展形成的求生存的行为的影响，也可能受脑海中保留的其他教师处理严重的课堂问题时的形象所影响。

考斯特与科萨桢等（Koster & Korthagen，2001）的研究表明，以往的教过自己的教师会成为实习教师的积极的或消极的角色模型。③ 罗斯（D. Ross）认为，实习教师利用以往教过自己的老师的特点来形塑自己作为教师的角色，在此之前他们经过了一个有意识地决定自己希望成为这一种类型的教师的思考过程。然而，泽兹纳（Zeichner，Tabachnick & Densmore，1987）等人认为，以往的任教过的教师对实习教师的影响是

① Dan C. Lortie, *School Teacher—A Sociological Study*, Chicago and London：The University of Chicago Press, 1975, p. 89.

② Feiman-Nemser, S. & Buchmann, M. , "Pitfalls of Experience in Teacher Education", *Teachers College Record*, Vol. 87, No. 1, 1985, p. 49.

③ Fred A. J. Korthagen, Jos Kessels, Bob Koster, Bram Lagerwerf, Theo Wubbels, *Linking Practice and Theory—The Pedagogy of Realistic Teacher Education*, Mahwah：Lawrence Erlbaum Associates, Publisher, 2001, p. 39.

发生在较少意识的水平，这也为迈克伊娃（McEvoy，1986）所证实。迈克伊娃访谈了 9 位教师，其中 7 位能够清晰地描述他们以往的教过自己的印象深刻的教师的精彩的教学特色，虽然当他们认识到，这种特色在他们自己的教学中也很明显时，他们会感到震惊，尽管他们没有有意识地认识到自己的模仿过程。布瑞特曼（Britzman）认为，为了避免实习教师无意识地受到以往教师的教学行为的影响，让实习教师审视那样一种镶嵌在角色模仿中的价值是非常重要的。

总之，之前做学生时对教师的感觉、角色模仿、价值等，都会无意识或部分地有意识地影响实习教师在教育实践中的课堂行为。而这些事实上都是前期概念的影响。

一些研究表明，当实习教师完成职前教师教育而离开教师教育机构并开始接触现实的学校教育时，他们在职前教师教育期间养成的"对教育的积极态度"会一扫而光（Washed-out）。这种情况部分地是由于指导教师很少或几乎没有意识到实习教师在刚刚进入教师教育之初就已经持有的对于教育或教学的前期观点与体验。为此，指导教师要在帮助实习教师分析其教学问题时，考虑到实习教师的前期概念的影响，鼓励实习教师反思自己在做学生时对教育教学所形成的认识，并使这些前期概念显性化，以修正实习教师以往形成的错误的教学行为与理念，进而在其基础上建构新的教学知识与理解。

（二）实习指导教师的影响

越来越多的证据表明，实习指导教师对实习教师专业社会化具有极其重要的甚至是首要的影响作用，而实习教师对其教学实践所做的反思和评价也印证了这一观点。

在指导教师能够提供帮助和支持的地方，实习教师们的信心和快乐就会日益增长；在帮助和支持匮乏的地方，就会滋生怨恨和自暴自弃。在很多研究中已经发现，大多数的实习指导教师都表现得极具支持力。但显而易见，他们没有一致认同的共同使命，也没有接受适当的、能够为其履行职责提供必要帮助的培训。这种情况对于大学指导教师也是如此。他们的兴趣和专长各不相同，当缺乏组织认同的目标时，他们对自身职责的观念也是如此。缺乏一套组织认同的实习指导能力的标准，无论是大学指导教师还是中小学指导教师，都无法逾越成功的教学实践，而去顾及实习教师的发展，实习教师自己也需要很长时间才能具备一致的或始终如一的自我反省的基础。

（三）学校文化的影响

对于教育实习，人们关注的主要问题通常是实习教师如何学会课堂教学、教师如何提供指导，以及如何鉴定、评价实习教师的教育实习。其结果是，所有努力的重点是帮助实习教师与个别的、富有经验的、负责指导和评价的教师改善彼此的关系。但少有学者关注整个学校教师群体以及学校文化对实习教师带来的影响，特别是教师群体如何为实习教师提供帮助，或者建设什么样的学校文化能够支持实习教师的专业成长。那么实习学校应该形成什么样的学校文化以让实习教师更好地了解教师的诸多角色以及发挥更大的作用呢？

对此，麦克库勒奇和洛克（Lock）曾经给出建议：如果实习教师要成为积极的批判性的学习者，他们在"一种挑战、变革、冒险和评价为中心的学校文化中"学得最好。[①] 与此一脉相承的还有伍德布赖德和叶曼斯（Yeo-Mans），他们倡导的校园文化是社会性整合和专业多样化，重在实习教师自身，而不只是强调实习教师适应学校的风俗习惯。

## 六　实习教师专业社会化的结果

在经历了教育实习之后，实习教师在专业社会化方面会出现怎样的变化呢？很多学者针对实习教师在实习阶段的专业社会化之前与之后的变化做了一些研究，尽管这些研究还不深入与充分。

例如，诠释主义传统的代表人物、英国学者勒西曾对英国五所大学的实习教师在实习阶段之前与之后进行了比较研究。[②] 研究发现，实习教师在未实习之前，所列举的做教师的理由较倾向于理想化，而经历过教

---

① ［英］罗博·麦克布莱德主编：《教师教育政策：来自研究和实践的反思》，洪成文译，北京师范大学出版社 2009 年版，第 76 页。

② Lacey, C., "Professional Socialization of Teachers", in Lorin W. Anderson, eds., *International Encyclopedia of Teaching and Teacher Education* (2nd ed.), Oxford: Elsevier Science Ltd., 1995, pp. 616 - 620.

育实习的专业社会化阶段之后，他们的想法则趋向于对实际教学条件的考虑，诸如工作的安全性、假期、薪水等问题。这反映了实习教师经历了专业社会化之后在对教师职业的选择方面，会更多地从现实情况出发，从教师职业的特性出发。

此外，勒西通过研究还发现未实习前的五所大学的学生认为最重要的学习课程有心理学、社会学及有关自我的知识，教育理论与哲学理论、个别化的学童知识、教育行政及所教学科知识都不重要。但经过实习以后，实习教师不再认为心理学、社会学及自我知识是最重要的，而认为有关教育个别化学生的知识、教育行政及所任教学科知识才是重要的。由此可见，经历了实习阶段的专业社会化过程，实习教师逐渐从实际的教学情境的角度来决定其最为需要的专业知识，以帮助其调整自己的行为从而适应教师专业的要求。

不仅如此，秉承功能主义传统的霍弗与瑞伊斯（Hov & Rees）也曾在 1977 年对时长 9 周的教育实习之前与之后的实习教师进行了比较研究。研究发现，在监管作风、官僚取向和独断主义方面，经历了实习阶段的专业社会化过程以后，实习教师在上述三个方面更加显著。正因为如此，莫通（Merton）指出，官僚的结构或体制可以改变一个人的个性类型。① 这一研究结果也正与赫尔瑟与科奇尼亚克（A. Helsel & S. Krchniak）关于学校中的科层体制对实习教师专业社会化影响的研究相一致。

美国学者泽兹纳与其同事在 1985 年和 1987 年分别对实习教师的专业社会化进行了研究。其研究的目的在于考察教育实习对实习教师观念的影响程度。泽兹纳的研究表明，经历了实习阶段以后，尽管教师原有的教育观念与信念会受到一定程度的冲击，但从整体上说，实习教学工作并没有能够对实习生的观念产生特别明显的影响，因为在接受正规的教师教育之前早期形成的对于教师职业的观念仍然发挥着重要影响作用。但可以肯定的是，实习工作使实习教师对教学工作和教师的角色有了更现实的认识，他们对处理课堂问题有了更大的信心。

---

① Kenneth Zeichner, Jennifer Gore, "Teacher Socialization", in W. R. Houston, eds. , *Handbook of Research on Teacher Education*, New York: Macmillan Publishing Company, 1992, pp. 196 – 201.

## 第 三 章

# 英国教育实习的历史沿革

## ——实习观与实习模式的嬗变

怀特海说，每当我们要表达当前经验的情况，我们便会发现，要理解它我们就得超越它，就得去了解与它同时的经验，以及它的过去、它的将来，甚至它的明确性借以得到展现的那些共相（Universals）。[1]

追溯历史，是为了更好地理解现在。为此，我们需要在解析英国教育实习制度这一实践案例之前，先来了解一下英国教育实习从产生到发展的历史进程。纵观英国教育实习的发展历程，我们仍然可以发现，理论—实践观是英国教育实习发展变化的内在依据之一。正是由于理论—实践观的发展与变化影响着关于教育实习的"惯常化和系统化的运作方式与操作程序"[2] ——教育实习模式及其教育实习制度的转换与更迭，英国教育实习也明显地呈现出了阶段性的发展与演变。而在英国教育实习发展的历史过程中，依据理论—实践观的变化，我们可以抽离出英国教育实习观与实习模式的演变过程。

## 第一节　英国教育实习的历史沿革

### 一　教育实习的萌芽阶段（17 世纪末期—19 世纪末期）

作为教师教育的一个重要组成部分，教育实习是伴随着教师教育的

---

① ［英］A. N. 怀特海：《过程与实在》（第 1 卷），贵州出版集团 2006 年版，第 15 页。
② 邬志辉：《教师教育理念的现代化及其转化中介》，《东北师范大学学报》2000 年第 3 期。

发展而产生和发展起来的。

在英国，教师教育的发展最早可以追溯到 17 世纪末期。当时，英国的教育主要由宗教团体、慈善组织来创办。1699 年，英国出现了一个宗教组织——"基督精神促进会"，该组织不仅为贫苦儿童举办了慈善学校以弘扬基督精神，同时还倡导为这些学校的教师提供职前培训。但是，由于资金不足等原因，建立师范学校的设想没有实现。尽管如此，他们委托牧师詹姆斯·塔尔博特博士编写了一本教师工作手册，该手册后来在 1707 年以 "基督教师" 的名字出版，成为此后一个世纪内英国教师教育的指南。此外，18 世纪以来基督精神促进会相继组织了其他一些教师教育活动，如组织新教师研习老教师的教学，安排农村教师来首都学习《基督教师》一书所推崇的 "伦敦教学法" 等。这些都为提高当时教师的教学水平起到了一定的作用。

18 世纪 60 年代，英国工业革命开始。在工业革命的推动和影响下，英国初等教育体系开始建立起来。随着儿童入学人数的增多，教师匮乏、师资质量较差等问题日益严峻。为了解决这一问题，19 世纪初兴起的 "贝尔—兰卡斯特导生制" 开始在英国流行，这一制度被看作英国师资培训的雏形，因此，也被称为英国教师教育的发端。

导生制（Monitorial System）是由英国教会牧师贝尔（A. Bell）和公谊会教徒兰卡斯特（J. Lancaste）首创的。其做法是，选择一些成绩较好、年龄较大的学生，由校长或教师直接教授他们，然后再由他们转教其他学生，形成一种 "师带徒，徒带徒" 的局面。如此，一名教师在导生的协助下，就可以教数百名学生。导生制的出现，为大众教育的开办者解决了经费和师资不足的问题，因而被誉为一种廉价的教育制度和师资培养形式，一时成为典范。

在 "导生制" 推广期间，支持贝尔的英国国家协会（The British and National Societies）成立。该组织在承担教师培训任务时，推行了教师资格证书制度，并规定在取得证书前，必须进行期末考试和一段时间的教学实习（Probationary Teaching）。尽管整个培训课程要持续 1—6 个月，而实习期却超不过一个星期，非常短，但是这可以说是有关英国教育实习的最早规定了。①

1839 年，英国成立了枢密院教育委员会，该委员会首任主席凯·沙特尔沃斯（Key Shutleworth）极为重视英国的师资问题。他在考察了欧洲大陆的教育制度后，将荷兰师资培训的方式引入英国，将英国的导生制改进为"门生教师制"（Pupil Teacher Scheme），也称艺徒制。其做法是，选出学业、品德、健康诸方面都优秀的高年级学生（至少 13 岁），让他们一边学习，一边在业余时间受教于以严格条件选出的主任教师，学制 5 年。在学习期间，每周有 5 天，每天至少一个半小时跟随校长和教师见习学校事务管理和教学，而校长和教师每周至少有七个半小时给他们授课。这些学生每年要接受皇家督学的考核，领取枢密院教育委员会的报酬。他们中的一些人如果考取"女皇奖学金"，就可以升入一些师资训练机构肄业，否则，也可以到政府资助的小学任"未获文凭的教师"，或到教育部门任办事人员。②

在"导生制"和"门生教师制"流行的同时，大约从 19 世纪 40 年代开始，英国逐渐出现了由教会组织建立的培训教师的寄宿制学院。不仅如此，一些培训学院开始设立"实践学校"（Practising School）供准教师进行教育实习。准教师们可以每周有几个小时的时间在此进行观摩或进行少量的教学。但是，这种培训学院大多为教会举办，不仅规模小，修业年限短，而且生源也较少，因此这种师资培养模式仍然不能满足英国初等教育发展对师资的需求。

总之，在这一时期，无论是"导生制"和"门生教师制"，还是教会举办的寄宿制的教师培训机构，虽然在一定程度上缓解了特定历史条件下师资短缺的问题，但因其培养教师的数量有限，质量不高，所以仍然不能满足初等教育的要求和人们对教育质量不断提高的愿望。可以说，在这一时期，教师数量与质量问题仍然没有得到解决。尽管如此，"导生制"和"门生教师制"还是在英国延续了一个世纪之久，这也说明了早期的英国教师教育的发展是相当缓慢的。

① 王红：《中、英教育实习制度比较研究》，硕士学位论文，东北师范大学，2004 年，第 30 页。

② 胡艳、蔡永红：《发达国家中小学教师教育》，海南出版社 2000 年版，第 28 页。

这一时期的教育实习的方式，是一种师傅带徒弟的所谓的"学徒式"。虽然开始出现供实习之用的"实践学校"，并有了短暂的教育实习，但在实习中更多强调的是技艺的模仿与重复性的训练。因此，这一时期的教育实习，从本质上充斥着浓厚的"习艺"色彩。正如贝尔所分析的那样，师资教育只是一种社会化的过程，无须专门性的教学或课程安排。①

但是尽管如此，有关教学实习的简单规定，以及"实践学校"的初步设立，都表明了教师培养过程中教育实习的萌芽的出现与发展。

### 二　教育实习的形成阶段（20 世纪初—20 世纪中期）

随着世界范围资本主义事业的发展，各资本主义国家之间的竞争日益激烈。教育在资本主义发展中的作用也越来越明显。为此，各国都纷纷开始重视教育的发展问题。正是在这一形势下，英国的教师教育包括教育实习也出现了一些变化。

在 19 世纪末 20 世纪初，一些大学开始参与教师培训的工作，它们逐步地附设了一些走读性质的教师培训机构，称为"走读培训学院"（Day Training College）。这些学院设三年制课程，兼顾专门与专业训练。在这些学院所开设的课程中，"心理学"及"学习之规则"等课程也开始陆续开设起来。

而当时的教育实习，则被安排在假期集中进行。并且，在实习学校的安排方面，虽然此时的教师培训学院还没有附设自己的实习学校，但也基本上形成了固定使用一所初等学校进行实习的传统。

这类师资训练机构带来了大学相对自由的学术、训练空气，打破了教会对师资培养的垄断，为英国现代师范教育制度的建立创立了条件。然而，教会、私人举办的师资训练机构以及大学走读式师资训练机构依然不能满足年限日益延长的普及义务教育的要求。

于是在 1902 年，英国政府颁布了教育法，即《巴尔福教育法》。该法规定，地方政府有权单独设立教师训练学院，从而改变了政府对教育特别是教师培养无能为力的局面。为了调动地方当局办学的积极性，

---

①　杨深坑：《各国实习教师制度比较》，中国台北师大书苑有限公司 1994 年版，第 6 页。

1906 年又决定为地方教育当局开办的非宗教的新训练学院提供 3/4 的基建费，有效地推动了地方当局办师资训练机构的积极性。到 1914 年，仅英格兰、威尔士就有 22 所地方当局开办的公立师资训练学院。[①]

在教育实习方面，1902 年，地方教育当局（LEA）设立的培训学院以及一些私人兴办的学院规定了六周的教育实习时间，而且把这六周的实习时间分三次进行，每次两周，并且在内容上也有所区别和有所侧重。第一次用于实践基础学科教学；第二次是班级科目教学（Class' Subjects）；第三次用于纠正错误，弥补不足。[②]

两次世界大战使英国的经济实力大大削弱。为了振兴经济，恢复和发展被战争破坏的教育，在 1943 年，英国政府颁布了《教育重建》的白皮书，提出了教育重建的方案。不仅如此，在 1944 年，《1944 年教育法》（也称《巴特勒法》）的出台，使得英国统一的公共教育体系得以确立。同年，由利物浦大学校长 A. 麦克奈尔领导的、负责调查教师教育状况的十人委员会提交了被誉为英国"教师宪章"的《教师和青年工作者报告》，即"麦克奈尔报告"。该报告对改革英国的教师教育提出了 40 多条建议。其中提出，改造原有教师教育课程，加强学术性课程，强调注重师范生的个性及能力发展。同时，将两年制的教师训练学院的学制改为三年，提高中小学教育的整体素质。不仅如此，还建议建立协调各地教师教育工作的"地区师资培训组织"。即由大学牵头，联合大学教育系、各地方教师训练学院、其他院校、地方教育当局、教师代表等组成地区性的师范教育组织，融教育与行政为一体，统筹办理各区中小学师资来源、供应、训练、考核和辅导进修等一系列事宜。

1944 年的"麦克奈尔报告"使英国的教师教育有了很大的改善和发展。到 20 世纪 50 年代初，英国新的师资培训机构增加了 55 所，共有 17 个地区师资培训组织，包含 177 个师资培训机构。[③]

在课程设置上，教育学院和大学教育系的课程设置一般分为三个部分，即未来任教科目（学术性培训）、教育专业培训（职业培训）和教育

---

① 胡艳、蔡永红：《发达国家中小学教师教育》，海南出版社 2000 年版，第 31 页。
② 王红：《中、英教育实习制度比较研究》，硕士学位论文，东北师范大学，2004 年，第 31 页。
③ 胡艳、蔡永红：《发达国家中小学教师教育》，海南出版社 2000 年版，第 33 页。

实习。至此，教育实习已经成为正规教师培训中的一部分重要内容，这也标志着教育实习的初步形成。

到了 1957 年，英国教育部颁发了一个关于三年制教师教育课程改革建议的小册子。该手册对于学制延长后，教师教育课程中专业教育与学术教育以及理论学习与教育实践孰轻孰重的问题给出了倾向性的回答。其观点主要倾向于学术教育更为重要和迫切。至于专业教育，他们认为是可以从课程的重新安排中受益的，不必额外安排时间。故此，受这一政策的影响，尽管教育学院延长了学制，实施了三年制的课程，但教育实习的时间并没有相应地大幅度增加，仍然是按照最多不超过 90 天、最少不少于 60 天的原则来实施。为此，这一课程改革也显示了一种趋势，即英国师资培养中对于学术和理论不断重视的倾向。这在 20 世纪 60 年代的教师教育的发展中得以证实。

总之，在这一时期，就教育实习而言，已经粗具形态，初步形成了规范化的实习环节。例如，在教育实习的时间方面，1906 年教育署将教育实习的规定更改为两年制的准教师必须有三周的教育实习时间，三年制的准教师必须有八周的时间用于教育实习。到了 1957 年，教育实习的时间没有太大的变化，但稍有延长，即如上文所述，最多 90 天，最少也要达到 60 天。

在教育实习内容方面，主要以观摩和教学实习为主。在实习学校方面，由于所有初等学校都已经由地方教育当局管理，所以，教育署规定初等学校必须接收进行教育实习的学生。而在实习效果的评价方面，自产生起就由皇家督学团负责。①

在教育实习模式方面，强调技能训练的学徒式培训模式依然延续着。正如学者邓特（H. C. Dent）所说："直到 20 世纪 60 年代之前，强调技能磨炼，培养品格良好的教师一直是教育实习的主导方针。各种培训学院只是按现成产品的方式培养主要受过课堂管理和教法训练的教师。"②

尽管在这一时期，从事师资培训的机构已经很多，对教育实习的安

---

① 王红：《中、英教育实习制度比较研究》，硕士学位论文，东北师范大学，2004 年，第 32 页。

② H. C. Dent, *The Training of Teachers in England and Wales 1800 - 1975*, London：William Clowes & Sons Ltd. , 1977, p. 109.

排和在具体实施方面也各有不同，而且一些培训学院也开设了教育理论课程，但事实上它们所遵循的教育实习的理念是相同的，那就是强调技艺性的经验和技能的机械模仿与重复性训练，忽视学生的个人主动性，即过于强调实习中的"做"，而忽视了实习中的"思"。不仅如此，由于实习局限于一所学校、一个班级和一名指导教师，这也进一步导致了教育实习中教学技能模仿的机械性和狭隘性。因此，这种实习模式无法适应社会的新发展和教育所提出的更高要求。

### 三　教育实习的发展阶段（20 世纪 60 年代至今）

（一）"重理论、轻实践"：实习萎缩阶段（20 世纪 60 年代）

20 世纪 60 年代，伴随着教育对国家和社会进步发挥了越来越大的推动作用，教师教育的重要性也开始得到了广泛认可。这一时期，人们对教师的要求也和以往有了很大的不同，即认为教师也应该像医生、律师等专业人士一样，需要接受严格的专业训练。[①] 而且，经过 1944 年 "麦克奈尔报告" 以来的近 20 年的努力，英国中小学师资短缺的问题已经有所缓和，但师资质量问题仍不容乐观。为此，提高师资质量，强调教师的专业化训练，成为这一时期英国教师教育的一个目标。正因为如此，这一时期也被视为英国教师教育迈向专业化的萌芽期。

在这一时期，英国教师教育的发展主要受益于 1963 年的《罗宾斯报告》的颁布。

伴随着 20 世纪五六十年代英国社会和经济状况的逐渐好转，人们认识到了教育所带来的巨大的社会经济效益。所以，提高人们的受教育程度，给社会各阶层增加教育平等的机会，成为当时主宰教育的思潮。而在当时，英国中等教育已基本普及，但大学却未能获得应有的发展，致使许多具备入学资格的学生无法进入大学接受高等教育。所以，在 20 世纪 60 年代，发展高等教育成为当时教育发展的重中之重。不仅如此，教育民主化运动的波澜壮阔发展，人力资本理论的兴起，都使得英国政府下决心发展高等教育。于是，就有了 1963 年的《罗宾斯报告》的发表和

---

① 　成有信主编：《十国师范教育和教师》，人民教育出版社 1990 年版，第 100 页。

此后英国高等教育的大发展。

《罗宾斯报告》不仅为英国高等教育的发展规划了蓝图，同时也对教师教育提出了改革性的建议。其中，最为重要的建议是：其一，让其学生数占高等院校总数25%的师范学院统一改名为教育学院，并加强教育学院与大学教育院系的联系。其二，为适应师资培养的需要，原有的三年制专业文凭资格课程应继续保留，但应新设立一种既导向专业资格又导向大学学位的四年制课程（教育学士学位课程）。其三，把教育学院的学位授予权、行政和财务管理权逐步移入大学。①

1964年，英国教育部和议会采纳了《罗宾斯报告》的前两条建议，从而使得英国的教师教育被纳入高等教育的范畴，进而提高了教师教育的学术地位。

在课程设置上，教育学院的四年制学位课程主要由诸如教育理论、中小学学科教学法、教育实习等课程组成。不过，在课程安排的比例上，非常重视学科课程和教育理论课程，试图以此来达到教师教育课程在学术上的要求。但在教育实习的安排上，尽管学制由三年延长到了四年，但教育实习的时间仍然没有相应地增加。这在一定程度上表明，这一时期的教育实习没有被加强反而是被削弱了。

由此可见，由1957年教师教育课程改革所显示出的师资培养的学术化倾向在60年代得以证实。与前一时期师资培养重视技艺性经验和技能习得相比，这一时期的师资培养更加强调准教师的学术水平和理论基础。事实上，学者魁克（R. H. Quick）早在1884年就已倡议理论学习在师资培养中的重要地位。他指出："我敢大胆地说英国教师现在需要的是理论。"② 1966年，学者赫斯特（P. H. Hirst）在《教育理论》一文中也指出，教育理论系由哲学、心理学、社会学和教育史所导引出的，用以指引教育实践。③

为此，这一时期的师资培育的重点在于使教师具有丰富的学识能力，

① 胡艳、蔡永红：《发达国家中小学教师教育》，海南出版社2000年版，第35页。
② 王秋绒：《批判教育论在我国教育实习制度规划上的意义》，中国台北师大书苑有限公司1991年版，第280页。
③ 同上书，第282页。

即培养有学问的教师，相比之下，比较忽视实际的教学方法的研习，即教育实习。然而在现实中，这种做法容易使得教师在实际教学中徒有理论知识，却不能在实际教学情境中灵活运用，所以教师仍不免陷入无所适从的困境。正因为如此，这种弊端与困境也带来了 70 年代后教师教育中实践传统的回归。

总之，由于这一时期英国教师教育出现了专业化发展的萌芽，导致师资培育呈现了学术化与理论化的倾向，从而使得教育实习的重要作用与地位暂时被人们遗忘了。因此，在这一时期，教育实习没有得到相应的发展，而是处于萎缩的状态。

（二）实践传统的回归：实习的专业化阶段（20 世纪 70 年代初—80 年代初）

20 世纪 70 年代，英国的中小学教师教育又迎来了一次新的改革。这次教师教育改革使得英国教师教育逐步恢复了重视实践的传统，教育实习以及英国的教师教育都逐渐进入了专业化的发展轨道。

70 年代的席卷全球的经济危机同样也给英国经济带来了重创。受经济萎靡的影响，英国教育，特别是高等教育在经历了 60 年代的黄金期的发展后一度受到遏制。此外，战后居高的出生率在 60 年代后开始下降，出生率的下降导致学龄儿童的减少，教师过剩的局面开始出现。不仅如此，战后建立起来的"地区师资培训组织"由于效率不高、管理混乱，已经显现了一系列的恶弊。在这种形势下，人们呼吁建立一种新的教师教育体制。

1970 年英国教育与科学国务大臣指令约克大学副校长詹姆士勋爵主持一个委员会，调查英国教师教育的发展状况。在 1972 年，该委员会提交了《有关师资教育与训练的詹姆士勋爵报告书》（*Lord James Report on Teacher Education and Training*，以下简称《詹姆士报告》）。

该报告指出，大学中的教师教育的课程过于强调"学术化"，而这种倾向给教师教育带来了危险。这表现在教师教育中的理论与实践，学术教育与专业教育出现了难以平衡和统合的矛盾。除了批评教师教育的"学术化"倾向之外，该报告提出把教师培养阶段化和终身化，即提出了教师教育的三阶段模式：个人教育阶段、专业教育阶段和在职进修阶段。

（1）个人教育阶段。即大学或教育学院 2 年的学习。内容是文理课程及一些教育基础理论知识。修业期满，可获高等教育证书。

（2）专业教育阶段。即大学 2 年的教师职业教育和训练。第一年在大学教育系或教育学院，以学习教育、教学、课程方面的理论为主，结合进行教学实习。第二年以在实习学校教学为主。每周用 1/5 的时间学习教育理论。实习期间领取工资报酬，受实习学校指导教师与大学指导教师的共同指导。

（3）在职进修阶段。在职培训包括教师为加深对指导教育的理论与原则的理解、改进教学方法、提高业务能力与个人学术修养而进行的全部活动，应贯穿于教师的全部工作期间。教师有权每隔一定年限，享受为期至少一学期的脱产进修。报告建议任教满 7 年者开始脱产进修，以后每隔 5 年可脱产进修一次。①

对于教育实习的安排，《詹姆士报告》还建议，教师教育机构与中小学之间应建立一种更密切的联系，并共同承担责任，因为"教和学是在那里发生的，课程和技能正是在那里发展的，需要和不足也是在那里显露的"②。所以，"中小学和中小学教师应该在教师培养上发挥新的作用，中小学教师应更密切地参与到师范生实习工作的规划和设计以及生源的选择中"③。

1972 年底，英国政府采纳了该报告书的大部分建议，并发表了《教育：扩展的框架》（Education：A Framework for Expantion）的教育白皮书。虽然在教育白皮书中，政府并未采纳关于第二阶段的全部建议，但仍然表达了赞同加强实践技能培训的观点，即准教师必须进行至少 4 个星期的教育实习。

这些教师教育改革的举措与观点都表明了自 20 世纪 70 年代开始，英国的师资培养重新恢复了重视教育实践的传统。与前一阶段重视理论学习相比，这一时期不仅重新关注准教师的实践教学，加强其实践技能的

---

① 李家永：《当今英国教育概览》，河南教育出版社 1994 年版，第 172 页。
② 师范教育委员会：《詹姆士报告（1972）》，载瞿葆奎《教育学文集·英国教育改革》，人民教育出版社 1993 年版，第 387 页。
③ John Furlong, Len Barton, Sheila Miles, Caroline Whiting & Geoff Whitty, *Teacher Education in Transition：Re-forming Professionalism*? Buckingham：Open University Press, 2000, p.102.

培训，同时对于理论学习与实践教学的关系也有了一些新的认识，那就是形成了"理论应用于实践，指导实践或为实践服务"的观念。所以，在理论与实践的关系处理问题上，体现了教育实习的"应用观"（Applicatory View）。这也正如英国学者费舍所说，这一时期把理论学习视为了实践操作的基础，认为"理论的主要功能在于增进实务行动更能符合专业的原则"。① 不仅如此，在 1977 年英国开始实施旨在培育初任教师实际教学能力与技巧，以协助其适应任教环境的"初任教师入门指导训练方案"，② 即初任教师研修制度。该制度虽然目的在于加强初任教师的实际教学能力，帮助其尽快适应教学的现实情境，但在实质上其实施也使得教育实习的外延得以扩展。因为这种入职培训是职前教育实习活动的一种延续，是联系职前教育与在职教育的桥梁。至此，教育实习也突破了以往只限定于职前阶段的传统看法，从而在一定程度上实现了教育实习在内涵与外延上的拓展。

此外，1979 年，英国师资培训大学委员会（University Council for the Education and Training of Teachers）提出一份合作咨询报告。该报告建议大学教授与中小学教师共同合作决定师资训练的课程，以及甄选学生的标准，并共同负责学生的学习及实习督导，相互交换教学角色。③ 该报告的提出强调了大学与中小学教师在培养未来教师方面应承担的共同的责任。其所倡议的共同督导教育实习的建议不仅体现了对教育实习的重视，同时也有助于教育实习的设计、安排、管理与实施在大学与中小学的合作下走向专业化与科学化的道路。同时，也为 80 年代以后英国兴起的大学与中小学的合作伙伴关系以及校本教师教育模式的出现奠定了基础。

不过，当我们将 70 年代英国教师教育中实践传统的回归归功于教师教育改革的时候，也不要忘了与此同时英国中小学课程改革渐趋"市场取向"的影响也与此有关。根据亚历山大（R. L. Alexander）的研究，20世纪 70 年代，英国的三年制教育学院逐渐由四年制课程所取代。这种改

---

① Fish, D., *Learning through Practice in Initial Teacher Training*, London：Kogan Page, 1989, p. 69.

② 王红：《中、英教育实习制度比较研究》，硕士学位论文，东北师范大学，2004 年，第35 页。

③ 杨深坑：《各国实习教师制度比较》，中国台北师大书苑有限公司 1994 年版，第 54 页。

革不但使师资培育课程提高到高等教育的水平，同时由于受到中小学课程改革渐趋"市场取向"的影响，师资培育的目标也由强调教育理论基础科目的研习，转到较重视教学效率的训练上。因之，师资训练的课程，特别强调教育理论与实务技巧的联结。在这种重视培育教师教学效率的政策下，英国师资培育除了提高其训练的层次外，特别重视实习的教学。[①] 事实证明，这种"市场化"原则也成了英国 80 年代后教师教育改革的主要理念基础。

总之，在 20 世纪 70 年代，《詹姆士报告》所提出的教师教育的三阶段模式，以及其后出台的一系列教师教育改革措施，还有中小学课程改革渐趋"市场取向"的影响，都带来了英国教师教育的实践传统的回归，同时也表明了英国教师教育的发展进入了系统化、专业化与终身化的新纪元。从此，英国的教师教育不仅被放置于终身教育的大理念与大视野下，而且，教师教育的各阶段培养，包括教育实习，都在向着专业化的方向迈进。

（三）理论与实践的整合：实习的大发展阶段（20 世纪八九十年代至今）

到了 20 世纪八九十年代，英国的教育实习迎来了发展的春天。然而，任何事物的发展都是有着前因后果的。英国教育实习在这一阶段的大发展自然也有其特定的背景与缘由。

1. 发展背景

（1）时代的挑战，经济的衰微，呼唤教师教育的变革

20 世纪 80 年代初期，英国的社会发展陷入了困境。这主要表现在，英国在国际事务中的政治影响力显著下降，经济状况也每况愈下。由于 70 年代经济危机的影响，再加上周期性的"英国病"的困扰，英国国内出现了"经济滞胀局面"。英国工党和社会民主党政府长期推行的社会福利国家建设，也由于经济发展缓慢而走到了极限。

与许多国家一样，在经济衰微的情况下，人们往往将其归咎于教育的落后，而"如果学校使经济部分失望，那就必定是学校的教师不够好，

---

① 杨深坑：《各国实习教师制度比较》，中国台北师大书苑有限公司 1994 年版，第 54 页。

因而该负责任的必须是培训教师的人"①。因此，改革负责培养中小学教师的师资培训机构及其培训方式，就作为促进经济振兴的条件而受到英国政府的重视。

（2）教育改革要求教师教育的重点由理论转向实践

1979 年，撒切尔夫人怀着强烈的民族情绪出任英国首相，她希望通过改革教育重振英国经济。于是，一场轰轰烈烈的教育改革席卷了英伦大地。

英国 80 年代以来的教育改革以《1988 年教育改革法》（*1988 Education Reform Act*）的出台为标志进入了高潮阶段。《1988 年教育改革法》可以说是 80 年代英国教育改革的集大成者。它以法律的形式规定了英国教育在课程、考试制度、管理体制等诸多方面的重大改革决策。在这部综合性的教育改革法中，贯穿着两个基本的指导思想：其一，加强国家对教育的控制（教育的国家化），即通过实施国家课程和国家评定制度加强国家对教育的控制，以确保全国教育水准的提高；其二，向教育内部引入市场原理或竞争原理（教育的自由化），把家长（学生）和学校（教师）分别视为教育的"消费者"和"生产者"，在赋予家长更多的选择权的同时，减少政府对学校的干预，以促进学校间的竞争，进而达到搞活教育，提高教育水准的目的。② 作为教育体系的重要组成部分，教师教育也必然需要接受这一基本原理的指导而进行改革以适应并达到整体教育改革的目标。

1988 年教育改革的许多措施直接关涉了教师教育问题，同时也对教师培养，特别是对教师教学实践能力的培养提出了新的要求。诸如，教育改革要求改革课程体系，推行国家课程，并要求培养的教师也要能够在教学实践中真正胜任所承担的"国家课程"，且能够在统一的"国家考试"过程中接受检验。"国家考试"制度改革要求按照统一的教学大纲标准，分别在学生 7 岁、11 岁、14 岁、16 岁时对中小学校在校生学习的有

---

① Graves, Norman, *Recent Trends in Teacher Education*, Institute of Education Society Newsletter, 1992, p. 6.

② 梁忠义主编：《教师专业化视野下的美英日韩四国教师教育的改革与发展》，东北师范大学出版社 2003 年版，第 96 页。

关科目进行考试，但考试的结果主要不是对学生遴选和分流，而主要作为评估学校办学水平和教师任职情况的依据。所以，"《1988 年教育改革法》通过及全国课程的引入后，英格兰和威尔士的中小学面临的被政府评估其课程组织、教学方法及课堂实践等的压力增加"①。

不仅如此，"国家课程"与"考试制度"的全面实施，也必然会产生以前的教师教育或教育理论未能涉及的问题和难点，这些都对教师教育提出了新的要求，那就是要"推行一种更加规范的教师教育模式，使教师教育进一步紧密地与中小学中的经验联系起来，要求师范生的学习更多地适应中小学的需求"②。为此，教育改革要求英国师资培训的重点必须由理论转向实践，即加强准教师的教育实习，使其透过中小学的教学经验来学习，以此满足教育改革所提出的面向实践的要求。

（3）教师专业化运动的挑战以及教师教育自身的弊端

随着世界范围经济竞争和科技竞争的加剧，各国把教育摆到了社会发展的战略位置，例如，美国政府在日本和德国经济腾飞的压力下，重新审视本国的教育状况，提出国家处于危急中，教育改革势在必行。在世界范围的教育改革浪潮中，人们越来越认识到，教育改革的成败在于教师，只有教师专业水平的不断提高才能造就高质量的教育水平。因此，80 年代后，人们对过去忽视教师专业发展和教学技能提高的做法给予了强烈的批评，自 20 世纪 60 年代萌芽的教师专业化运动，到了 80 年代中期，其目标的重心开始转向以发展教师的教育教学的知识和技能、提高教育教学的水平为中心的教师的专业发展。

教师的专业化不仅要求教师要掌握广泛的知识基础，而且要具有丰富的专业技能以及专业自主权。所以，作为教师的专业教育，职前教师教育就要在专业知识与专业技能方面为准教师做好准备。为此，在教师教育的内容上，不仅要加强教育专业知识的传授，而且还要通过有指导的、连贯的教育实习，来培养准教师面对教育情境、解决教育问题的专

---

① Ivan Reid, Hillary Constable, Roy Griffiths, *Teacher Education Reform*: *Current Research*, London: Paul Chapman, 1994, p. 209.

② ［英］R. 柯文：《1944 年以来的英国教育改革》，石伟平译，《外国教育资料》1991 年第 4 期。

业实践能力。

正因为如此，为了促进教师教育的专业化水准，保证教师教育的质量，英国在不断完善教师聘任制和教师证书制度的基础上，自80年代开始还相继制定了许多教师专业标准。在这些专业标准中，有为实习教师专门制定的"实习教师专业标准"，也有一些专业标准则对教师的教育实习提出了专门的要求。诸如，1989年，政府首次确立了合格教师和实习教师标准，并于1989年和1990年实行。2002年，英国教育与技能部颁布了《英国合格教师专业标准与教师职前培训要求》，对"合格教师资格标准"与"教师的职前培训"标准进行了重新修订。同年，英国教师总协会（GTC）也制定了《合格教师资格标准》（*Standards for Qualified Teacher Status*）。通过这些专业标准的出台，英国教育当局旨在提高教师的质量，同时也为教师教育，特别是教育实习的实施明确了方向与要求。进而，在一定程度上，促进了教育实习的专业化发展。

此外，英国学者认为，教师专业化发展只有通过对实践的反思和拥有系统理论与研究才是可能的，而这就要求大学与中小学建立新的联系。为建立这种联系和这种知识学习框架就应从战略角度来看待教师的专业化发展。于是，在80年代中后期，一种面向教学实践的、旨在建立大学与中小学联系从而实现理论与实践的统合的教师教育模式就成为英国应对教师专业化运动的选择。

不仅如此，进入80年代以来，英国传统教师教育日益显露出了诸多的弊端。其中在职前教师教育过程中，理论与实践的二元分离使得准教师徒有理论知识却不具备真正的从教能力，这一点成为众多批评中的焦点。正如1982年，英国皇家督学团的一份《学校中的新教师》（*The New Teachers in School*）的报告所指出的那样，新任教师尤其缺乏课堂组织和课堂管理的知识与能力，而且有1/10的中学教师对所教学科没有掌握，在教学中照本宣科，不能为学生提供加深理解力、提高能力的机会。[①] 这一现象说明新任教师所接受的职前培养没有使其具备适应和从事实际教学工作的能力。

在教育实习的安排方面，由伦敦大学教育学院教授弗朗（Furlong，

① 瞿葆奎主编、金含芬选编：《英国教育改革》，人民教育出版社1993年版，第464页。

J.）等人所做的调查也表明："准教师对学校提供的教育实习非常不满，认为教育实习不仅时间短，而且他们没有充分的机会观察有经验的教师上课以及与其一起工作。"①

为此，这种过于重视理论教学的教师培养方式受到了越来越多的抨击，教师教育研究者和职前教师都要求加强教师教育中的实践性，强调教师教育机构中的理论教学要与中小学的教学实践联系起来，突出教育实习的作用。与此同时，牛津大学和剑桥大学分别展开了教师教育模式的研究。其研究显示，"只有把在大学中进行的教师教育与在学校中进行的教育实习有机地结合起来，才能产生令人满意的培训效果"②。

到了 20 世纪 90 年代，面对教育改革，英国教师教育没有适应改革对其提出的新的要求，反而因其自身的弊端越来越显示出与整个教育发展的不协调性。

1991 年，英国全国课程委员会发表了一份长篇调查报告——《国家课程、师范生、试用期教师和证书教师的职前培训》。该报告指出，自从实施新的国家统一课程和考试制度以后，教师不适应这种变革的形势，从师范院校毕业刚刚走上工作岗位的教师马上面临着再提高、再进修的挑战。因此，教师职前培训制度必须改革。

不仅如此，英国教育大臣克拉克也指出："目前普通学校的教师的教学工作特别不适应推行国家课程。"③ 于是，他委托亚历山大等三人进行专题调查研究。经过一段时间的工作，亚历山大等人在一份对策报告中指出："教师职前培训制度的改革应基于彻底了解现行中小学教育的实际需要。" 因为，正如 1990 年英国 "政策研究中心" 的劳勒（Sheila Lawlor）博士在《被教错的教师：理论中的培训或被教错的教育》（*Teachers Mistaught：Training in Theories or Education Mistaught*）的报告中对英国教师教育所进行的抨击那样："在师范教育的过程中，太多的时

① John Furlong, Len Barton, Sheila Miles, Caroline Whiting & Geoff Whitty, *Teacher Education in Transition：Re-forming Professionalism*? Buckingham：Open University Press, 2000, p. 29.

② Ibid. , p. 13.

③ 赵中建：《以中小学为基地的师资培训——英国的师范教育改革》，《高等师范教育研究》1994 年第 2 期。

间用于理论方面，而花在实践方面的时间却远远不够。"① 不仅如此，理论与实践没有建立紧密的联系。而且，无论是教师的职前还是在职教育都忽视了培养教师从教所需要的"必备能力"。②

也许这正是英国全国统一课程实施以来许许多多的英国初任教师或在职教师不能胜任工作的主要原因之一，即师资培训过程与方式脱离教学实际，忽视了准教师教学技能的掌握。为此，一些教师教育机构开始对其培训课程进调整，通过与中小学教学实践的联系，加强教育实习这一环节，以培养准教师必备的教学能力。为此，实施实践取向的教师培养模式，成为新一轮教师教育改革的重中之重。

（4）以中小学为基地的教师培养模式的提出

当传统的教师教育因为无法统合理论与实践而面临深刻危机的时候，英国的教师教育者和研究学者们提出了改革"大学主导型"的教师培养模式，由大学与中小学合作甄选师范生并安排课程，同时共同督导其教育实习的建议。他们强调在新的教师培养模式中，充分发挥中小学在教师培养中的作用，改革教师培养的课程设置和学习方式，提高教学实习的地位，鼓励学生通过实践、观察、思考教学过程中的问题，探讨理论与实践的相关性，在提高教学效能的同时，推动理论探索。③

为真正把中小学建成教师职前培训的基地，英国教育大臣克拉克指出："未来的教师职前教育的全过程必须建立在大学与中小学平等合作的基础上，中小学及其教师在其中都应该发挥重要作用，要培养高质量的中小学教师队伍，我们就必须提倡教师的专业主义，并赋予一线教师以培养他们队伍的新成员的权利和义务。"④ 1992 年 1 月，女皇督学团发表了《英格兰和威尔士的以校为本的职前培养》的报告。同年，英国教育与科学部教育大臣帕顿在一份《职前教师培训改革》的报告中提出，教

---

① 赵中建：《以中小学为基地的师资培训——英国的师范教育改革》，《高等师范教育研究》1994 年第 2 期。

② [英] R. 柯文：《1944 年以来的英国教育改革》，石伟平译，《外国教育资料》1991 年第 4 期。

③ 邓涛：《大学与中小学合作：英美两国教师培养模式比较研究》，硕士学位论文，东北师范大学，2003 年，第 7 页。

④ DES, "Clark Announces Radical Overhaul of Teacher Training", *The Department of Education and Science News*, Jan. 4, 1992.

师教育机构必须建立服务教师培训的中小学基地学校，两者的关系应是合作伙伴关系。而且，要尽快制定选择基地学校的操作规则，以使这一改革能够付诸实施。① 此后，在 1992 年的 9 月，以中小学为基地的教师培训方案开始实行。政府对此特别做出声明：在新教师培训方案中，中小学作为高等教育机构的伙伴应发挥更大的作用。并且，在《教师职前培训改革》文件中特别规定，中学教育硕士学位 4/5 的课程和中学教育学士学位 1/4 的课程应该以学校为基础。②

这样，以中小学为基地的教师培养模式就形成了。该模式旨在在高等教育和中小学之间建立一种平等合作的伙伴关系，以共同承担起培养教师的责任。而其合作的本质，也就是加强教师教育机构的理论教学与中小学校的教育实践之间的联系和融合。与以往相比，这种以中小学为基地的教师培养模式无疑加重了中小学教师在教育实习过程中所承担的责任和所发挥的作用。不仅如此，为了强化这种面向实践的教师教育模式，实习的时间也有了大幅度的延长。此外，在组织管理方面，形成了由高等教育机构、地方教育当局和实习学校三方共同负责的体制。

可以说，由于这一教师培养模式的改革，使得教育实习从时间保障到实习基地的相对稳定，从实习的指导安排到实习的组织管理，基本上实现了组织化与制度化。

2. 理论基础

（1）市场理论与杜威"做中学"理念的影响

在英国，"新右派"人士对英国职前教师教育的政策选择产生了很重要的影响。虽然目前，对英国"新右派"的认识仍存在着分歧，但一般认为它的核心由新自由主义和新保守主义两个部分组成。新保守主义强调传统权威与民族文化，反对国家干预市场，提倡私有化；新自由主义是对古典自由主义的自由放任立场的纠正，它虽然也强调市场化，重视市场的作用，但同时强调国家对市场的调节，主张扩大政府的权力，对

---

① 高月春：《英国"以中小学为基地"教育实习模式的特点及启示》，《外国教育研究》2007 年第 12 期。

② Donald McIntyre, Hazel Hager, Margaret Wilkin, *Mentoring: Perspectives on School-based Teacher Education*, London: Kogan Page Limited, 1994, p. 13.

市场进行一定的干预。①

　　无论怎样，"新右派"始终信奉的是"市场理论"，而市场理论要求教师教育建立一个消费者主导的体制——家长选择，即把教师教育视为一种商品推向市场，让市场的竞争机制去调节教师教育的需求。换句话说，就是通过家长对教师的选择，来促进学校间的竞争。而教师的规格，则需要通过消费者（家长或学生）的需求来体现。这就需要教师通过不断地实践来修正和提高自身的教育水平。为此，传统的理性主义的教师教育模式自然就失去了生存的空间，教师教育必须面向实践，面向消费者，才能赢得竞争。

　　此外，英国"新右派"的教师培养理念还深受杜威哲学——"从做中学"的影响。它强调，准教师要从教学实践中边做边学，并认为教学技能的习得与教育理论的掌握跟学习并不直接相关，因此大力提倡教学实习。

　　正是在这种理念的指导下，英国教师教育抛弃了传统的大学主导型的教育模式，而采用面向实践的以中小学为基地的教育模式，从而突出了教育实习的地位和作用，也进一步推动了英国教育实习的不断完善。

　　（2）教师知识观对实践性知识的认识

　　20世纪80年代以来，各国理论界对于重视师范生的实际教学能力的培养，突出中小学在这一培养过程中的作用也有过明确的认识，这一认识是以对教师的实践性知识的重新认识为基础的。这对英国学者的认识也产生了重要的影响。

　　霍伊尔（Hoyle）经过多年研究后在1982年就曾指出："中小学教师应具备的知识和实际运用知识的方式与师范生在高等学校发展起来的一些知识和运用方式有所不同。但这并不意味着中小学教师所具有的知识与大学传授的系统化、学术性强的知识相比是低水平的。两类知识属于不同的类型，都是师范生应该掌握的。"② 为此，在重视理论知识的同时，也应加强师范生实践知识的学习，将大学中的理论知识的学习与中小学的教学实践联系起来。

---

① 黄海根：《二战后英国职前教师教育政策的研究》，《外国教育研究》2008年第11期。
② 兰英：《英国师资培训新动向及几点启示》，《比较教育研究》1998年第1期。

舒尔曼认为，在教学活动中最重要的因素是判断，即教育机智。这种判断是需要教师在实际课堂情境中，在具体的实践活动中，通过领悟和内省而获得的。①

古德森也认为，教师知识具有情境性、实践性和个性化特征，教师不仅要吸收他人归纳出来的已经获得确证的知识，而且要拥有"实践的智慧"。②

学者们的观点，都强调了教师实践性知识的重要性，以及唯有在真实的教学情境中透过经验来获得教师实践性知识的意义。这些观点都起到了支持在教师教育中进一步提升教育实习地位的作用。

（3）认知心理学的蓬勃发展与教师思维研究运动的兴起

在心理学领域，伴随着认知心理学在20世纪70年代以后逐渐取代行为主义心理学，并在80年代以后进一步蓬勃发展，教师思维研究运动也逐渐在世界范围内兴起。由于认知心理学主要关注对人的知识、思维与行为的交互作用的研究，这一研究领域的发展也带来了人们对教学领域中教师的思维与行为关系研究的关注。

由对教师外在行为的研究转向对教师内在思维以及二者的关系研究，这种转向使人们更多地关注教师如何理解课堂教学和对教学实践的反思。而这种研究的倾向也为英国的教育界所逐渐接纳。为此，在教师的教育实习方面，实习教师是否能够自主地反思自己的教学实践，并结合理论知识寻找解决教育问题的办法，从而在一定程度上使理论知识与教学实践联系起来成为教育实习研究中的一个新的关注点。强调实习教师的反思能力的培养也成了80年代以后指导英国教育实习的新的观念之一。

（4）理论—实践观的更新

1982年以后，英国的许多学者都著文立说，倡议一种新的理论—实践观，即不再一味地认为实习系对某些特定的有效教学技巧的熟悉，而是在实务中进行理论与实践的对话。例如，学者尼克松（J. Nixson）就曾

① 王少非：《校本教师教育的国际经验及对我们的启示》，《全球教育展望》2001年第7期。

② Goodson, I., *Studing Teachers' Lives*, London: Routledge, 1992, pp. 3 – 14.

在其文章中赞同这种实习观点。

而迪顿（P. F. Dearden）、赫斯特（P. H. Hirst）、皮德斯（R. S. Peters）、威尔逊（J. Wilson）等人的学术辩论更将这种强调理论与实践的统合与对话的观点阐释得更为明晰。①

其中，最能说明理论—实践观在这一时期得到更新与发展的莫过于学者赫斯特了。他在 1979 年就对自己在 1966 年提出的"理论指导实践"的观点进行了自我批判和修正。他认为，哲学、心理学和社会学不足以提供教师知识与识见使其在教学情境中做理性的判断。他指出："在大部分实际情境中，我们的行动常基于一种常识性理解（Common Sense Understanding），而常识性的理解则是透过经验（Through Experience）而得。理论知识所能做的只是不断修正与改进我们的常识，使之更为合理。教育科学所能提供的是让我们对所作所为不断进行严肃的批判。"②进而，他提出了一种批判性的实习观点，即认为实习是指实习者运用实务，以批判反省自己的教学实践能力，开展教学实践智慧的历程。

霍伊尔也强调了这种实习中理论与实践的统合与反思的观点。他指出，师范生要成为一个继续不断自我反省的人，随时探索教育理论与实践的关系。③ 而哈德烈则从实习指导教师方面肯定了上述观点。他提出，实习教师的辅导教师要具有协商及其他事业的督导能力，以协助实习生能在教学过程中主动反思自己的教学。④

上述学者的观点都表明，在进入 20 世纪 80 年代以后，英国的理论—实践观有了进一步的发展与更新，那就是强调理论与实践的对话与统合，并通过反思、反省、批判等方式实现理论与实践的联系与弥合。为此，他们强调，实习教师要在实习过程中反思自己的教学实践，只有这样才能养成实践的智慧，真正做到理论与实践的融合。这种实习观的转变无疑为这一时期英国教育实习的大发展提供了理论上的准备与动力。

---

① 杨深坑：《各国实习教师制度比较》，中国台北师大书苑有限公司 1994 年版，第 138 页。

② Furlong, V. J., Hirst, P. H., *Initial Teacher Training and the Role of the School*, Milton Keynes：Open University Press，1988，p. 176.

③ 杨深坑：《各国实习教师制度比较》，中国台北师大书苑有限公司 1994 年版，第 138 页。

④ E. Hadley, *Teaching Practice and Probationary Year*, London：Edward Arnold Ltd.，1982，p. 79.

### 3. 发展状况

在上述时代发展、教育改革以及教师教育变革的背景下，同时基于上述理论观点的影响，英国的教育实习在进入 20 世纪八九十年代以来，有了非常大的发展。

英国教育和科学部从 1980 年开始探讨教师教育的改革问题，并关注了实习问题。他们提出要提高对师资培训的要求，要求教师必须具有与其师范生特点和工作范围相适应的全部教学技能，如课堂教学的组织、实践活动的安排和师范生口头的、书面的交流技能的培养等。不仅如此，1983 年发表的《教学质量》报告书也强调："所有合格教师所受的职前培训必须包括与学校实践经验紧密相连的科目，并且包括有经验的实习学校教师的积极参与。"① 在 1984 年，英国教育和科学部所颁发的通令（Circular 3/84）也明确指出，学校有经验的教师，要与大学教授共同计划、督导、评量学生的实习。同时大学担任教育学的教授需要透过定期的教室教学经验，以获得实务经验。② 同年，英国还颁布了教师职前培训标准，制定新的师资培训课程，强调师资培训人员的实践经验，增加师范教育中教学实践的时间。新标准有三个要素，其中一个要素就是要求师范生的学习应该紧密地与中小学的实际经验相联系，中小学教师应该参与师范生的培养工作。③ 1988 年，教育和科学部颁布《合格教师地位的绿皮书》（Green Paper：Qualified Teacher Status May，1988），该报告书规定，所有不合格教师都要接受雇佣中的以学校为基础的职前训练。1989 年教育和科学部颁布的"教师规则"也指出，实习教师的训练课程及督导，都由大学或实习学校有经验的教师共同完成。④

在同一时期，由于英国中小学教师短缺，所以英国政府分别在 1989 年和 1990 年推行"试用教师培育方案"（Licensed Teacher Scheme）与

---

① ［英］教育和科学部：《教学质量（1983）》，载瞿葆奎《教育学文集·英国教育改革》，人民教育出版社 1993 年版，第 465、479 页。

② Fish, D., *Learning through Practice in Initial Teacher Training*, London：Kogan Page，1989，p. 47.

③ 刘维俭、王传金主编：《教师职前教育实践概论》，南京师范大学出版社 2007 年版，第 91 页。

④ Department of Education and Science Circular No. 18/89，"Education（Teachers）Regulations 1989"，*Department of Education and Science*，1989.

"契约教师培育方案"（Articled Teacher Scheme）。前者招收的对象为 26 周岁以上，完成两年的高中教育，同时在普通中等教育证书（GCSE）测验中的数学与英文成绩都为 C 或 C 以上者。符合条件者如经录取，可不必到教师教育机构受教，而直接到中学任教 1—3 年，如果接受培训后表现良好，地方教育当局认为其具备了相应的任教能力，承认他们是合格教师，他们即可获得与正式教师教育机构受教者同样的地位与待遇。后一种培育方案是由英国师资培训机构与地方教育当局设计和负责的一种研究生证书课程。契约教师带薪接受培训两年，但 80% 的时间必须在中小学边教边学，仅 1/5 的时间在培训机构接受理论学习。这两种教师培养方式，也反映了英国教师教育中的"透过经验学习"（Learning Through Experience）的培育理念。

在 1989 年的教育和科学部颁发的第 24 道通令（Circular 24/89）中对教育实习的时间专门做了规定，那就是：选修四年制的教育学士学位课程（Bed）的学生需要有 100 天的时间在中小学进行教育实习；除了契约制教师教育项目（Article Teacher Schemes）外，其他教师教育项目的教育实习时间均为 75 天。[①]

到了 20 世纪 90 年代初，特别是 1992 年"以中小学为基地"的教师培训方案实施以后，对于教育实习的安排又有了新的规定。这种新的规定体现了英国政府对教育实习的重视与再一次的加强。

这种发展，也与当时执政的英国保守党政府注重职前教师的能力培养相关。他们希望通过加强教育实习，培养准教师应具备的各种教育胜任力。为此，英国政府对准教师应具备的教育胜任力做了具体的规定。例如，英格兰和威尔士在 1992—1993 年共同发布了一系列联合通告，规定了中小学教师与职前教师应具备的各种教育胜任力。1993 年，苏格兰教育部也正式颁布了《苏格兰未来教师培训计划纲要》，并且指出凡是不符合纲要要求的教师教育课程一律将被鉴定为无效，学生也不被认为是经过专门培训的。此外，英国教育和科学部在《教师职前培训改革》的文件中，吸收了各地区的有益经验，也归纳出教师应具备的 27 种职业技

① John Furlong, Len Barton, Sheila Miles, Caroline Whiting & Geoff Whitty, *Teacher Education in Transition: Re-forming Professionalism?* Buckingham: Open University Press, 2000, p. 29.

能，要求各教师教育机构在教师职前培训过程中重视教师职业技能的培养和提高。

在"以中小学为基地"的教师培养模式改革的背景下，加之英国保守党政府"能力至上"的教师教育指导理念，20 世纪 90 年代初的英国教育实习出现了一些新的变化。

首先，在教育实习的时间方面，与以往相比，又有了大幅度的延长。规定选修研究生教育证书（PGCE）课程的学生必须在中小学进行 24 周的教育实习，而选修教育学士学位课程的学生需实习 32 周。

其次，在教育实习的安排方面，要与在高等教育机构的理论学习课程交错进行。其中，以一年制的 110 课时的研究生教育证书（PGCE）课程为例，最初的 15 课时有一段集中实习期（One Block Practice），接下来的 72 课时中，会安排有两个集中实习期，最后的 23 课时，要安排有三个集中实习期。不过，每个实习期持续的时间往往有所不同。但大约有 2/3 的研究生教育证书（PGCE）课程的理论课程都会在课程中间提供给学生 11—30 天的在中小学的学习体验时间，2/3 的四年制的教育学士学位课程中的理论课程会提供给学生 11—20 天的教育实习时间。[①]

此外，在课程内容上，大部分的理论课程都在试图与中小学的现实教育情境与问题联系起来。在实习的辅导方面，强调对实习教师在专业教学实践的反思能力方面的培养。

总之，在 90 年代初，伴随着"以中小学为基地"的教师培养模式的改革，英国的教育实习进一步制度化。

到了 20 世纪 90 年代中后期，特别是 1997 年英国工党执政以后，在教育实习方面是否又有了一些新的发展呢？

英国工党秉持"第三条道路"的治国理念，强调社会公正、义务、责任与社会协调，并把"为所有人提供均等的教育机会并提高教育标准"作为其在教育领域的基本理念。在教师教育方面，工党继承了保守党政府的保证教师数量和加强政府对教师教育的控制的政策目标，继续实施以学校为基地的教师培养模式，继承了保守党政府在教师教育中引入市

---

① John Furlong, Len Barton, Sheila Miles, Caroline Whiting & Geoff Whitty, *Teacher Education in Transition: Re-forming Professionalism?* Buckingham: Open University Press, 2000, p. 30.

场机制的做法，开辟了新的教师培训途径，保证教师数量的供应，通过强化教育标准局的督导工作，政府进一步加强了对教师教育管理体制的控制。①

在以"提高教育标准"为首要教育方针的指导理念下，英国政府对教师教育和职前教师教育中的师范生也提出了一些"标准"要求。1997年，规定了合格教师专业标准及初任教师培训要求，提出要根据政府规定的一系列标准来培养和评价职前教师。不仅如此，还制定了全国统一的教师教育课程标准。

1998年教育与就业部即颁布了新的教师教育专业性认可标准下的《教师教育课程要求》。该课程要求具有两大主要特征：责任制与适切性。责任制体现在：文件规定了教师培训课程中所有师范生的能力标准，并特别强调其实际教学能力。在为期一年的研究生证书课程中，师范生在中小学的教学时间必须占66%；培训模式是师徒帮带制，即通过向经验丰富的教师学习，如听课等方式，习得大量特定的教学技能，能教授国家课程。课程强调师范生必须达到教育和科学部规定的标准，如使学生通过国家考试、为学校争荣誉并确保教师的绩效工资等。适切性是指教师培训课程必须接受国家教育标准局（The Office for Standards in Education, OFSTED）的监督并符合其标准，如不合格将被取消。师范生不仅要提供能证明其信息技术能力的证书，而且要通过国家级读写算的考试。在课程结束时，师范生要填写入职简介（Career Entry Profile），以明确其优点。②

2002年6月，英国教师教育标准局和英国师资培训署颁发了《英国合格教师专业标准与教师职前培训要求》，此文件包含两部分：一是受训教师在获得合格教师资格之前所必须达到的标准，二是对教师职前培训的提供者以及教师资格授权人的要求。

自2007年9月起，新的《教师专业标准与教师职前培训要求》出台，该标准明确界定了各阶段教师所具备的特征，涵盖合格教师（QTs）、

---

① 赵静、武学超：《英国教师教育政策的演变及评析》，《教育发展研究》2006年第4期。
② 孙曼丽：《英国职前教师教育的伙伴关系模式研究》，硕士学位论文，福建师范大学，2008年，第24页。

普通教师（Core Teachers）、优秀教师（post Threshold Teachers）、资深教师（Excellent Teachers）、高级技能教师（Advanced Skills Teachers）等各层次的教师专业标准。它包括三个维度：专业情意（professional atti-tudes）、专业知识与理解（professional knowledge and understanding）和专业技能（professioanl skills）。同时，该文件还对职前教师教育提出了规范性的要求。

此文件对准教师在中小学或其他环境中的教育实习时间做了详细的规定（如表3—1所示）。准教师要达到专业标准的要求，就必须完成下列时间的教育实习。除了对实习时间做了具体的规定，文件还要求实习教师必须在不同的两所实习学校实习。

**表 3—1　　　　　英国不同职前教师教育模式对实习时间的规定**

| 培养类型 | 培养模式 | 实习时间（周） |
|---|---|---|
| 幼儿教师 | 3 年或 4 年制本科 | 32 |
| | 1 年制（3 + 1）本科后教育证书 | 18 |
| 小学教师 | 3 年或 4 年制本科 | 32 |
| | 1 年制（3 + 1）本科后教育证书 | 18 |
| | 4 年制（2 年学科专业 + 2 年教育专业） | 32 |
| 中学教师 | 1 年制（3 + 1）本科后教育证书 | 24 |
| | 4 年制（2 年学科专业 + 2 年教育专业） | 32 |

资料来源：王艳玲、荀顺明：《试析英国教师职前教育课程与教学的特征》，《教育科学》2007 年第 1 期。

由此可见，1997—2007 年，工党政府所颁发的一系列教师专业标准与教师教育课程要求，都非常重视教育实习以及对准教师的专业实践能力的培养。可以说，工党延续了自保守党以来的"以中小学为基地"的师资培养模式，并且在教育实习方面也未做太大的变动。但是有变化的是，在教育实习中，高等教育所发挥的作用与以往相比已经大大降低，而中小学的作用在明显提高。

## 第二节　英国教育实习观与实习模式的嬗变：理论与实践的博弈

教育实习观是对教育实习的本质、价值和功能等方面的综合性的、概括性的认识。在对于教育实习观及其模式的理论研究方面，很多学者提出了许多不同的看法或对其进行了不同的概括和理解。

诸如，杜威对于教育实习，就提出了两种实习观："学徒式"（Apparenticeship）和"实验室式"（Laboratory）：

> 一种是"学徒式"（Apparenticeship），即每天进行训练，以发展顺利、高效的工作技能；另一种是"实验室式"（Laboratory），即可以设计实际的体验，一般了解理论的两个组成部分——专业知识和教育理论知识，并使之"变得真实而且重要"。他认为，这两种方式并非互相排斥，而是相互作用。尽管如此，它们的不同又是明显的。学徒式从"最佳做法"的示范和练习中学习，注重照搬和模仿以往的经验和传统的做法，因而它是狭隘的、特殊的，受地点和环境的局限。实验室式是对新的实践进行实验，探索，产生更加科学、通用的知识，这种知识是可以移植的、世界性的，可被广泛传播的。①

此外，威尔森将教育实习的模式的变迁概括为三种，即圣人和英雄模式、司机和陶工模式以及医生和工程师的模式。

> 在第一个模式中，教师是天生的，而非后天培养的；在第二个模式中，我们依赖于学徒制模式，让经验丰富的司机坐在你的身边指导你的实践，此模式在质上是实践性的和实用的；最后一个是理

---

① ［美］李·S. 舒尔曼：《理论、实践与教育专业化》，王幼真、刘捷编译，《比较教育研究》1999 年第 3 期。

论处方和实践配方的模式，直到近来，它依然是最常用的模式。①

泽兹纳总结了世界范围内教师教育课程中对教育实习的理解倾向，并将之归纳为三种：学徒制、理论运用到实践、反思性实践。

在实践中，当我们纵观英国教育实习发展的过程时，可以发现，在英国教育实习发展的不同阶段，人们选择了不同的教育实习观，这些实习观被英国本土学者费舍归纳为：直觉观、常识观、应用观、创造观、再建构观。而且，在英国教育实习的变革过程中，其不同的实习观又引领并形成了不同的教育实习模式。无论何种教育实习观或教育实习模式，其产生和发展变化在深层意义上都受到了人们的理论—实践观的影响。也就是说，在教育实习观及其实习模式的发展变革中，理论与实践的关系就像是一根镶嵌其中的轴心，理论与实践的博弈与乖离影响或决定了教育实习观及其实习模式在不同阶段的变化与发展。此外，教育实习观与实习模式的嬗变也受到了英国特定历史条件的制约和限制。然而，当我们放眼世界，可以发现，在历史的发展进程中，各国的教育实习观和教育实习模式和英国一样大体都经历了相同或类似的更迭。

## 一　教育实习的直觉观（the Intuitive View）、常识观（the Commonsense View）与学徒式（Apprenticeship）实习模式

（一）教育实习的直觉观与常识观

在 20 世纪 50 年代以前，英国的教育实习都强调学徒式的经验磨炼。而这源于两种人在当时所信奉的教育实习的直觉观与常识观。

回顾历史，我们可以发现，直到十七八世纪，西方人还坚持认为教师的教学能力是与生俱来的。所以，尽管教师职业有着长久的历史，但是这一职业出现后却没有马上产生正式的教师教育活动。因为那时，人们认为教师的教学能力乃天赋所成，与有系统地了解如何教学的专业理论知识没有太大的关系。这反映在教育实习上，就是早期的教育实习的"直觉观"。

---

① ［英］罗博·麦克布莱德主编：《教师教育政策：来自研究和实践的反思》，洪成文等译，北京师范大学出版社 2009 年版，第 115 页。

　　所以，从本质上讲，直觉观排斥理论知识，认为教学能力与生俱来，是不能被教授而获得的，所以除非通过不断地重复或是依靠运气，否则专业实践是很难得以提升的。正因为如此，教育实习便成了展示、开发准教师天赋潜能的途径。依据这种观点，教学活动只能是对常规的盲目的模仿和重复，对新发生的情况与新出现的问题则凭借直觉来应付。

　　而持有教育实习"常识观"的人则认为，准教师对教学实践的把握需要依靠前期从业人员所积累的传统技艺型的经验，并且，这种传统的技艺型经验了解得越多，专业实践技能就会增长得越快。此种经验有如行业法则一样是教师成功的秘诀。了解了这些经验，再假以时日不断重复与练习、模仿，专业实践技能就会增长。[①] 基于此，教育实习就是一个不断模仿和重复的过程。

　　虽然上述两种实习观对理论与实践的关系存在着不同的看法。比如，直觉观否认知识对于学习如何教学的意义，认为教学能力乃天赋而成、与生俱来；而常识观并不否认知识，且重视传统技艺性经验的作用。不过两种观点都认为模仿与重复练习对于准教师学习教学、提高职业能力是极其必要且重要的。受上述实习观的影响，在实习模式上，形成了传承悠久的"学徒式"教育实习模式。

　　（二）学徒式实习模式

　　学徒式教育实习模式又称为工匠式（Craftsmanship）模式，形成于19世纪初期，即资本主义生产力迅速发展、手工工场向大机器工业生产过渡的时期。在这一时期，英国和其他国家一样初等教育逐渐发展，学校开始增多，对教师的需求也不断地扩大起来。不仅如此，这一时期的人们已经普遍认识到，作为教师仅仅拥有一定的文化知识是不够的，他们还需接受专业的训练，如此才能成为一名好教师。

　　在历史上，学徒式是早期的一种传统的专业教育模式，在很多行业中都被应用来培养新的从业人员。学徒式最重要的方面就是所谓的"师傅"，他必须是富有经验的指导者，是行家里手。年轻学习者通过模仿

----

① 瞿葆奎主编，瞿葆奎、沈剑平选编：《教育与教育学文集》，人民教育出版社1993年版，第564页。

"师傅"的手艺和技术，在他的指导和建议下进行学习。正是通过这种手耳相传的方式，专业技术被一代代地传承下来。这种模式也是学者威尔森所提出的"司机和陶工模式"，即让经验丰富的司机或陶工师傅坐在你的身边指导你的实践。他认为，这种模式在实质上是实践性的和实用的。①

为此，在英国，直到20世纪50年代以前，其传统的教育实习模式都采用了这种学徒式实习模式。该模式以手工业作坊培养学徒的方式进行教育实习，准教师就像是学徒，被安排在一所学校，一个班级，在一位有经验的指导教师的指导、辅助下学习如何教学。而准教师观察、模仿和重复练习的是指导教师也就是所谓的师傅长期积累的教学临床实践经验。

正因为如此，该模式所体现出的理论与实践的关系受直觉观与常识观的影响，在整个实习过程中，理论并没有得到应有的重视，而模仿和重复性的练习则成了教育实习的全部内容。② 为此，这种教育实习模式的本质就是一个示范与模仿、重复的过程，专业实践能力的形成与提高的关键在于反复的练习和从实践经验中学习。该模式可表示为图3—1。

**图3—1 学徒式实习模式**

资料来源：杨涤：《教师专业教育模式：以理论和实践的关系为中心》，《外国教育研究》2000年第6期。

（三）评析

1. 对直觉观与常识观的评析

首先，就教育实习观而言，无论是"直觉观"还是"常识观"都存

---

① ［英］罗博·麦克布莱德主编：《教师教育政策：来自研究和实践的反思》，洪成文等译，北京师范大学出版社2009年版，第115页。

② 瞿葆奎主编，瞿葆奎、沈剑平选编：《教育与教育学文集》，人民教育出版社1993年版，第563页。

在一定程度的局限，尽管它们的产生是历史条件所限，特别是与教育科学的发展还未成系统的体系有关。

直觉观强调好的教师是天赋所成，是天生的，而非后天所培养的，这也正像威尔森所概括的"圣人和英雄模式"。但事实却并非如此。先天不足的准教师，如在语音语调、表达能力等方面有所欠缺的人，也可以通过后天的专业培养，特别是在教育实习的过程中，通过不断地调整和学习而得到改善。相反，正如我们今天人所共知的，即使是在做教师方面有着一定天分的人，也需要经过专业的培养才能在专业知识、专业能力和专业态度方面达到做教师的标准。

常识观所主张的以传统的技艺性经验指导专业实践的观点，也是有所偏颇的。因为传统的经验往往不能适应新的情境、新的问题，不能适应时代和形势的变化。所以，它所体现出来的静止性和封闭性方面是狭隘的、特殊的，不能适应和满足学校以及社会的发展需要。更为重要的是，直觉观和常识观在处理理论与实践的关系方面，都过多地重视实践中的模仿以及实践经验的获得，而对理论知识的学习都极为忽视。

2. 对学徒式教育实习模式的评析

英国的学徒式实习模式在特定的历史条件下在很多行业培养新的从业人员方面发挥了重要的作用，而且时至今日"现代师徒制"的方式仍然在很多专业教育中被应用。不仅如此，在历史上，从19世纪后半叶一直延续到20世纪，世界范围内的教育实习也大都以"学徒制"为主要模式。

在教师的教育实习中，该模式强调在指导教师的辅助下学习技艺性的经验，并且重在模仿与不断的重复性练习。这种实习模式也就是泽兹纳所提到的"传统技艺性"的教育实习模式。

该模式为什么能在半个世纪之久居于教师教育的主导地位，这也缘于其所具有的两方面优点：其一，该模式的着眼点在于尊重与依赖中小学在职指导教师的专业教学技能。其二，该模式在一定程度上能够有效地提高实习教师的实际教学能力。对于教师课堂教学能力的培养问题，人们总喜欢把"大学主导"与"学徒制"两种培养模式下的教师做对比。加德纳（Gardner，1993）提出，不论在其他方面的培养有多充分，从学院出来的新一代的年轻教师，只具备了从前学徒教师所拥有的实践经验中的很小一部分。[①]

但是，这种实习模式容易流于泽兹纳、费舍、舍恩等所批判的将教师的专业训练当成技艺性的训练，无法引导教师具备较高的专业反省和判断能力。不仅如此，在整个实习过程中，理论并没有得到应有的重视，专业实践沦为一种简单的、技艺性的训练，这无疑对于准教师发展批判性思维以及建立自己个性化的教学是有害而无益的。这种情况有如英国学者费舍对"从经验中学习"与"透过经验学习"这两个概念的区别。他认为"Learning From Practice"应包括学习一种特殊的技能或一套技能，一系列相关的理念、能力、常规律例、策略或才能。这种学习通过展示与观察来达成，或者这种学习是带着模仿然后不断重复其中所包含的行为这样的观念来进行的。其目的就是掌握并能重现通过观察与实践所学习的行为。而"Learning Through Practice"则有着不同的重点。它可以包括进行实践或行动，但目的是利用这样一种学习或经验作为一种媒介，进而学习更为广阔与更为有意义的东西。前者通常与对特定技能的培训、习惯与能力的发展相关联。后者则关注教育中更为中心的事情，那就是试图打开学习者的内心进而拥有更为广阔的理解。学徒制就有如"从经验中学习"，实习教师掌握的技巧常常是机械的、狭隘的，很难从更宽广的视角对教学进行反思与分析。

此外，该模式由于指导教师（师傅）的教学指导能力参差不齐，所以也很难保障实习指导的质量。因此，学徒制还是在英国教师教育历史中逐渐隐退了。因为英国教师教育的发展需要一个更加科学、合理的教师实习模式。

## 二　教育实习的应用观（the Applicatory View）及其应用科学模式（the Applied Science Model）

### （一）教育实习的应用观

自从 20 世纪五六十年代以来，由于前述强调传统技艺的实习理念，

---

①　[英] 哈赛尔·海格等：《向经验教师学习指南》，马晓梅、张昔阳译，华东师范大学出版社 2009 年版，第 7 页。

英国的教育实习停滞于技艺训练层次，教师教育无法达到专业教育的水准。为此，英国师资培养研究者们认为，解决这种弊端的方法在于加强教育理论基础的研究。而且这一时期，也正是英国的教师教育极力强调迈向专业化的萌芽期。于是，教师教育研究者强调为了提升英国教师教育的专业化水准，必须加强准教师的教育理论基础，以指导其未来的教育教学实践。

不仅如此，在这一时期，在知识观上，受科学实证主义知识观的影响，人们认为知识是绝对的、客观的，任何教育教学活动的前提基础都是掌握理论知识，即要进行专业的学习，必须以先学习理论知识作为基础，然后再将其运用于实践。并且认为，只有理论改善了，实践才能得以改善，即理论决定实践，理论的学习是实践成功的基础和前提。为此，加强准教师的理论基础，教育实习就成为验证教育理论的一个附属的环节。于是，这一时期，英国的教育实习观转向了强调理论应用于实践的"应用观"。

然而，与常识观不同的是，应用观并不认可传统的技艺性经验对实践的指导价值。而认为，只有理论知识对实践而言才具有绝对的指导意义，是毫无疑义的。[1] 总之，在上述观点的支持下，教育实习就成为"验证教育理论"或"应用教育理论"的活动。换言之，这一时期英国的教育实习并未被视为职前教师教育中的重要组成部分，而只是作为验证理论的角色而成为理论的附庸。在这种情况下，理论与实践成为分离的两个部分。

（二）教育实习的应用科学模式

20 世纪中期以后，从世界来看，信息化社会已经取代了工业社会，科学技术的发展、知识的迅速更新，都对教育提出了更高的要求。在这种情况下，静止、狭隘的学徒式的教育实习模式已经不能适应新时代的变化所提出的新需求。不仅如此，人们也逐渐认识到，教师不仅要具备一定的教学技能，而且还要有精深的科学文化知识。因为低水平的技巧也许通过练习就可以习得，但高水平的技巧却是需要大量的知识作为

---

[1]　王红：《中、英教育实习制度比较研究》，硕士学位论文，东北师范大学，2004 年，第 8 页。

基础。

此外，教育实习的应用科学模式的产生与发展还与教学科学的逐渐确立、发展和成熟有着极大的相关。自夸美纽斯以来，教育教学活动已经纳入了学理研究的视野。教育理论研究旨在揭示教育教学活动发展的规律，进而对教师的教学行为进行规范，以提升教育教学活动的质量与效率。这种教育理论研究到了赫尔巴特那里已经达到了渐趋系统化的阶段。

正是由于教育教学理论的发展，教学也开始被一些人认可为是一种科学，而非低水平的、简单的技艺经验。并且只有先行掌握了这种教育教学的理论知识，实践能力在此基础上才得以形成。

受上述因素影响，在"应用观"的实习理念指导下，英国的教育实习出现了先理论后实践的"应用科学模式"。该模式在实施过程中往往把实践能力的训练放在理论学习之后，即准教师只有学习了相关的教育专业的理论知识之后才能进入教育实习阶段来接触实践，养成专业实践能力。因此，教育实习的过程也就是准教师将之前所学的教育专业理论知识应用到教育教学实践活动中的过程。为此，这也被称为传统的演绎式的教育实习模式［先理论后实践的（Theory-into-Practice）模式］。在此过程中，理论与实践是一种单向的联系，即由理论到实践的单一过程，这使得理论与实践处于分离的状态。

（三）评析

1. 对教育实习应用观的评析

和以往的直觉观与常识观相比，应用观肯定了理论知识对于实践的重要指导作用，这是应用观的进步所在。应用观主张，"只有用客观、科学的原则代替传统的实践原则，事实才能取代个人的意见，才能排除主观价值观的影响"[①]。这种认识使实践得以建立在科学、客观的理论基础之上，从而使实践更具有适应性和普遍性。[②]

不过，应用观肯定了理论的基础性作用，但其局限性也显露出来。

---

① 瞿葆奎主编，瞿葆奎、沈剑平选编：《教育与教育学文集》，人民教育出版社1993年版，第565页。

② 王红：《中、英教育实习制度比较研究》，硕士学位论文，东北师范大学，2004年，第9页。

即实习观下的理论是被绝对化的科学原则，是在任何情况下都无可疑义的，所以这在一定程度上使理论变成了刻板、僵化和静止的知识。事实上，我们知道，教学作为一门专业，同临床心理学相似，是具有高度互动性、复杂性的专业实践（Grossman，2007）。① 教学效果的好坏，往往要取决于很多因素，并非准教师被灌输了教育教学方面的理论，就一定会输出恰当的教学行为。不仅如此，如果这种理论是刻板的、僵化的、脱离实践的，那么这种理论对于实践的指导也将是不可靠的。

由此可见，应用观在很大程度上受到了行为主义心理学的影响。20世纪五六十年代盛行的行为主义心理学强调对行为的研究，强调刺激—反应。受其影响，这种应用观也认为只要输入了理论，然后在实践中就能输出恰当的教学行为。整个过程忽视了个体主观能动性的发挥及其培养。

不仅如此，这种观点容易将理论视为可以解决一切教育问题的法宝，这样将会使理论成为所谓的"科技理性"的工具。而"科技理性"会使教师成为唯理论至上的缺乏批判性和创造性的"单面人"。

更为重要的是，应用观强调理论知识的学习在先、实践性的应用在后的单向过程，使得理论与实践成了彼此脱离的两个部分，而且这一单向过程也使得在理论与实践关系上，只有理论对实践的指导，而没有实践对理论的修正。正是这种应用观，使教师教育中形成了理论与实践的二元论存在。而教师的教育实习模式也成了基于理论与实践二元论框架下的技术理性应用模式。这种情况，正如施瓦布所指出的那样，理论与实践的二元论致使教育实践中充满了"理论样式的话语"，而教师的"实践样式的话语"处于"濒死"的状态。②

2. 对应用科学模式的评析

对于应用科学模式，由于教育教学的理论知识开始被视为一种科学，并以之作为实践的基础，这在很大程度上有益于教育教学实践更为科学

---

① Grossman, P., Compton, C., Igra, D., Ronfeldt, M., Shahan, E. & Wukkuansibm P., "Teaching Practice: A Cross-professional Perspective", *Teachers College Record*, Vol. 111, No. 9, 2009, p. 12.

② 卜玉华：《教师教育及其研究何去何从——从教育理论与实践的关系展开的思考》，《教育理论与实践》2004 年第 6 期。

化和合理化。因为"根植于理论、经验或规范的基础知识，是所有专业的中心"。应用观重视理论对实践的作用，这无疑对于包括教育实习在内的整个教师教育都是一种推动和发展。

时至今日，该教育实习模式仍然被很多国家所采用，甚至在其他领域的专业培训中也在大量使用。然而，尽管这种模式关注到了理论对实践的作用，但却造成了理论与实践单向发展与二元分离，更重要的是，面对实践的发展，人们发现，"学术知识对专业工作是必需的，但又是远远不够的。因此，专业人员必须培养从经验中学习和对自己的实践加以思考的能力"[①]。

正是由于这种教育实习观与实习模式存在着上述的不足，所以英国的教师教育研究者们又开始期待并发展了新的更为完善的教育实习观与实习模式。

### 三　教育实习的创造观（the Creative View）、再建构观（Reconstructionist）及其反思模式（the Reflective Model）

（一）教育实习的创造观、再建构观

英国在 1982 年以后，受多方面因素的影响，其教育实习理念已经发生了很大的转变，即不再一味地认为教育实习是对某些特定的有效教学技巧的熟悉，而是一个在实务中进行理论与实践的对话与反思的过程。英国诸多学者，如迪顿、赫斯特、皮德斯、威尔逊等人的学术辩论更将这种强调理论与实践的统合与对话的实习观阐释得更为明晰。[②] 特别是学者赫斯特，他提出了一种批判性的实习观，即认为实习是指实习者运用实务，以批判反省自己的教学实践能力，开展教学实践智慧的历程。而这一观点，与英国另一位学者费舍提出的教育实习的创造观与再建构观不谋而合。

费舍所谓的教育实习创造观，即认为知识具有相对性、暂时性和修正性的特性，并且不是绝对的。它不一定由理论家提前创造出来，而很

---

① ［美］李·S. 舒尔曼：《理论、实践与教育专业化》，王幼真、刘捷编译，《比较教育研究》1999 年第 3 期。

② 杨深坑：《各国实习教师制度比较》，中国台北师大书苑有限公司 1994 年版，第 138 页。

可能由实践者所建构而成。因为实践者所面对的专业情境是独特的、无法预知的。所以，专业实践的过程不仅需要知晓理论，还包括对不断变化的专业情境与专业问题进行判断、思考、决策并用方法解决实践问题的过程。因此，要提高实践能力，就需要对理论与实践进行反思，并在实践的过程中不断地进行实验和创新性活动，进而形成一种"圆熟的实践智慧"。

基于此，教育实习的过程也是准教师通过对理论及其专业实践过程不断地进行反思、判断、决策进而创造出属于自己的实践智慧的过程。反思与判断成为准教师将所学理论与专业实践相互联系、彼此修正和完善的媒介和纽带。

不仅如此，受建构主义理论的影响，费舍认为，教师不应再被视为理论的被动的接受者和实践者，而应成为自己实践性知识的建构者。因为只有那种基于实践背景而形成的实践性知识，才会在专业领域中真正有效地发挥作用，理论与实践也才能在真正意义上统一。

费舍提出的再建构实习观，在很多观点上与创造观有相同之处。诸如对知识性质的看法，二者都认为知识是相对的，可以被修正从而不断完善的。因此，知识具有一种可以被实践者在实践过程中不断建构的特点。这与费舍所提出的"在实践中学习"的观点不谋而合，即学习与知识的构建是在实践过程中得以实现的。据此，准教师的教育实习的过程也被视为一个准教师不断对实践进行反思从而建构自己对专业实践的理解并发展自己的实践性知识的过程。

由于创造观与再建构观都强调在实践过程中对理论与实践进行反思，受上述实习观的影响，从 20 世纪 80 年代以来，在英国以及世界其他很多国家都开始兴起了以反思为导向的教育实习，以加强理论与实践的联系与互动。

（二）反思实习模式

伴随着认知心理学在西方的勃兴，在教师研究或教师发展研究方面，学者们也开始从对教师外在行为的研究转而逐渐关注教师的内在思维的发展。

不仅如此，在教师教育领域，伴随着教师专业化运动的蓬勃发展，人们进一步认识到，教师教育中理论与实践的分离已成为影响教师教育发展的一种恶弊。所以自从 20 世纪 80 年代以来，伴随着英国本土学者迪顿、赫斯特、皮德斯、威尔逊等人对师资训练性质的学术辩论，以及受到美国学者舍恩的"反思性实践"的思想影响，英国的教师教育研究者们开始主张师资教育课程的目的在于使教师具有统合理论与实践的反省能力。

舍恩在 1983 年出版的《反思性实践者——专家如何思考实践过程》一书中提出了"反思性实践"这一概念。他通过对建筑、城市规划、临床心理学、经营顾问等专家的案例研究，得出结论，主张现代专家应以"活动过程的省察"为原理的"反思性实践"，去替代以往的专家以"科学技术的合理运用"为原理的"技术性实践"。"反思性实践是调动经验所赋予的默然的心智去考察问题，在同情境的对话中展开反省性思维，同顾客合作中，致力于复杂情境中的复杂问题的解决。"① 虽然舍恩的这一理念的提出最初并非针对教育，但数年后却成为推动教师教育和教学研究范式转换的原动力。

受上述多方面因素的影响，英国以及其他很多国家的教育实习开始转向"反思实习模式"，即强调以反思为导向的教育实习。人们认识到，在实习中，如果只是简单地重复实践中的惯例不太可能改进实践，因为实践本身不能决定其质量。因此，在教育实习的过程中，实习教师所需要的是对实践的反思，并且要从其背后的理论中抽离出来，这样才会反过来进一步加强其对理论的理解和修正，从而使理论与实践的联系与互动得以加强。

（三）评析

1. 对教育实习的创造观、再建构观的评析

从理论与实践的关系的角度来看，无论是创造观还是再建构观，都认为理论和实践均不是绝对的，是暂时的、相对的，是需要不断完善的，并且都需在实践中不断质疑且得以修正。而且，理论与实践并无先后顺序之分，实践也可以先于理论，理论化也是实践的一种形式，同样，学

---

① 卜玉华：《教师教育及其研究何去何从——从教育理论与实践的关系展开的思考》，《教育理论与实践》2004 年第 6 期。

会去做什么可以通过实践来达成，但其中也包含着对理论的思考。总之，理论与实践可以在实践中统而为一。

这既是一种理论实践观的发展，同时在本质上也是对知识观的超越。这对于科学安排教育实习，无疑在指导思想上是一种崭新的革命。

2. 对教育实习反思模式的评析

反思实习模式是针对应用科学模式的弊端而被提出来的。应用科学模式重视培养未来教师的具体操作和模仿能力，反思模式重视对准教师思维能力的培养，这有助于形成准教师观察、分析、判断和决策的能力。因为理论知识只有适应了具体的情境才能体现出它的价值和目的性，这需要我们通过判断对实践经验加以理论化和形式化，知识本身才能得到发展，才能形成所谓的专业能力。这也正如舍恩所说的，在实践中思考，对实践进行反思。前者指教师面对新的情境，必须聚集其中的各种因素，调动所知的理论以适应情境，展开行动；后者则指对实践中所得到的经验进行反思、总结，使经验成为一种实践智慧，并用以指导未来的经验和实践。

此外，在反思实习模式中，理论与实践的关系突破了单向的线性关系，成为以实践中的反思为媒介的，多次转换、彼此修正、互相融合的关系，这样无疑加强了理论与实践的联系与结合。

总之，综观上述英国教育实习观与实习模式的变化与更迭，可以发现，其发展与变化主要围绕着理论与实践的关系展开。直觉观排斥理论知识，认为教学能力与生俱来，而常识观也认为先前从业人员长期积累的传统技艺性经验可以带来学习者教育教学实践能力的形成与提高。所以在实习模式上，形成了重在模仿和重复性练习的学徒式实习模式，理论知识在实习过程中并没有得到应有的重视。尽管应用观认识到了理论在教师的专业教育中的价值，提出理论是实践成功的基础和前提，并发展出了先学习理论，然后再将其运用于实践的应用科学模式，但为此却造成了理论与实践单向的线性发展，进而导致了二者的分离。创造观和再建构观认为知识具有相对性、暂时性和修正性的特性，为此教育实习的过程也是准教师通过对理论及其专业实践过程不断地进行反思、判断、决策进而创造出属于自己的实践智慧的过程，并基于此形成了反思实习模式。在此，理论与实践的价值具有了等同性，并且改变了以往理论与实践的单向、分离的关系，力求实现教育实习过程中理论与实践的相互交叉、彼此反复、相互修正与融合的关系。

如此看来，正是因为人们对理论与实践关系的认识的不断发展与进步，才带来了教育实习观与实习模式逐渐向着科学的方向发展和变化。

此外，英国教育实习观与实习模式的变化、发展过程，也反映了教师这一职业正逐步走向科学化。用法国学者的话说，那就是教师的身份正（或应该）从"实施者"（Executant）向"专业者"（Professionnel）转变，即由以往的对事先确立的规则的实施转向由目标和价值观指导的策略的选择和实现，也就是从技工型教师向职业化教师转变。①

――――――――――

① 汪凌：《从教学的实践看教师职业性的培养》，《外国教育资料》1999 年第 6 期。

# 第四章

# 英国教育实习的现实发展

英国学者约翰·弗朗在其被称为英国教师教育的权威著作《变革中的教师教育》一书中写道:

> 在整个20世纪,英国的教师教育一直处于巨大的变化之中。在某种程度上,我们可以把这种变化看成是人们经过一个长期的过程之后,终于认识到了校本教师培训的重要性,特别是认识到了中小学任课教师在帮助新教师掌握教学技能上所能发挥的重要作用。那么在这种情况下,特别是在近一个世纪的时间中中小学教师对这方面的工作几乎没有怎么参与的背景下,如何充分发挥校本培训及中小学任课教师在教师教育中的作用,则成为一个急需解答而又具有挑战性的问题。时代的发展对学校教育提出了更高的要求,我们对学校教育也有了更深入的了解和认识,然而在校本新教师培训过程中会产生什么样的困难,会出现什么样的机遇,我们的探索才刚刚开始。[①]

从课程的角度来分析,英国的校本教师培训也就意味着强化教育实习在职前教师教育中的分量与作用,这种强化自然也意味着中小学教师在职前教师培养中的角色与职责的加强。那么,如何充分发挥中小学教

---

[①] [英]哈赛尔·海格等:《向经验教师学习指南》,马晓梅、张昔阳译,华东师范大学出版社2009年版,第1页。

师在教育实习中的作用？"被强化"了的教育实习是如何组织实施的？会出现什么样的困难和问题？对这些问题的研究也才刚刚开始。

# 第一节　分析的维度

当我们要系统研究一个国家的教育实习状况的时候，我们应该关注这个国家的教育实习中哪些方面的问题呢？这成了我们了解英国教育实习现状首先需要考虑的问题。

对于教育实习的研究，学者菲曼与布克曼（Feiman-Nemser & Buchmann，1985）认为，教育实习的研究应该关注三个方面的基本问题：其一，教育实习应提供什么内容给师范生学习？其二，教育实习应运用哪些方法达到核心目标以帮助师范生学习？其三，教育实习所培养的师范生的发展学习的能力应达到什么样的程度？[①]

学者费舍也在其著作《职前教师教育的实践中学习：对于合作伙伴的挑战》中提出，研究教师的教育实习，需要回答三个方面的问题：首先，实习在教师的专业培训中的作用如何？怎样促进实习？其次，当实习教师试图通过实习而学会教学时，他们需要什么样的帮助，以及这种帮助如何能够被促进，进而更为有效？最后，那些试图帮助实习教师从实践中学习教学的人，如何提升他们的帮助（的质量）？[②]

可见，学者们对教育实习研究，由于自身研究旨趣的不同，研究的关注点也会不同，自然对教育实习的核心问题的提出也会有所差异。笔者认为，对此问题的回答，还需回到教育实习的本质问题上来。

由于教育实习是职前教师教育的一门占有相应学分的综合实践课程，所以，在我们试图对一个国家的教育实习进行系统的描述与评介的时候，自然可以借用一下课程方面的理论，以使得对教育实习的描述更加全面与完整。

---

① Feiman-Nemser, S. & Buchmann, M., "Pitfalls of Experience in Teacher Education", *Teachers College Record*, Vol. 87, No. 1, 1985, p. 49.

② Fish, D., *Learning through Practice in Initial Teacher Training*, London: Kogan Page, 1989, p. 30.

　　课程理论研究专家、被称为现代课程理论之父的泰勒（Tyler，1949）对于课程设计与编制曾提出四个经典问题，被称为"泰勒原理"。这些问题包括：首先，课程应该达到哪些目标？其次，提供哪些教育经验才能实现这些目标？再次，怎样才能组织这些教育经验？最后，我们怎样才能确定这些目标正在得到实现？① 也许这四方面问题可以作为我们研究教育实习问题的一种分析维度的考量。不过，除了这四方面问题之外，笔者认为"课程理念"也非常重要。因为，理念是基础，实践中的一切做法都会根植于此。正如在教育实习过程中，实习观对实习活动的方方面面的设计与安排起着一种观念上的统领与指引的作用一样，实习观是教育实习活动开展的理念依据与核心思想。所以，对于实习观的探讨，也是了解教育实习状况非常重要的一个方面。为此，对英国教育实习状况的考察，我们也将从实习观、实习目标、实习内容、实习组织与管理、实习评价这五个方面着手。希望对于这五方面问题的回答，可以帮助我们厘清英国教育实习的现实脉络。

## 第二节　英国职前教师教育机构与教师教育课程

　　由于英国目前的教师教育体制是开放式的，这使得英国的教育实习系统也呈现了多样性的特点。因为不同的教师教育机构、不同的教师教育课程对教育实习的时间、方式、内容等都有着不同的要求。

### 一　职前教师教育机构

（一）传统的职前教师教育机构

　　目前，英国培养中小学教师的机构主要有大学教育学院或教育系、高等教育学院和艺术师资培训中心以及校本教师培训机构。其中，作为传统的职前教师教育机构，英国很多大学的教育学院或教育系都开设各种师资培训课程，以培养中小学教师。高等教育学院则是有别于大学的

---

　　① 林一钢：《中国大陆学生教师实习期间教师知识发展的个案研究》，学林出版社 2009 年版，第 82 页。

一种高等教育机构。它事实上是一个集合性的概念，正如英国比较教育学家、伦敦大学教育学院教授埃德蒙·金（Edmund King）所指出的那样："从严格的意义上说，那些为培训教师而设、目前数量正在减少的单科性'教育学院'，如其规程所示，也属于继续教育机构；但是大多数这类学院要么与多科技术学院或大学合并，要么'分化'为若干新型学院——颇像美国的州立大学，但规模小的多。我们时常把它称为'高等教育学院'。"① 目前，英国的教育学院主要包括高等教育学院（College of Higher Education or Institute of Higher Education）、教育学院（College of Education）、技术学院（College of Technology）、工艺学院（College of Arts and Technology）和艺术学院等。高等教育学院作为英国教师教育的重要实施机构，主要以培养小学师资为主。此外，艺术师资培训中心主要是为英国中小学的艺术教育培养师资。

如果要对大学教育学院（系）与高等教育学院进行区别的话，二者主要是在培养目标的层次上有所差异。例如，1991—1992 年，高等教育学院招收了 42% 的师范生，其中 72% 是为小学培训教师的；大学教育学院招收了 31% 的师范生，其中 84% 是培训中学教师的。②

（二）新型的校本教师培训机构

除了上述师资培训机构，伴随着 20 世纪 90 年代初的"以中小学为基地"的教师教育改革的推进，一些与大学教师教育机构有着"伙伴关系"的中小学也通过教师培训和发展署与地方教育当局的批准开设师资培训课程。1993 年，首批 6 所伙伴关系学校获准开设培训课程。1997 年，申请开设师资培训课程的中小学有 10 所之多，如伯明翰小学教师培训合作伙伴（Birmingham Primary Training Partnership）、多塞特教师培训合作伙伴（The Dorset Teacher Partnership）等。教师培训合作伙伴提供了以学校为中心的职前教师培训（SCITT），并实现学校培训与发展署所认可

---

① ［英］埃德蒙·金：《别国的学校和我们的学校》，王承绪、邵珊、李克兴、徐顺松译，人民教育出版社 2001 年版，第 263 页。

② John Furlong, Len Barton, Sheila Miles, Caroline Whiting & Geoff Whitty, *Teacher Education in Transition：Re-forming Professionalism?* Buckingham：Open University Press，2000，p. 27. 转引自王晓宇《英国师范教育机构的转型：历史视野与个案研究》，上海社会科学院出版社 2008 年版，第 170 页。

的目标。整个培训课程大约为一年时间，参加教师培训课程的学员每周 3
天到大学教育学院或教育系上课学习，另外两天到一所学校学习教学技
能，并安排一位优秀的任课教师和校本导师进行指导。培训课程结束后，
凡合格者可获得相关大学颁发的研究生教育证书和合格教师资格。[①]  通
常，这类学校所设课程主要集中培养那些师资短缺科目的教师。

此外，在英国还出现了一种以学校为中心的新的职前教师培训机
构——教育联盟。作为一种新的教师培训机构，教育联盟是由本地区一
些中小学组成的学校联合体，它们共同提供职前培训课程。目前，较有
影响的教育联盟有比勒里卡教育联盟（Billericay Educational Consortium）、
牛津郡教育联盟（Oxfordshire Consortium）等。教育联盟所提供的教师培
训课程的时间大约为 38 周，包括大学的理论课学习、研讨和实习。通常
一周三天在基地校实习，由一位辅导教师为学员提供教学上的指导和支
持。培训结束并通过考核，可获得由开放大学（Open University）颁发的
合格教师资格和研究生教育证书。目前，该类机构以培养小学师资为主。
申请学习者必须满足教师培训与发展署所规定的攻读研究生教育证书课
程的资格。此外，还需要获得学士学位或具备同等条件，又有一些教学
经历等。

不过，在所有的职前教师教育机构中，具有主导地位与主体地位的
仍然是大学教育学院或教育系以及高等教育学院。

## 二  职前教师教育课程

在职前教师教育课程方面，英国各类教师教育机构所开设的教师教
育课程可谓门类多样，主要可以分为以下几类：教育学士学位（Bechelor
of Education，BEd）课程、研究生教育证书（Postgraduate Certificate of
Education，PGCE）课程、联合学位课程（Integrated Degree Course）、教
育学士荣誉学位课程（BED Honors Degree Course）、教学硕士学位课程
（Teaching Master Degree Course）、教育专业的哲学硕士和哲学博士学位
课程（The Degree Course of Master of Philosophy in Education & The De-

---

[①]  王晓宇：《英国师范教育机构的转型：历史视野与个案研究》，上海社会科学院出版社
2008 年版，第 172 页。

gree Course of Doctor of Philosophy in Education）与以就业为导向的职前教师培训课程（Employment-based Initial Teacher Training，EBITT）。虽然教师教育课程如此丰富多样，但具有基础性的、主导性的职前教师教育课程主要是教育学士学位课程与研究生教育证书课程。

依据目前世界上对职前教师教育主要课程模式的划分，可分为共时态模式（Concurrent Models）与历时态模式（Consecutive Models）。英国的教育学士学位课程就属于前一种模式，即学术性培养与专业性的教育同时或平行地进行。该类课程的学制一般为四年，主要面向高中毕业生开设。完成四年全日制课程者可以同时获得教育学士学位和教师资格证书。该类课程主要为学前与小学培养师资。此外，在该类课程中，对于某些特殊专业的教师，学制还可以缩短到三年或两年，但对申请者的入学资格通常都有特殊要求。

英国的研究生教育证书课程则属于第二类课程模式。在这种模式中，首先进行的是学术性培养，然后再进行专业性教育。学术性培养与专业性教育是继时性地进行的。该类课程作为本科后的教育证书课程，其学制只有一年，招收已经获得非教育专业的学士学位的学生。该证书持有者不证明其在学术方面已经达到了研究生水平，而仅证明其在本科毕业后接受过教师教育的专门培训。该类课程又可分为三类，即培养幼儿园及小学教师的初等 PGCE 课程（Primary PGCE Course）、培养初高中（中学）教师的中等 PGCE 课程（Secondary PGCE Course）和培养义务教育后师资的 PGCE 课程。[①] 目前，研究生教育证书课程是英国教师职前教育的主要课程形式。

由于"教育学士学位"（BEd）课程与"研究生教育证书"（PGCE）课程是在不同的水平上进行的，其学制、培养模式、课程内容等都有着很大的差别，为此，在教育实习方面，也因为上述的差别而有着不同的设计与安排。所以，对于英国教育实习的介绍与分析，也将基于这两类课程的情况予以评介。

---

① 王艳玲、苟顺明：《试析英国教师职前教育课程与教学的特征》，《教育科学》2007 年第 1 期。

## 第三节　英国教育实习的发展现状

### 一　实习观

正如前文所述，实习观是指导实习活动的理念依据。其中，对理论与实践关系的认识是实习观的核心所在。在历史上，英国的教育实习观也同世界上大多数国家一样，经历了从直觉观、常识观到应用观再到创造观的变化与更迭。

创造观认为知识具有相对性、暂时性和修正性的特性，它不一定由理论家提前创造出来，而是需要通过实践者的实践活动不断加以修正和完善的。因为实践者所面对的专业情境是独特的、无法预知的。所以，对专业实践而言，实践的过程不仅是知晓理论，然后据此做出一系列常规性的行为，还包括对不断变化的专业情境与专业问题进行判断、思考、决策并用方法解决实践问题的过程。为此，教育实习的过程也是实习教师通过对其专业实践过程不断地进行反思、判断、决策进而创造出属于自己的实践智慧的过程。

不过，也有一些学者，如我国台湾学者王秋绒通过对英国教育实习制度的研究认为，英国目前的实习观是一种多元化的实习观：

> 英国目前的实习观较为多元化，同时其实习理念分别植基于不同的实践认识论上。主张实习是理论应用者，认为实习教师的专业行动能力，是在实做中观摩、仿同而习得，主张认同、模仿、示范是习得实务能力的主要方法。然而，将实习当成实习教师融合理论与实务的对话反省历程者，则强调觉察问题、反省问题，构建新的教育实践观，再将之置诸于实务进程中，不断质疑、反省、检证，才能不断在行动中开展圆熟、练达的实践能力的主要途径。持后者的观点者，主要汲取了终身教育的看法，将实习当成教师在实务过程中，面对问题，解决问题，形成专业实践能力的过程。基于此，英国教育实习理念是以终身教育为立论依据，兼顾验证的实习认识论与批判反省的实践理性开展认识论。①

---

① 杨深坑：《各国实习教师制度研究》，中国台北师大书苑有限公司 1994 年版，第 140 页。

的确，英国自 20 世纪 80 年代以来的教育实习观已经超越了以往的直觉观、常识观以及应用观，而更加重视通过教育实习培养实习教师的反思能力与专业的判断能力。不仅如此，这种主流的教育实习观是以终身教育思想为基础的，终身教育同时也被视为英国整个教师教育系统的立论依据。正因为如此，笔者认为，尽管英国目前的教育实习观是多元化的，但要分析影响英国目前教育实习的主要实习观，强调实习教师批判、反思能力培养的创造观仍然是主要的并为大家所认可与实践着的实习观。

对此，在约翰·弗朗等人（John Furlong et al.，2000）的著名的英国《教师教育模式》（*Models of Teacher Education*）的研究报告中，对于指导英国教育实习的实习理念，他们专门对此进行了调查与研究。从调查的结果可以看出，大多数人都认为确实有某种理念指导了实习的工作，而且绝大多数人举出的理念是"教师应成为反思型的教学工作者"。正如研究小组所评论的那样，"在教师培训课程中，主要的学习模式已经从对于专业理论加以接受转变为通过反思进行'分析和思辨'"（Furlong et al.，2000）。研究人员也对实习生做了相应的调查，问他们是否能感受到这个"反思"的过程，并把其看成是自己专业发展中关键的一部分。他们发现，"很多（尽管不是全部）学生在课程中认识到了'反思'的重要性"，并且"认为他们在这方面掌握得不错"。①

由此可见，"教师应成为反思型的教学工作者"是指导英国教育实习工作的主要实习观。这也是实习的创造观的一种具体化。作为一种主流实习观，该实习观不仅指导着英国教育实习工作的方方面面，同时也成为其教育实习所依据的核心理念。

## 二　实习目标

当谈及"目标"这一概念时，我们常常将"目标"视为依据理想或目的而拟定的一系列活动策略，以期达成理想或目的。在教育领域，"目

---

① ［英］哈赛尔·海格等：《向经验教师学习指南》，马晓梅、张昔阳译，华东师范大学出版社 2009 年版，第 13 页。

标"通常与课程或教学活动相结合，因此它是应达成某些教育成果或预期的明确表述。正因为如此，教学目标常常以一些事先规划好的学习者应达成何种能力的叙述或形式来呈现。

由于英国推行的是"合格教师资格"（Qualified Teacher Status）制度，所以英国师资培训署通过颁布统一的教师资格标准与职前教师培训要求从而在教师教育领域建立了一致的标准。无论是教师教育方案的制订，还是教师教育课程的设计与审核都要达到这一标准。为此，英国的"合格教师资格"标准既是教师教育课程的标准，也是职前教师教育所有活动要达到的目标。作为职前教师教育的重要组成部分，教育实习的设计与安排也必须以此为目标，即培养达到标准的教师。

1992 年，英国皇家督学处改组为教育标准局，其职责之一就是检查英国地方教育局、高校中的职前教师培训课程及质量，并参与负责教师专业标准的制定。自此，英国政府曾多次修订合格教师资格标准与教师职前教育要求。1998 年，英国教育与劳工部发布了第 4 号公文《教学：高地位、高标准，职前教师培训课程的要求》，针对英国中小学当前存在的问题对合格教师资格标准进行了修订，并且明确又具体地提出了各门国家课程的教学目标和教学要求，同时也对教师教育的一般要求以及所有受训者在获得教师资格证书时必须达到的学科知识、技能和教学实践能力标准做了详细的规定。同年，苏格兰教育部在制定的《苏格兰教师职前教育课程指导性文件》中也明确提出："教师职前教育要培养学生持续的专业发展能力"，"作为教师专业教育的第一阶段，教师职前教育是教师专业发展的基础"[1]。2002 年，教育和科技部和教师培训署再次颁布了《英国合格教师资格标准与教师职前教育要求》，取代了 1998 年的第 4 号文件成为英国教师职前教育的纲领性文件。该文件规定教师教育机构必须根据"合格教师资格"标准设置课程，学习者修完课程并经考核，获得"合格教师资格"证书，方可以成为中小学新任教师。[2]

---

[1]　教育部师范教育司组织编写：《教师专业化的理论与实践》，人民教育出版社 2003 年版，第 241、245 页。
[2]　王艳玲、苟顺明：《试析英国教师职前教育课程与教学的特征》，《教育科学》2007 年第 1 期。

到了 2007 年，在对 2002 年的《英国合格教师资格标准与教师职前教育要求》再次修订的基础上，新的《合格教师专业标准》于 2007 年 9 月开始颁布实行。新的《合格教师专业标准》首先要求合格教师必须有大量的学校教育教学实践，如关怀学生、提升学生积极价值观、与监护人沟通、从事课堂教学、实施班级管理、进行学生评价、组织校外活动等校本实践。此外，还特别强调在这种实践中实习教师要向有经验的导师、同事学习，要研究中小学实践中的问题。该标准从内容上来看，主要由相互关联的三个部分组成，即专业态度、专业知识与理解、专业技能。这三个维度涵盖了对合格教师所应达到的素质与能力的要求。其中，在专业素质方面，该标准主要从师生关系、专业职责与法律框架、沟通与合作以及个体专业发展四个方面进行了规定；在专业知识与理解方面，该标准从教与学、评价与监控、学科与课程、读写、计算、信息与交流技能、学生的成绩及多样性、学生的健康与福利方面对合格教师提出了要求；在专业技能方面，该标准分别从课程规划、教学、评价和监督与反馈、总结与调整教学、学习环境的设计、集体协作这六个方面对合格教师所应具备的专业技能进行了规定。[①]

英国的《合格教师专业标准》作为教师培训机构课程设置的纲领性文件，对教师职前培养的各个环节发挥着直接的指导作用。所以，该文件对合格教师所提出的要求也成为教育实习环节所应达到的总的目标。

除了《合格教师专业标准》以外，一些教师教育课程标准，如研究生教育证书课程标准也特别针对教育实习提出了目标性的要求。除了要求实习生在中学实习 24 周以外，该标准期望实习教师能够很自然地适应将要步入的工作环境，因此要求他们掌握更多的实践知识。同时对实习教师应达到的能力做了一定的要求，那就是实习教师必须在获得教师资格之前获得一系列基本、普遍能力的提升。这个要求是广泛而言的，而不是针对某一特定环境，即这种能力是可以应用于任何时间、任何地点

---

① TDA, "Professional Standards for Teachers: Qualified Teacher Status", http://perseus. herts. ac. uk/uhinfo/library/s45444 – 3.

的。此外，该标准还特别要求，实习教师必须显现出他们在课堂管理、布置家庭作业以巩固和加强课堂成果的能力。[①]

除了以上述文件提出的对教师在专业素质、专业知识与专业能力方面的要求为总目标，英国的各个教师教育机构在设计安排教育实习时，也通常都会基于自己的教师教育课程理念与实习观，对教育实习提出自己的目标要求。

以英国巴斯大学（University of Bath）教育学院为例，它对其研究生教育证书课程（PGCE）中的教育实习提出了如下的目标：帮助受训教师发展专业技能，使其成为具有批判精神的反思实践者，即受训教师能够反思与分析自己的教育实践，选择并使用有效的教学策略以支持学生的学习，并通过专业经验的不断学习和积累，实现持续的专业发展。[②]

而在英国的布鲁奈尔大学（Brunel University）的运动与教育学院（School of Sport and Education），其初等研究生教育资格证书课程则对其教育实习提出了如下的目标："即通过教育实习发展教育教学技巧与教学的能力，同时在儿童如何学习方面获得足够的了解与感知。"[③]

可见，在教育实习的目标方面，除了重视实习教师通过教学实践，掌握必备的知识与能力，以达到合格教师的标准，并胜任未来的教学工作以外，还非常重视对实习教师的可持续专业发展能力的培养，那就是继续学习的能力与批判、反思能力的形成与提高。

简言之，在教育实习阶段，发展实习教师作为教师的起始能力与后期继续实现专业成长的能力是英国教育实习的核心目标。

### 三　实习时间与实习内容

学者里斯顿与泽兹纳指出，完善的实习方案应包括五项因素，即教学、研究、写作、研讨和视导。在教学方面，包括教室内外所应扮演的

---

① 宋杰、冯涛：《英国与挪威 PGCE 课程标准的比较研究》，《湖北大学成人教育学院学报》2005 年第 5 期。

② 孙曼丽：《英国职前教师教育的伙伴关系模式研究》，硕士学位论文，福建师范大学，2008 年，第 45 页。

③ School of Sport and Education of Brunel University, *Postgraduate Certificate in Primary Education Student Handbook 2006/2007*, Sep. 2006.

教师角色、教室管理、学生学习的评量、发展适用各种情境的教材、教学计划的拟订。在研究方面，如指导实习教师实施行动研究、个案研究、民俗志研究、分析课程与教材等，协助实习教师了解学校的生态。在写作方面，指导实习教师将实习过程中的所作所为，透过书写记录下来，刺激各种专业上的思考活动。在研讨方面，透过各种集会讨论、分享，共同澄清、解释各种教育上的迷失。在视导方面，观摩实习教师的各种教学行为，指导各种技术的、实际的和批判式的反省，同时发展同僚视导的功能，以利共同学习和成长。① 英国的教育实习是否在内容上也具备了这样的五项因素呢？

在总体上，英国的教育实习的时间安排与课程内容在不同的课程中有不同的要求和体现。首先，在实习的总的时间量方面，不同的课程类型有不同的要求。根据最新的 2007 年 9 月颁布实行的《合格教师专业标准与职前教师培训要求》的规定，各种课程类型应保证安排相应的实习时间（如表4—1所示）。

表4—1　　　　　　　　　英国教育实习时间表

| 四年制本科合格教师资格课程 | 160 天（32 周） |
|---|---|
| 两年或三年制合格教师资格课程 | 120 天（24 周） |
| 中等研究生教育证书课程 | 120 天（24 周） |
| 初等研究生教育证书课程 | 90 天（18 周） |
| 雇用为本的项目 | 由培训课程决定 |

资料来源：TDA，"Professional Standards for Teachers and Requirements for Initial Teacher Training"，http：//perseus，herts. ac. uk/uhinfo/library/s45444 - 3.

从表4—1可以看出，各种教师教育课程的教育实习时间都比以往大大增加，在有的课程中，如为期36周的研究生教育证书课程，其实习时间即为24周，已经占据了2/3的课时。在教育实习时间方面，在规定教师培养的责任仍然属于高等教育机构的苏格兰，尽管其变化幅度小于英

① Liston, D. & Zeichner, K. M., *Teacher Education and Social Conditions of Schooling*, PKP, 1991, p. 438.

格兰，但其变化也很明显，即要求中小学承担更大的责任，增加教育实习的时间。就为期 36 周的中等研究生教育证书课程而言，要求学员在学校的时间从 18 周延长到 22 周，小学证书课程的学校实习时间提高到全部学习时间的一半（18 周），而四年制教育学士学位课程（小学和中学）的实习则为 30 周。①

此外，不同的课程类型在具体的实习时间安排与实习内容设计方面也各有特色。一般而言，对各种教师教育课程中的教育实习的具体时间与内容的安排都会在每一个实习项目所提供的《学校体验手册》（*School Experience Handbook*），即"实习指导手册"中给出详细的说明。《学校体验手册》作为实习工作的指导手册，除了对整体实习项目做简要的介绍以外，主要会对实习的时间、过程与内容做具体的说明，此外还会注明一些实习的注意事项、实习指导教师的职责、实习的评价标准与方式等内容，其目的就是要对实习过程中实习教师要完成的各项任务做翔实全面的规定和说明，让实习教师像正式教师一样参与教育工作的全过程和学校工作的方方面面。

在此，对于英国教育实习的时间与内容安排的了解，仅以英国职前教师教育中居于主要地位的本科层次的"教育学士学位"（BEd）课程与"研究生教育证书"（PGCE）课程为例。

（一）"教育学士学位"（BEd）课程的实习时间与实习内容

通常，英国的"教育学士学位"（BEd）课程是以模块化的形式设计实施的。在课程的总体内容方面，"教育学士学位"（BEd）课程即由"核心课程研究""专业研究""学科研究""学校体验"四大模块构成。其中，英国将教师教育中涉及准教师到中小学进行教育实习的模块称为"学校体验"（School Experience），包括教育见习、实习，在中小学的研究等诸多方面的内容，旨在"提供一种情境，使整个培养计划形成了一个有意义的整体"。②

---

① ［英］罗博·麦克布莱德主编：《教师教育政策：来自研究和实践的反思》，洪成文译，北京师范大学出版社 2009 年版，第 48 页。

② 王艳玲、苟顺明：《试析英国教师职前教育课程与教学的特征》，《教育科学》2007 年第 23 期。

在教育实习的具体实施过程中，教师教育机构往往将其置于整个教师教育课程的中心，在时间安排上，采取了分散与集中、阶段性与延续性相结合的原则，将教育实习分散在每一学年进行。一般而言，第一、第二学年的教育实习时间比较短，实习的内容多为参观、见习。第三、第四学年的实习时间增多，平均可以达到 8 周，实习内容主要为在实习学校教师指导下的教学实习与班级管理等（如表4—2 所示）。

**表4—2　　　英国四年制小学教育实习的时间安排与主要内容**

|  | 秋季学期 | 春季学期 | 夏季学期 | 总计（周） |
|---|---|---|---|---|
| 第一学年 | 春秋学期各有 4 周（到小学各个年级），每周 2 天（40%—50%） | | 连续 4 周，在第一学段（50%） | 7 |
| 第二学年 | | 连续 4 周，在第二学段（50%—60%） | 连续 2 周，内容为基于学校的研究 | 6 |
| 第三学年 | 连续 5 周，在主攻科目的班级（60%—70%） | | 连续 3 周，开展基础科目的教学；组织学生活动 | 8 |
| 第四学年 | | 在主攻科目的班级见习及实习准备一周，集中实习 8 周（70%—80%） | | 9 |

资料来源：王艳玲、苟顺明：《试析英国教师职前教育课程与教学的特征》，《教育科学》2007 年第 1 期。

此外，从表4—2 可以看出，教育实习在内容的安排上，是与其他课程模块交叉进行的。也就是说，教育实习是与理论课程的学习相互交替、互为支撑的。例如，第一学年"核心课程"模块中的内容如果为"科学"，该模块中就会有一半左右的学分要求准教师只有参加教育实习才能获得。这一阶段大学教育学院在组织实施"专业研究"这一模块课程的内容时，也会要求准教师必须结合教育教学实践体验、参与研讨或参加见习等。这样做的目的主要是帮助实习教师实现理论学习与实践体验的结合。

另外，在具体的实习内容的设计方面，可以说实习内容非常全面、丰富，既包括教学实习、班级管理实习，也包括进行教育调查、研究，熟悉学校的政策，组织活动，与专家研讨，与学生家长、社区建立良好的关系等。而且，对实习各方面内容的安排也非常具体详细，具有非常强的操作性。例如，实习教师具体需要完成什么任务，用多少课时以及需要借助什么方式去做，都会给出明确的要求和指导。

（二）"研究生教育证书"（PGCE）课程的实习时间与实习内容

作为研究生层次的一年制的"研究生教育证书"（PGCE）课程，其整体的课程方案也通常包括三个模块：学科研究（Subject Studies）、专业研究（Professional Studies）与教学实践经验（Practical Teaching Experience）。

作为教育实习的"教学实践经验"是整个课程方案的中心。其中，按照《合格教师专业标准与职前教师培训要求》的规定，中等研究生教育证书课程的教育实习时间为120天（24周），初等研究生教育证书课程的教育实习时间为90天（18周），大约占整个培训课程2/3的时间。不仅如此，职前教师通常要被安排到两所学校进行教育实习，以使其获得不同教育环境中不同的教学实践经验。

教育实习作为研究生教育证书课程的主干课程，在课时安排上，被分散到一年中的不同学期，并且在实习内容方面，也体现了丰富性的特点。实习教师不仅仅进行教学实习，还要参与多方面的活动。例如，观察经验丰富的教师的各式各样的示范课；与经验丰富的教师一起制订教学计划和开展小队教学；与经验丰富的同事们讨论备课的细节；学校教师将对实习教师的教学进行观察和讨论，并提供适当的反馈信息；在如何评估和记录儿童的学业成就方面获得学校教师的指导；可应邀参加某些会议以及包括学校全体教师在内的在职培训活动；发展自我评价技能，科学地认识专业进步的指标等。[①] 此外，还要参加实习学校的教研活动、担任班主任、组织课外活动、开家长会等，通过这些活动，使实习教师能够接触学生、了解学校，从而获得更多的实践经验和专业生活体验。

---

① 赵静：《英国"以学校为基地"的教师培养模式研究》，硕士学位论文，南京师范大学，2006年，第19页。

此外，更为重要的是，在实习内容的安排方面，做到了与其他两个课程模块的课程交叉进行，互为补充，彼此融合。这样，实习教师要在一年中不断地在实习学校与大学教师教育机构间进行转换性的学习，这种学习有助于实习教师更多地思考自己的教学实践，更深入地理解理论知识，从而在理论知识与教学实践之间实现一种深层次的沟通与融合。

例如，在巴斯大学教育学院开设的一年制研究生教育证书课程（PGCE）中，教育实习与大学理论课程的学习就力求实现有机的融合，在理论与实践的关系上体现了互为支撑、彼此交融的关系。

该课程共36周，共由三大课程模块组成，即学科教学法、教育与专业学习及教育实习。在课程的实施方面，是按阶段来进行的，即分为入门阶段、巩固阶段与拓展阶段。实习教师在巴斯大学教育学院学习教育专业的理论课程的同时，主要在巴斯大学的伙伴学校进行教育实习。其伙伴学校分为两类，一类被称为主要伙伴学校（Home School），另一类被称为补充伙伴学校（Complementary School）。① 是成为"主要伙伴学校"还是"补充伙伴学校"往往由伙伴学校自主选择。但原则上，"补充伙伴学校"主要为实习教师提供在"主要伙伴学校"的教学经验的补充。

在36周的学程中，通过两类课程组织形式：巴斯大学教育学院与其伙伴学校进行的联合培养以及在伙伴学校的集中教育实习从而将这三个课程模块的内容紧密结合起来。具体说来，从第1周到第4周，是大学与伙伴学校联合培养的阶段；从第5周到第12周，是集中教育实习阶段；从第13周到第17周，是大学与伙伴学校的联合培养阶段；从第18周到第36周，是集中教育实习阶段。

在大学与伙伴学校联合培养期间，实习教师大约每周5天中的2天或3天在大学，3天或2天在伙伴学校。实习教师在以大学为基地的课程学习期间，大学的导师围绕特定学科的教学法或教育领域中的问题提出一些主题，并每周举办一次讲座，实习教师除了聆听讲座，还要在导师的支持下，以研讨会或在线讨论的方式参与专题的讨论。之后，实习教师

① 孙曼丽：《英国职前教师教育的伙伴关系模式研究》，硕士学位论文，福建师范大学，2008年，第43页。

在大学与伙伴学校指导教师的共同指导下，将所学理论知识与教学实践紧密结合。其具体做法，即实习教师在伙伴学校会展开一系列的实践活动，如参与学科会议的讨论或在专业指导教师的支持下开展各种活动课程，然而这些活动都是围绕着"学科教学法"与"教育与专业学习"的主题而进行的。即活动的内容和目的都与主题有关。因此，通常每周，实习教师会进行 9 小时与"学科教学法"的主题相关的活动；而用 6 小时的时间进行与"教育与专业学习"的主题相关的活动（如表 4—3 所示）。不仅如此，实习教师每周都会参加学科指导教师或专业指导教师召开的一个小时的会议，并和他们一起回顾与评价在伙伴学校进行的各项任务与活动，并拟订下一步的行动计划。在此基础上，实习教师进行教育研究并形成自己的教育理念；然后回到大学进一步学习理论知识，检验来自教学实践的教育理念，发展自己的专业能力。[①]

表 4—3　　　　　与巴斯大学课程相关的伙伴学校的主题活动

| 与"学科教学法"课程相关的主题活动（9 小时） | |
| --- | --- |
| 2 小时 | 与经验丰富的指导教师共同工作，分享班级教学的某一个方面的经验 |
| 5 小时 | 将指导教师执教的儿童或班级作为活动的中心，以实现学科教学法课程的主题目标 |
| 1 小时 | 每周定期与大学学科教学法导师会面 |
| 1 小时 | 参与学科会议 |
| 与"教育与专业学习"课程相关的主题活动（6 小时） | |
| 1 小时 | 参与专业导师的会议与辅导 |
| 2 小时 | 参与教师会议 |
| 3 小时 | 进行持续的教师/班级/儿童的中心活动，与专业辅导教师合作以达到"教育与专业学习"课程及实习教师本人需达到的目标 |

　　资料来源：孙曼丽：《英国职前教师教育的伙伴关系模式研究》，硕士学位论文，福建师范大学，2008 年，第 56 页。

---

① 孙曼丽：《英国职前教师教育的伙伴关系模式研究》，硕士学位论文，福建师范大学，2008 年，第 56 页。

正是通过实习教师在巴斯大学与其伙伴学校不断交替地学习理论知识与获取实践经验，从而使得大学中的理论是"观照了教学实践的理论"，而在伙伴学校的实践也是"参照了教育理论的实践"。这样会极大地促进实习教师的理论知识与实践经验的融合。

在集中实习期间，实习的内容与重点在不同的课程实施阶段有不同的变化。例如，在入门阶段，实习教师主要是与主要伙伴学校的指导教师和学生建立积极的关系，观摩指导教师或其他有经验教师的课堂教学，并在指导教师的监督、指导下，参与备课与课堂教学。在巩固阶段，实习教师要先后在主要伙伴学校与补充伙伴学校进行实习，以获得不同教育环境下不同的教育体验。巩固阶段的教育实习内容，主要是反思第一阶段的教育实践，同时通过 6 周的集中实习进一步巩固与加强在第一阶段所获得的教育技能。在拓展阶段，实习教师仍然要回到主要伙伴学校进行为期 6 周的教育实习。但在实习内容方面，除了进一步增加教学实践经验，同时还要在班级管理、社区活动等方面有所拓展。

### 四 实习的组织与管理

（一）实习的前期准备与实习过程

合理的教育专业课程设置是培养合格师资的关键。在教育实习前通过设置适宜的理论学习与指导，使准教师在实习前获得较好的理论素养和理论认识，对于提高教育实习的效果很有助益。英国培养中小学教师的教育专业课程包括教育哲学、教育史、卫生教育、比较教育、教育心理学、学校组织、教育规划、升学就业指导、特殊教育、校外教育、教育社会学等科目。英国的教育专业学科和教育实习大约占总学分的 25%。[①]

在英国的教育实习过程方面，无论是三年或四年制的"教育学士学位"（BEd）课程还是一年制的"研究生教育证书"（PGCE）课程，大都遵循了循序渐进的原则，经历了从模拟实习、观摩性的见习，到短时间实习，再到集中实习的这样一个基本过程。并且，这一过程总体上贯穿

---

① 纪勇平、黄镇根：《欧美等国高等师范教育实习经验借鉴与启发》，《内江师范学院学报》2004 年第 19 期。

了师资培养的全过程。

　　例如，在"教育学士学位"（BEd）课程中，一、二年级的实习内容多为模拟实习、观摩性的见习，学生每周半天时间到学校观察学生，观摩教学，熟悉学校情况，并进行短时间的试教。三、四年级的实习内容则为阶段性的集中实习，在集中实习过程中，实习教师往往被要求承担60%—70%的所有科目的教学任务，即实习教师大约每周要完成10节课的授课任务，体现了"重负荷教学训练"的特点。此外，实习教师还要参与学校内的所有活动，如制订教学计划、组织学生活动，且能根据总体课程确定学生感兴趣的主题，以及参与学生校外活动等。

　　在"研究生教育证书"（PGCE）课程中，具体的实习过程也是遵循了从模拟实习、观摩性的见习，到短时间实习，再到集中实习的这样一个基本过程。即先安排实习教师进行模拟教学和到实习学校进行教育见习，然后在一所中学进行短时间的实习，同时观摩另一所学校，之后在第二所学校进行集中式实习，并及时地进行实习的反馈与总结，然后再回到第一所实习学校进行集中实习（如表4—4所示）。

表4—4　　英国伯明翰大学的一年制研究生教育证书课程的实习安排

| 秋季学期（14 周） | 春季学期（12 周） | 夏季学期（10 周） |
| --- | --- | --- |
| 中小学见习 1 周；以大学为基地的教学活动 6 周（其中 4 天在中小学进行入门教育）；在中学 A 实习 5 周；以大学为基地的教育活动 2 周（其间参观中学 B） | 全部 12 周在中学 B 实习（其中两天回到大学对实习情况进行反馈、总结） | 以大学为基地的教学活动 5 周（其中 4 天在中学），回到中学 A 实习 4 周，以大学为基地的教学活动 1 周 |

　　资料来源：王艳玲、苟顺明：《试析英国教师职前教育课程与教学的特征》，《教育科学》2007 年第 1 期。


　　对于教育实习的各个阶段，如模拟实习，主要是在大学教育学院或实验室内进行。采取微格教学的方法，利用声像手段对准教师应掌握的各种教学方法、技巧进行选择性模拟，对学生的讲授录像后由指导教师做出客观的评价与分析，使学生形成清晰的自我图示，并最终熟练掌握整个教学过程的各种技能。<sup>①</sup> 与美国非常强调模拟实习相比，英国对其并未给予应有的重视，因为英国人更加强调实习教师在真实而非虚拟的教育教学实践中学习教学，因此英国只有少量的模拟实习。而对于教育见习，大多数大学教师教育机构在准教师入学的第一学期，就要安排他们到中小学进行教学体验。而且，从一年级开始准教师每周半天到实习学校观摩教学，了解中小学的教学与管理，熟悉教学环节与技能，这种教育见习通常要持续到二、三年级。到了集中实习阶段，实习教师通过承担教师工作量的1/3，来逐渐积累其丰富的教学经验。对此，伦敦大学教育学院认为，要想把学生培养成自信胜任的教育工作者，实际教育经验的积累和对当前教育问题的关注是必不可少的，因为从本质意义上讲，教育本身既是理论的学科，又是实践的学科。<sup>②</sup>

（二）实习模式

在英国教育实习过程中，最基本的教育实习模式为连续的实习模式（Serial School Experience）与集中的实习模式（Block School Experience）。这两种实习模式在特定教师教育课程的"学校体验"课程模块中，或被单独采用，或被结合起来采用。但无论怎样，这两种实习模式的建立，都具有很重要的意义，这正如英国教师教育专家弗朗等（Furlong et al.）学者所指出的那样："这两种实习模式可以潜在地影响实习教师整合不同形式的专业知识的机会。"并且，"与单纯增加在实习学校的实习天数相比，在连续性实习与集中式实习之间建立一种谨慎的、有规划的平衡对于提升教育实习质量更为重要"<sup>③</sup>。总之，连续性实习与集中式实习模式的建立使得实习教师在实习学校与其教师教育机构间能够进行有规律的转换性学习。

此外，在这两种基本的实习模式基础之上，还有其他一些实习模式被越来越多地采用，如临界实习模式、基于"整个学校体验"的实习模

---

① 刘晓红、段作章：《中外几种教育实习模式的比较研究》，《比较教育研究》2000 年第 4 期。

② 陈静安：《五国教育实习模式比较研究》，《课程·教材·教法》2004 年第 5 期。

③ John Furlong, Len Barton, Sheila Miles, Caroline Whiting & Geoff Whitty, *Teacher Education in Transition：Re-forming Professionalism?* Buckingham：Open University Press, 2000, p. 30.

式，等等。

1. 连续性实习模式

连续性实习模式即实习教师在整个实习期间，要往返于实习学校与大学教师教育机构之间，如一周中的两天或三天在大学教师教育机构学习专业理论知识，三天或者两天在实习学校进行教育实习。但是，在这种连续性的实习过程中，并没有一段时间完全是在实习学校度过，即进行集中式的教育实习。

在英国的教育实习中，只有极少数的教育实习单纯采用了这种连续性实习模式，而没有明确的集中式教育实习（Block Practice）。例如，在弗朗等学者对英国的教师教育的调查研究中，共计112个被调查的一年制的"研究生教育证书"（PGCE）课程中，只有2个教师教育课程单纯采用了连续性实习模式。

这种连续性实习模式有助于实习教师将大学教师教育机构中的理论学习与实习学校中的教学实践经验结合起来。但这种单纯的连续性实习模式仍然不足以帮助实习教师充分积累和巩固自己的教育实践经验。所以，在英国大多数的教师教育课程中，大都采用了连续性教育实习与集中式教育实习相结合的实习模式。

2. 集中式实习与连续性实习相结合模式

在英国，大部分的教育实习采用了集中式实习与连续性实习相结合的基本的教育实习模式。这种实习模式表现为，实习教师在整个的实习过程中，除了有规律地每周在实习学校实习两天或三天，还要像正式教师一样，在一段时间内集中在实习学校进行全日制的实习。这种连续性实习与集中式实习相结合的模式，遵循了"学习如何教学"所应依据的循序渐进的科学原则，一方面有助于实习教师将大学所学的理论知识与实习学校的教育教学实践紧密结合起来，另一方面也能有效地帮助实习教师巩固实习体验和所习得的教育教学技能，为其未来的真正执教奠定了基础。

在具体的安排方面，如在四年制的"教育学士学位"（BEd）课程中，通常在连续性实习过程之后，会有4个集中教育实习的阶段（Four Block Practices），而在一年制的"研究生教育证书"（PGCE）课程中，也往往要安排2个或更多的集中教育实习过程。不仅如此，有的教师教育课程会设置长达 11 周或更长时间的集中实习段落，而有的课程则会安排 2—6 周的三个时长均等的集中教育实习阶段，其后是实习时间较长一些的第四个集中教育实习阶段，其时间往往要达到 7—10 周。

一位负责初等数学"研究生教育证书"（PGCE）课程的大学指导教师解释了此种教育实习模式的目的："当实习教师去实习学校观摩一天，他们回来后就要向我们报告观摩的情况，然后我们要根据他们初步的观察情况为其建议工作的方案，然后他们再去实习学校去实施这一方案，其后他们再回来和我们一起讨论实施的情况。"①

总之，通过集中式教育实习与连续性教育实习这两种模式的结合，实现了教育实习的连续性与阶段性的结合。不仅如此，这一实习模式最为明确的目的就是确保实习教师在大学教师教育机构的学习与在实习学校的教学实践紧密联系起来。

3. 临界实习模式

在英国的一些教师教育课程中，实习教师往往被要求在不同的实习学校进行实习，以培养其在面对不同的文化背景、能力、兴趣和需求的学生时的应变能力。比如，在一年制"研究生教育证书"（PGCE）课程中，实习教师就要体验两所学校不同的教育特色，而在四年制的"教育学士学位"（BEd）课程中，实习教师常常要在 6 所不同的实习学校中体验教育实践的多样化情境。这种安排也为临界实习模式的实施提供了条件。

所谓临界实习，即准备未来在中学执教的实习教师不仅在中学学校中实习，也要在小学学校中实习；而预备做小学教师的实习教师不仅在小学学校中实习，也在幼儿园中实习。即这种教育实习打破了不同教育阶段的界限。

采用临界实习模式的目的不仅希望能够帮助实习教师了解不同年龄阶段学生的身心发展特征，特别是掌握学生身心发展的延续性和阶段性特征，更重要的是有助于实习教师有意识地关注并能够探讨幼儿园、小学与中学不同学龄阶段教育的衔接问题。在此基础上，实习教师才能够

---

① John Furlong, Len Barton, Sheila Miles, Caroline Whiting & Geoff Whitty, *Teacher Education in Transition*：*Re-forming Professionalism*？ Buckingham：Open University Press, 2000, p. 31.

避免从单一的、狭隘的视角，而从更广阔的视野并从整体上深入思考教育问题。为此，英国很多的教育实习项目都采用了这一模式。

4. 以"整个学校体验"为基础的模式

在英国，实习教师不仅被要求在不同的学校中进行实习，而且即使在同一所实习学校中，有些实习学校也会鼓励实习教师积累在多个年级的教学经验。这样做无疑会帮助实习教师开阔眼界，积累更为丰富的实践经验与多样化的体验。这一做法所依据的原则就是"整个学校体验"的原则，为此，依据这一原则而实施的教育实习模式也可以被称为以"整个学校体验"为基础的模式。

采用以"整个学校体验"为基础的实习模式，其初衷是要超越教师教育传统的学徒实习模式，其重点在于为实习教师提供机会以使其能够参观学校内的更多教师的班级教学和管理情况，并观察教师们的各种各样的教学风格与技巧。因此，一个整体学校的体验，允许实习教师和学校教职员跨越个别教室的围墙进而拓展了这种学校中的实地体验。

除了以上这几种主要的实习模式，还有诸如顶岗模式、反思模式等。此外，在某一特定的教育实习项目中，可能会采用一种实习模式，也可能同时采用两三种实习模式。但具体采用什么样的实习模式，往往和某一特定的实习项目所依据的实习观以及所要达到的实习目标有着紧密的联系。

（三）实习管理机构与管理方式

目前，英国的教育实习已经通过教育立法等形式实现了制度化管理。

首先，在国家层面上，英国政府通过教育立法来确保教育实习的顺利实施。例如，早在1985年，英国教育部就在《新教师培养课程批准准则》中，对教育实习的时间、类型、内容、大学实习导师和中小学校指导教师的作用做了具体的规定：①各学校必须把教育教学实习安排在两个或者三个以上学校进行，三年制、四年制教育学士的专业课程，必须有75—100天的教育实习，并规定在新生入学的第一学期，要安排学生到中小学进行教学体验。实习要在整个学习时间内连续安排，最后一个学期要安排一次集中的上岗实习。②各高校安排的学科教学法、《国家课程纲要》（*The National Curriculum*）、教育理论和教师职业技能等课程的学习要与学生的教育教学实习密切结合。高校应制定规章以明确导师、中小学校长和指导教师、中小学教师的雇主（地方教育局人事官员）和学生自己在实习中各自的责任。《准则》同时还规定高校、地方教育当局和中小学校要建立密切的工作伙伴关系，共同完成教育理论和教学实践课程，并提出两方面的要求：一是高校应提供条件让中小学教师直接参与专业课程的设计、评价、新生的选择、学生实习的指导与评估，并保证中小学教师有机会到高校做相应的讲座、主持研讨会；二是高校中担任教育专业课程的教师要有五年在中小学教学的工作经历，并要不断充实和提高。[①]

在外部管理制度方面，为了保障教育实习的有效实施，已交由专门的管理机构，即教育标准局和师资培训署共同监管教育实习的工作。教育标准局负责对包括教育实习在内的师资培训课程、计划以及整个过程的督导与质量检查，师资培训署则负责对教育实习结果与质量进行评价与认证。这样就实现了从教育实习的过程与结果两方面的监管与督导，从而有助于教育实习的有效实施与质量保障。

在内部管理制度方面，或者具体的每一种教师教育课程中的实习管理方面，英国也已形成了由大学教师教育机构、实习学校与地方教育当局的代表组成的"实习领导小组"共同组织、管理教育实习的制度。由于20世纪90年代进行的"以中小学为基地"的教师教育模式改革，许多大学的教育学院（或系）已与中小学建立了"伙伴关系"，共同负责对职前教师的培养。

为了规范大学与中小学的合作关系，英国政府颁布了《职前教师教育要求》，对选择伙伴关系学校的参与标准给予了规定。如果伙伴关系学校的培训质量在视察与评价中被认为没有达到相应的要求，或者实习学校没有按照伙伴关系协议中的要求对实习教师进行有效的指导和培训，那么合作的大学可以中断这一伙伴关系，为此，实习学校就要进行整改和进一步的完善。同时，英国政府每年都要对承担中小学师资培训任务

---

① 纪勇平、黄镇根：《欧美等国高等师范教育实习经验借鉴与启发》，《内江师范学院学报》2004年第3期。

的大学进行评价，如果大学被认为没有圆满完成培训任务，那么这所大学的招生名额和被拨付的资金就要相应地被减少，严重的话甚至会被取消师资培训的资格。

在"以中小学为基地"的教师教育模式改革中，延长在中小学实习学校的实习时间，加强中小学在教师教育全过程的责任，是这次改革的关键。为此，大学与其"伙伴学校"依据"伙伴关系协议"在教育实习的管理方面也形成了平等合作、共同管理的制度。不仅如此，英国的地方教育当局非常重视教育实习工作，并形成了对教育实习负有责任且参与组织管理的传统。如此，这种由大学、实习学校与地方教育当局共同管理的制度就形成了。

由三方代表组成的"实习领导小组"作为领导机构，依据《英国合格教师专业标准与教师职前培训要求》，制订实习计划，拟订实习方案与《实习指导手册》（*School Experience Handbook*），明确指导教师的资格与职责，并对实习教师及参与实习工作的人员与资金进行分配与管理，等等。

（四）实习指导教师的人员构成、职责及其任职资格

教师的教育实习是实习教师在指导教师的辅助下学习如何教学的过程。为此，指导教师指导作用的发挥及其指导的水平将会在很大程度上影响教育实习质量。为此，英国也很重视对实习指导教师的组织、管理及其培训。

1. 人员构成及其职责

在英国的教育实习项目中，通常包括分别来自大学与中小学实习学校的 4 种职能的指导教师。

在中小学方面，主要有两类指导教师：学科指导教师（Subject Tutor）和专业指导教师（Professional Tutor）。

学科指导教师通常由经验丰富的教师来担任，负责为实习教师提供有关学科教学的建议、支持与反馈。学科指导教师不仅要协助实习教师发展课堂管理的技巧，熟悉教学资源，进行课程规划以及进行反思性实践，而且指导教师还要给实习教师以切实的教学上的引导，并通过发展这种支持性的协作关系来形塑实习教师的专业行为。以诺丁汉大学教育学院的教师教育项目为例，其中对实习学校的学科指导教师的职责规定

如下：让实习教师观察更多的课例；帮助实习教师获得新思想、新方法；使实习教师更为有效地反思自己的教学实践；让实习教师分析自己的教学实践，掌握教学解释的技能；让实习教师获得对教与学的深度理解；与实习教师分享课例的设计和创意；使实习教师能够熟练解释和说明课堂事件；使实习教师获得个性化和专业化满意感。① 简言之，学科指导教师需充当实习教师在学科教学方面的榜样教师（Exemplary Teacher）。

专业指导教师一般由副校长或指定的高级教师来担任。专业指导教师除了与大学的指导教师共同负责实习教师的教育与专业学习课程的指导之外，还要负责实习学校关于实习项目的全部计划与安排，并协调与管理各学科指导教师的工作。

总之，正如利特尔所描述的那样，用"教育性辅导"（Educative Mentoring）来表征中小学指导教师的角色，即为准教师的教育实习提供"情境性调整"（Situational Adjustment）、"技术性建议"（Technical Advice）和"情感性支持"（Emotional Support）。②

在大学方面，也主要有两类指导教师：学科教学法导师（Subject Didactics Tutor）和教育与专业学习导师（Education and Professional Studies Tutor）。

学科教学法导师主要负责指导实习教师在大学教师教育机构中的学习，并与实习学校的学科指导教师合作，共同参与伙伴学校的学科教学法课程的设计，关注实习教师在伙伴学校的教学实践及其专业发展，并指导、参与实习教师的学科教学法课程的学习与评价。不仅如此，在有些教育实习项目中，学科教学法导师也兼任联络导师（Link Tutor），作为联系大学与中小学伙伴学校的"纽带"，定期与伙伴学校的指导教师进行联系，或者走访伙伴学校，并与伙伴学校指导教师进行会谈（如表4—5所示）。

---

① 谌启标：《英国教师伙伴学校及其质量保证》，《外国教育研究》2005年第8期。

② Little, J. W., "The Mentor Phenomenon", in C. Cazden, eds., *Review of Research in Education*, Washington, D. C.: American Educational Research Association, 1990, pp. 297 – 351.

表 4—5　　　　大学学科教学法导师与学校学科指导教师的职责与
指导活动安排

| 大学 | 学科教学法导师（联络导师） | | ▲管理主要伙伴学校的学科教学法课程；<br>▲与主要伙伴学校和补充伙伴学校的学科指导教师联络，讨论实习教师的专业发展；<br>▲评价实习教师的学科教学法课程的学习 |
|---|---|---|---|
| | | | ▲定期与伙伴关系学校的指导教师联系或深入走访伙伴学校，与指导教师进行会谈；<br>▲关注大学的各类课程在中学的实施情况与实习教师的专业发展，并对出现的问题与实习学校指导教师达成一致意见；<br>▲为伙伴学校的各类指导教师提供研讨的主题，并针对相关问题提出解决方案 |
| 伙伴学校 | 主要伙伴学校 | 学科指导教师 | ▲管理与督促实习教师的学科教学法课程的学习，并作为第二评价者对其进行评价；<br>▲每周与实习教师正式会面讨论实习教师的专业发展并制定与监察实习目标的实施；<br>▲通过与专业导师、学科教学法导师联系，支持、协调、监督与评价实习教师的学科教学；<br>▲与大学的学科教学法导师联合制定与监督学科教学法课程 |
| | 补充伙伴学校 | 学科指导教师 | ▲定期与实习教师会面，回顾与指导实习教师的发展；<br>▲与学科教学法导师以及其他教师一起支持、监督与评价实习教师的学科教学 |

资料来源：孙曼丽：《英国职前教师教育的伙伴关系模式研究》，硕士学位论文，福建师范大学，2008 年，第 53 页。

教育与专业学习导师具体负责组织教育与专业学习研讨会，关注实习教师的教育专业发展，并通过监督实习教师的教育与专业学习档案袋的建立与发展，评价实习教师的教育与专业学习课程的学习情况（如表4—6 所示）。

简言之，大学中的指导教师作为在课程领域与普通教育学背景知识方面的专家为实习教师提供协助与支持。

表4—6　**教育与专业学习导师与专业指导教师的职责与指导活动安排**

| 大学 | 教育与专业学习导师 | ▲组织教育与专业学习研讨会小组；<br>▲支持实习教师的教育专业发展；<br>▲通过电子信息监督实习教师的教育与专业学习档案袋；<br>▲评价实习教师的教育与专业学习课程的学习 |
|---|---|---|
| 伙伴学校 | 主要伙伴学校专业指导教师 | ▲定期与大学指导教师联系；<br>▲每周在学校与实习教师正式会面；<br>▲与学科指导教师以及其他教师共同支持、协调、监督与评价实习教师的教育教学工作，并以此实现研究生教育证书课程学校部分的管理 |
| | 补充伙伴学校专业指导教师 | ▲作为大学与学校的联系纽带，与学科指导教师及其他教师一起指导与评价实习教师的教育教学工作 |

　　资料来源：孙曼丽：《英国职前教师教育的伙伴关系模式研究》，硕士学位论文，福建师范大学，2008年，第54页。

## 2. 任职资格

　　对于实习学校的指导教师任职资格或选择的标准，往往要求其具有教学、沟通、督导等方面较强的能力，并具有丰富的教学经验。对于大学的指导教师，除了要求其在专业知识、协调、督导、沟通等方面具有突出的能力以外，还要求其具有一定的中小学的教学经历与经验。如在英国教育部颁发的《新教师培养课程批准准则》中就对大学指导教师的要求做出了明确规定：高校中担任学科教学法、教育理论、教师职业技能课的教师要有五年以上中小学教学的工作经历，并且要不断地充实与提高。高校要有计划保证他们在每五年的教学中，至少要有一个学期重新到中小学从事教学。对不具备上述条件的教师，高校要有计划地培养他们，地方教育部门也要检查监督。[①] 此外，一些大学对于导师的任职资格也有自己的具体规定。如在艾克斯特大学，就要求负责实习的大学指导教师每年至少要有35天在中小学的教学经验。[②]

---

　　① 纪勇平、黄镇根：《欧美等国高等师范教育实习经验借鉴与启发》，《内江师范学院学报》2004年第3期。
　　② 王红：《中、英教育实习制度比较研究》，硕士学位论文，东北师范大学，2004年，第52页。

（五）指导教师的指导策略及其指导模式

在不同的实习阶段，依据实习教师的发展需求与学习重点的变化，英国的实习指导教师也要扮演不同的角色，并变换不同的实习指导策略和采用不同的指导模式。只有这样，才能满足实习教师的学习需求，并在一定程度上保障实习指导的质量。

首先，在实习前，大学的指导教师通常都会帮助实习教师通过阅读《实习指导手册》进而明确整个实习项目的目的、过程与重点，这样可以帮助实习教师对实习活动形成一个整体的认识，避免其因为不了解实习过程而产生恐惧或排斥的心理，同时也能帮助实习教师对实习过程中的要求做到心中有数。通常，《实习指导手册》都为实习教师制定了每一实习阶段的具体目标，甚至为每一天的工作制订出了详细的计划。例如，阿伯丁大学教育学院一年级的指导手册，要求实习教师在教育见习的第一天，先到校长处报到，由学校导师介绍学校的情况，然后进到指定班级。这一天实习教师要了解学校的校风、办学特色、课堂及课外时间教师的工作，教室、学校中资源的准备及运用，访问员工及学校中的其他部门。①

伴随着实习教师进入实习学校，在实习的初始阶段，实习学校的指导教师主要扮演的是"示范者"的角色。在此阶段，实习教师进行大量的教学观摩，以获得间接的教学经验，而指导教师则是通过自己的教学示范，帮助实习教师了解教学的基本程序、原则与方法。因此，在这一阶段，指导教师的指导策略就是让实习教师进行大量的观察性的学习，并通过自己的示范教学强化他们对真实教学的认识。

在实习教师进入试教阶段时，实习教师迫切需要掌握并积累一些教学技巧、课堂管理的技巧等。为此这一阶段的指导教师主要扮演的是"教练"的角色，其采取的指导策略就是去实习教师的课堂听课，做观察笔记，提出自己的反馈意见，并引导实习教师回顾自己的教学，反思自己教学中存在的问题。

在指导教师扮演"示范者"和"教练"的角色时，其采取的指导模

---

① 张文军、王艳玲：《职前教师教育中的"学校体验"：英国的经验与启发》，《全球教育展望》2006 年第 2 期。

式主要是"师徒式"指导模式。实习教师通过观察、模仿指导教师的教学，跟随指导教师学习其教育教学中的具体做法，指导教师就像"师傅"一样对其进行引导和指导。

在实习教师进入集中实习阶段时，实习教师需要进一步巩固自己在前一阶段所获得的教学能力，并进行一段时间的连续的有效教学。在此阶段，指导教师往往要扮演"评判者"的角色，评判实习教师在教学中的优点与缺点，帮助其调整课程内容与课时计划，并形成一系列的教学能力与管理能力。

在此阶段，指导教师主要采用的指导模式是"合作式"指导模式。即指导教师帮助实习教师巩固前一阶段所获得的教学知识与能力，并与其共同开发和设计课程内容和课时计划，协同其形成有效教学的能力。

在实习教师将要结束实习的最后阶段，指导教师更多扮演的是"咨询者"与"反思促进者"的角色，即通过与实习教师讨论教学中的问题，引导其进行深入的反思，思考教学行为背后所隐藏的问题，以及从更广阔的视野对教学以外的教育问题进行关注。为此，这一阶段，指导教师采用的是"反思式"指导模式。即通过引导实习教师进行反思，使其思考自己教育教学中的问题，并拓展对教育教学的深度理解。

（六）对指导教师的培训

学者珀尼（Powney）在研究中指出："一名合格的指导教师应该具备这样的素质：教学经验丰富，有良好的人际沟通技巧，对工作量大且耗时的指导角色要有真正的热情和兴趣，能够不断地去反思自己的教学实践，善于自我批判，善于向实习学生展示自己的教学行为并且能够解释它们的深层蕴意。"[1]

在实习过程中，指导教师的素质及其指导能力与水平会直接影响实习教师的实习质量。这一点正如许多英国学者所指出的那样：实习教师和指导教师在培训过程中的紧密合作，直接影响着实习教师的专业发展。

---

[1] Jennifer L. Fisler, "Teacher Learning in a School - University Partnership: Exploring the Role of Social Trust and Teaching Efficacy Beliefs", *Teachers College Record*, Vol. 108, No. 6, 2006, p. 108. 转引自蒋霞《英国"以学校为基地"教育实习模式探析》，硕士学位论文，西南大学，2009年，第22页。

有经验的指导教师对实习教师的知识、教学技能以及学习态度都会产生积极的影响，相反，经验不足的教师则会对实习教师的学习动机和专业发展带来负面的影响。[①] 为此，要保障实习教师的实习质量，就必须提升实习指导教师的素质及其指导能力。而要使中小学教师成为出色的"教师教育者"，必须对其进行必要的培训。所以在英国，参与职前教育实习指导的中小学教师，每年都需接受与之建立伙伴关系的大学指导教师举办的专门培训。

以诺丁汉大学的研究生教育证书课程为例。目前，诺丁汉大学教师教育伙伴共有 132 所中学参与，其中涉及 6 个学科的大约 700 名中学指导教师。诺丁汉大学对于伙伴学校指导教师培训的做法是：所有承担范生指导任务的中学教师都要参加新导师会议，并参加一年两次的导师培训会议。导师培训会议通常在学期开始和结束时进行，会议以专题形式进行，由大学的导师和中学的学科导师主持（如表4—7所示）。

表4—7　　　　　　　　诺丁汉大学伙伴导师培训模式

| 培训主题 | 培训目标 | 培训对象 | 日期 |
|---|---|---|---|
| 新导师的在职培训 | 熟悉课程：导师角色与职责；指导技能与策略 | 新导师和熟练导师；新进入诺丁汉大学伙伴机构的导师 | 9月中旬和11月后期 |
| 导师在职教育培训 | 与师范生会谈：更新当年的课程；评议秋季课程；讨论学校本位的课程；鉴别和分享指导经验 | 所有导师 | 12月中旬 |
| 导师在职教育培训 | 改革和开发下一年课程；评议秋季课程；鉴别和分享指导经验 | 所有导师 | 6月后期 |

资料来源：谌启标：《英国教师伙伴学校及其质量保证》，《外国教育研究》2005年第8期。

新导师培训的主题为：关于教师教育证书课程的概要以及对于师范生

---

[①] 蒋霞：《英国"以学校为基地"教育实习模式探析》，硕士学位论文，西南大学，2009年，第22页。

的相关要求；磋商教师教育伙伴中不同导师的角色和责任。此外，新导师培训还包括综合指南，如远程学习活动的设计、新导师问题理解的巩固等。后期的导师培训会议包含大量的主题，目的是提供当前职前教师教育的信息，进一步提高指导教师的指导技能，进一步理解师范生的专业发展。

## 五　实习的评价

英国的教育实习评价是由师资培育机构及实习学校的指导教师共同负责。此外，还包括实习教师的自我评价。

在英国，对于实习教师的实习评价，必须依照制定好的评价标准来进行。评价标准由大学教育学院依据《合格教师资格标准》制定。其内容包括"备课与教案""贯彻教学计划""职业品质""学科细节""教师意识"等方面。指导教师必须依照上述方面的标准对实习教师的教育教学给予适当的评价。在制定实习评价标准时，英国高等院校不规定各项评估标准在实习成绩中的比重，他们注重根据实习教师的整体表现和其在每一阶段的表现比较来最终确定实习成绩。

在评价的过程中，指导教师的评价常常要和学生以及实习教师本人的评价相结合，但要以指导教师的评价为主。大学指导教师通过与实习学校的校长、科组长及实习指导教师交谈，听取他们对实习教师的教育教学工作的评价，同时还要了解实习教师所任教过的学生的看法以及实习教师本人的意见，并通过对实习教师教育教学活动的考察和分析，然后和实习学校的指导教师共同给出实习教师的实习评价成绩。

在给出最终的实习成绩之前，在整个实习过程中，指导教师都要定期给予实习教师以书面形式的评价。在每次对实习教师的考察结束之后，指导教师都要给实习教师一份约200字的书面评价，并对书面评价做出口头解释。评价意见用复写纸写好，一份交给实习教师本人参考，另一份由指导教师保存，作为最终评定实习成绩的参考。每个实习教师共可收到三份书面评价，通过相互比较，实习教师可看到自己的进步，教师也能从发展的角度来评定实习教师的最终成绩。[1]

---

[1]　蒋霞：《英国"以学校为基地"教育实习模式探析》，硕士学位论文，西南大学，2009年，第24页。

在实习评价的过程中，还贯彻了另一个指导原则，那就是"反思性实践"的原则，即通过实习教师的不间断的自我评价，培养实习教师"一种能够跳出来反观自身的能力"，即要求实习教师能够批判性地审视自身的行为及其行为发生的情境。为了使实习教师能够经常反思其职责与表现，要求实习教师要保有一份专业的反思记录，并与学校的指导教师及大学的教师教育者定期讨论自己的教学经验及问题。此外，还要鼓励实习教师进行自我专业成长规划与制作专业教学档案袋。例如，苏格兰阿伯丁大学教育学院就要求实习教师在实习的整个期间要做好三方面的工作：一是写反思日志，记录每日的体验，思考理论和实践中的问题，将体验、自学和理论学习联系起来。二是要做好自我评价记录，完成自我评价表。三是在实习教师每一阶段的实习结束，都有一次较为全面的评价和反馈，实习教师据此总结该阶段的得失并制定下一阶段的实习目标。[1]

那么，实习教师的专业教学档案袋都包括哪些内容呢？以阿伯丁大学教育学院第三学年的准教师在幼儿园的教育实习为例，在为期2周的见习和3周的实习结束时，其专业教学档案袋主要包括下列内容：实习教师及实习幼儿园的基本信息；本阶段实习体验的目标和计划；实地调查记录、每日工作计划表、工作情况及进展、对儿童的观察计划表及观察记录、幼儿园教育环境中整合理论与实践的反思记录；幼儿园见习与实习的自我评价、与合格教师标准相比个人进步情况的自我评价、对整个幼儿园体验阶段的简要总结、下一阶段实践体验的目标、实习幼儿园导师及园长的签名等。[2] 通过撰写反思日志和进行自我评价记录，不仅实习教师的反思意识和反思能力得到了培养，而且借助于实习教师的反思日志和专业教学档案袋，指导教师也能够对实习教师进行观照实习全程

---

① 王艳玲、苟顺明：《试析英国教师职前教育课程与教学的特征》，《教育科学》2007年第1期。

② Univeristy of Aberdeen, Faculty of Education, Bed (Primary) -Documents, "School Experience Booklet Year 3, Placement Guide for School Experience 3.1 (Nursery) 2005 – 2006", http://www.abdn.ac.uk/education/partnershipunit/BEd3-SEBooklet.doc, summer 2005, 转引自王艳玲《培养"反思性实践者"的教师教育课程》，博士学位论文，华东师范大学，2008年，第176页。

的且更加全面的评价。

此外，在教育实习结束后，还会要求实习教师根据实习情况和个人的心得体会，写出书面总结，并集中举行为期1—2周的实习总结汇报。由实习教师根据自己的实习过程中最满意的课题，向全体实习生和指导教师进行汇报性的公开教学，课后全体实习教师和指导教师将对此提出书面评价意见，并评定一个分数，供指导教师在评定实习成绩时作为参考。有的学校采取重放录音、录像的形式，让被评价者、全体实习教师和指导教师一起观看授课情况，然后对照实习计划目标和评价标准，指出优缺点，并提出改进意见。这种评价方法不仅可以迅速提高被评价者的各种教学技能，作为评价者的实习教师也能在评价他人的过程中发现自己的不足，并加以改进。对实习教师的自我评价，实习学校和大学的指导教师应秉持客观公正的原则，对其工作提出建设性的批评和意见。实习教师自评的内容包括个性特点、教学准备、课堂管理及专业态度等。通过自评将可发现自身的优缺点，总结经验，以提炼教学理论。[①]

总之，对于评价结果的运用体现了英国不同的教育实习观。在英国，评价不是一次完成的，评价结果也不只是实习通过与否的标志。每一阶段的评价结果都作为下一步实践的依据，用以培养专业反省能力，弥补不足，促进发展。而且，实习教师的自我评价和与其他实习教师的互相评价，都使得实习评价成了一种发展性评价。

## 第四节　英国教育实习的案例研究：以牛津大学教育实习项目（The Oxford Internship Scheme）为中心

为什么笔者选择牛津大学教育实习项目作为英国教育实习的案例进行介绍和研究呢？因为牛津大学教育实习项目代表着英国教育实习的先进水平，该项目在英国教育标准局（OFSTED）的年度检测与评估中，每一门专业的所有实习环节以及实习管理与实习质量保障都获得了最好的

---

① 高月春：《英国"以中小学为基地"教育实习模式的特点与启示》，《外国教育研究》2007年第34期。

等级与成绩。

在对英国牛津大学教育实习项目进行案例介绍与分析之前，在此先行对英国剑桥大学的教育实习理论分析框架进行阐述。这不仅因为剑桥大学教育实习小组的研究人员对其设计实习项目的理论分析框架做了系统的阐述，而且通过这一分析框架，我们也可以管窥英国教育实习的理论支撑。此外，本书中的案例牛津大学的教育实习项目，正如学者们所言，其在理论基础和理念上的确参考、借鉴了剑桥大学的理论分析框架，并且通过这一理论分析框架，我们可以将之视为一个"凸透镜"来审视镜头下的牛津大学的教育实习项目。

## 一　剑桥大学的理论分析框架

剑桥大学实习项目小组的研究人员通过对他们以学校为基础的两个职前教师教育案例的检视，提出了他们的分析框架。该分析框架主要以三位学者的理论研究为依据：舍恩、博恩斯坦和赫斯特。[1]

舍恩的理论观点主要包括：专业的行为所关涉的，不是通过对特殊案例的认识来运用建基其上的科学结论或规律，而是通过类推或隐喻，通过对缄默性知识的运用，通过探究性行动，特别是通过"在行动中的反思"来对特殊事例进行解释。剑桥实习项目的设计者采纳了这一理论观点并进而相信，"在行动中的反思"作为专业行为的核心特点对于理解专业培训的本质具有重要的启示意义。

另一位学者是英国教育社会学家伯恩斯坦，他以符码理论为核心，用"分类"与"架构"的概念来分析社会与教育现象背后所蕴含的权力分配与社会控制原则。不仅如此，他还依据"分类"与"架构"的概念，提出了与之相关的也是相对应的"统合"和"聚集"的课程符码。伯恩斯坦描绘了在一门课程中，由于课程的分化力量，知识领域被划界和被分离开来的程度。此外，他还描述了由于"架构"的力量，在某一特定

---

[1]　Donald McIntyre, "The Oxford Internship Scheme and the Cambridge Analytical Framework: Models of Partnership in Initial Teacher Education", in M. B. Booth, V. J. Furlong and M. Wilkin, eds., *Partnership in Initial Teacher Training*, London: Cassell Educational Limited, 1990, p. 111.

的教学情境下教师对知识保持控制的程度。此外，他通过研究发现，聚集性符码常常出现在分类与架构的影响较为强烈，而且所奉行的学习理论倾向于灌输式的教育情境之中。统合性符码则出现在分类与架构的影响较弱，同时采用的学习理论更为强调个人自主或团队学习，并且对于什么是知识有着不同理解的教育情境之中。

剑桥大学实习项目小组的研究人员认为，传统的职前教师教育项目大都有着强烈的分类倾向，特别表现在理论性的学院课程与学校教学实践之间的分离方面。并且，由于"架构"的影响，大学教师对其所教授的知识表现出了强烈的控制。因此，"通过比较，我们发现，由舍恩所提出的，一门适合作为专业实践的认识论课程更接近于一种统合性的符码"①。这是由于将教学视为一种互动的过程，其间每个人依据其过去的经历与理解对一种情境试验性地赋予意义，这样一种认识无论对于新手教师还是富有经验的教师都同样应该适用。

不仅如此，剑桥大学实习项目小组的很多设计理念都渗透着舍恩和伯恩斯坦的观点。例如，实习教师学习并从事的教学实践就应同舍恩所描绘的那样："首先，实践活动应该放在专业培训最为中心的位置。不仅如此，如果研究生教育证书（PGCE）课程其他部分也确实是要帮助准教师熟谙其技能、知识以及与实践活动相关的理解，那么（职前教师教育课程）就需要一种较弱的分类与架构的形式。较弱的分类意味着教育研究与课程研究彼此形成更为紧密的关系，特别是二者要与学校中的教学实践紧密联系起来。在一种导源于较弱的架构的教育实践中，学生能够对知识的选择、调整和组织有着更大的控制，在这种情况下，对于大学中的教授教师教育课程的教师，其更多关注的就应该是知识是如何创生的。"②

剑桥大学教育实习项目小组所借鉴的第三位学者就是赫斯特："首先，由实践和学科所提炼出的教师专业常识（Professional Common Sense）是实践原则的基础，它要求一种逻辑性和推理性，这是普通的常识所欠

---

① 转引自 Donald McIntyre, "The Oxford Internship Scheme and the Cambridge Analytical Framework: Models of Partnership in Initial Teacher Education", in M. B. Booth, V. J. Furlong and M. Wilkin, eds., *Partnership in Initial Teacher Training*, London: Cassell Educational Limited, 1990, p. 111.

② Ibid., p. 112.

缺的。教育的各种学科，虽然还不是绝对的边缘化，但自从其角色转变为凝练实践原则，就被贬谪为第二等的位置。"①

由于舍恩的理论不能帮助描述教师们用来界定他们所要处理的情境的知识和技能，所以剑桥大学教育实习小组的研究人员就依据赫斯特的思想来阐述教师职前教育中的专业培训的不同水平：

水平（A）：直接实践——通过在学校和教室中的直接体验而进行的实践训练；

水平（B）：非直接的实践——通常发生在教师教育机构的课堂或工作室中的对于实践事务的分离开来的培训；

水平（C）：实践原则——对实践原则的批判性学习及其应用；

水平（D）：学科理论——依据基本理论与研究，对实践及其原则的批判性学习。②

研究人员认为，这些培训的不同水平或层次会出现在大多数的教师教育课程中。以学校为基础的教师教育课程必须将准教师的直接实践经验，也就是 A 水平，放在培训项目的核心地位。这样的课程就需要建立课程结构、内容和教育的原则，以使准教师可以将他们在学校中的实践与培训中的其他层次联系起来。

剑桥大学教育实习小组的主要目的是要揭示在多大程度上，通过何种途径，他们所关注的职前教师教育项目采用了"统合符码"课程。他们所关注的既包括主题的选择和分量的大小，还包括采用的培训水平，以及不同主题与不同水平专业培训的统合程度。通过研究，他们发现，有两方面因素具有极其重要的意义，那就是教师教育项目中所关涉的人员（Personnel Involved）与课程的结构（Structure of Course）。对于人员，他们的结论是，只有长期工作在学校情境之中的常规教师才能有效地承担起 A 水平的专业培训，相对的，大学教师的工作条件能够使其有效

---

① 转引自 Donald McIntyre, "The Oxford Internship Scheme and the Cambridge Analytical Framework: Models of Partnership in Initial Teacher Education", in M. B. Booth, V. J. Furlong and M. Wilkin, eds., *Partnership in Initial Teacher Training*, London: Cassell Educational Limited, 1990, pp. 8 – 9.

② Furlong, V. J., Hirst, P. H., Pocklington, K. and Miles, S., *Initial Teacher Training and the Role of the School*, Milton Keynes: Open University Press, 1988, p. 132.

地承担起其他三个水平的培训任务。对于课程结构，他们所关注的主要是教师教育课程的不同组成部分在总的课程体系中所各自占有的分量以及它们被组织和呈现的方式，大学课程与学校体验（教育实习）的"共时态"（Concurrent）安排被视为有更多的统合的潜力。教育实习的时间长短以及课程体系中各部分内容的实际安排都被视为是极其重要的问题。

对于职前教师教育中的教育学原则（Pedagogy），他们又转而求助于舍恩的理论，以建立一种概念框架，进而发展一套评价标准。他们认为，传统的PGCE课程中大学课程部分是一种灌输式的教学，而传统的教育实习则是角色扮演模式与试错式学习的结合，这些都源于一种将专业行为视为规律指导下的机械操作的观念。将教学视为一种互动过程，其间每个人依据其过去的经历与理解对一种情境试验性地赋予意义的观念就要求一种不同的教与学的原理。

以上述探讨为出发点，与教师教育课堂上"架构"的影响相关的三个问题就浮出了水面：在课堂上，准教师被期望扮演积极的抑或消极的角色？在何种程度上，课程安排的选择是由准教师们决定或是开放性的以至可以被大家讨论的？在何种程度上，准教师们能够控制课堂上他们所要学习的对他们而言那些适合的知识？在学校的直接实践经验情境下，首要的也是前提性的问题是，是否有活跃的实习指导教师发挥了指导作用，如果是，那么上述问题也可以应用在这部分课程内容当中。

## 二  牛津大学的教育实习项目

### （一） 实习项目概况

牛津大学的教育实习项目是一年制研究生教育证书（PGCE）课程的组成部分，该课程主要是为培养中等学校教师而开设的。此实习项目以牛津大学教育研究系（University Department of Educational Studies）、牛津郡地方教育当局（Oxfordshire Local Education Authority）和所有愿意参与的牛津郡的中学共同结成的伙伴关系为基础。这一伙伴关系使得该实习项目的所有方面都由大学和实习学校的教师们共同规划、实施和评价。在每所中学，大约平均有10个实习教师与指导教师保持联系，并且这种联系要持续一年的时间。换句话说，每个实习教师在这一学年中的大部分时间是在同一所实习学校进行实习，这种安排的目的是帮助实习教师更好地了解那里的教师和学生，同时也有助于他们深入理解该所实习学校的政策和教育实践。

该实习项目以始于每年9月中旬的在距离准教师的家比较近的中小学进行的"定向体验"（Orientation Experience）阶段而拉开序幕。接下来只有完整的一周时间准教师是在牛津大学学习，此后这个秋季学期的所有时间都被用作准教师在牛津大学与中小学进行轮换学习，这段时间被称为"共同时间"或称"联合时间"（Joint Weeks）。最初这种共同时间的分配是准教师每周有三天在大学、两天在实习学校学习，而在这个学期的后半段，则变成准教师每周两天在大学、三天在实习学校进行实习。第二年的春季学期和夏季学期的第一部分，即从2月到5月，有10—12周的时间，主要是实习教师进行全时段的集中式实习（School Weeks）。[①] 此外，在夏季学期，实习教师还会到第二所实习学校进行短时间的实习，目的在于使实习教师有机会巩固和拓展他们对教与学的理解和体验。

该实习项目主要包括两大组成部分：其一，是关注课堂教学所有问题的"课程项目"（Curriculum Programme）；其二，是关注学校教育其他方面问题的"普通项目"（General Programme），主要包括个人与社会教育、整个学校与跨学科课程的问题等。

其中，"课程项目"是依据学科基础来实施的，在每个学科领域，实习工作是由实习学校富有经验的学科指导教师（Subject Tutor/Mentor）来负责的，学科指导教师和其指导的实习教师一起度过整整一年的时间，即他们要承担一年的实习指导工作。此外，大学开设的"课程项目"的相关课程以及与实习学校学科指导教师的合作，这些工作都由大学每个学科的课程导师（Curriculum Tutor）来负责。课程项目包括一系列与中学开设课程科目相关的活动，如在大学里进行的研讨课、工作坊，以及实习教师在实习学校进行的合作教学、独立教学、观摩和讨论等。举办

---

① "The Oxford Internship Scheme", http://www.education.ox.ac.uk/courses/pgce/index.php.

这些活动的目的在于培养实习教师教学的能力，提供给他们发展教学策略的机会，以及了解影响在学校中教授这些科目的更为广泛的问题。每一科目的这些活动都由大学中的课程导师与实习学校的学科指导教师共同来安排。其间，实习教师需要完成三份与他们所教科目相关的书面作业。这些作业大都涉及在实习学校的观察与调研以及对一些相关的理论研究和专业文献的批判性分析。

不仅如此，每个实习学校都安排了专业导师（Professional Tutor），负责这一实习项目中实习学校部分的全部责任。牛津大学也委任了若干名普通导师（General Tutor）到每所实习学校与其专业导师配合并进行实习事宜的联络。具体说来，"普通项目"就主要由实习学校的专业导师和大学的普通导师携手负责。他们通常会就教育领域的某些更为广泛的问题而非学科教学的具体问题为实习教师开设一些活动或组织一系列的研讨（Seminars）。具体说来，这些活动包括在大学开设的讲座、每周在实习学校里举办的研讨会，以及一些实习教师根据在实习学校的教学实践自主命题而完成的书面作业。开展这些活动的目的是培养实习教师对整个学校以及跨学科问题的了解，特别是希望实习教师能够通过教授自己的学科进而拓展对这些问题的认识。

让尽可能多的学校参与到伙伴关系中来并成为大学教育实习项目的实习基地，这是牛津郡地方教育当局承担的责任。牛津郡地方教育当局已经认识到了该实习项目对参与的实习学校教师的专业发展所带来的裨益，为此，他们持续不断地提供财政支持，以保障实习学校的学科指导教师和专业教师有更多额外的非教学时间用来指导实习教师。

（二）项目指导原则

在实习的指导原则方面，牛津大学教育实习项目与剑桥大学的教育实习项目有着很多的相似之处。首先，二者都相信，如果在教师教育课程中，以中小学为基础的课程部分与以大学为基础的课程部分不能紧密而有效地实现整合的话，那么职前教师教育课程就不会是令人满意和成功的。也就是说，职前教师教育课程中的"理论"与"实践"部分必须是整合的，否则职前教师教育就是失败的。其次，两所大学在这一问题上也达成了共识：那就是实习学校的指导教师与大学教师必须各司其职：

实习学校的指导教师能够直接引导实习教师进入教学实践，特别是在"情境知识"的运用方面（如关于个体学生的知识、关于与整个班级的关系、关于能够利用的资源方面的知识、关于学校的惯习与程序方面的知识等），而这方面知识对于专业教学而言是至关重要的；大学教师的教学能够帮助实习教师了解多样化的教学方法，学习相关的研究与理论文献，阐明并批判性地检验指导教学实践的原理或原则。总之，就如剑桥大学的分析框架那样，学校教师主要致力于在专业培训的第一层次（Level A）发挥作用，而大学教师则主要在专业培训的其他三个层次上做出贡献。

（三）项目特色

理论与实践的统合成为指导该教育实习项目的最重要的原则，不仅如此，该教育实习项目的规划也以剑桥大学教育实习项目的分析框架作为参考，即从人员与结构两个维度来理解和分析其实习项目规划与设计的特色。

1. 在人员方面

牛津大学教育实习项目在大学与中小学指导教师方面建立了有效而紧密的伙伴关系。这种伙伴关系也被该项目所预设的几方面鲜明特色所推动。这些特色表现在：

（1）大学与中小学指导教师在教育实习过程中所发挥的互补性作用（或贡献）被给予极大的重视。在该实习项目中，大学与中小学指导教师所各自发挥的作用被清晰地界定，其价值也被给予高度的重视。并且，基于这种人力资源划分的持续的政策也被广泛接受和认可。例如，对实习教师实际教学能力的评价责任就首先由实习学校的指导教师所承担，而大学里的实习指导教师，即课程导师只是发挥协调的作用。给予实习教师各种帮助当然是好的，但如果一名大学里的课程导师花费了过多的时间来谈论或展示他自己的课堂教学策略，那么这个项目的运作就被视为是无效的。因为向实习教师展示教学策略，并引导实习教师进入教学实践，这应是实习学校指导教师的职责。

（2）该实习项目选择与大学较近的几所学校作为实习基地学校。每所学校以及每位专业导师接收并指导大约 10 名实习教师，而每位学科指导教师大约负责指导 2 名实习教师进行为期一年的以学校为基础的学习。所有这些安排，与传统职前教师教育中实习学校处于边缘地位相比，有了很大的变化，同时也对实习学校提出了更多的要求。不仅如此，在该实习项目的计划与实施方面，实习学校的人员也必须拥有更多的权限。在参与程度及其影响方面，实习学校的指导教师都需要有着和大学教师同等的地位。为此，该项目提供机会在几个学科领域中建立稳定的团队以规划和实施课程项目。在这些团队中，大学各个学科的课程导师定期与其学科的实习学校学科指导教师会面，通常是每个学期两次，来共同规划和检视大学与实习学校在该课程项目中所各自承担的责任。在实习学校和大学部分各自负起总体责任的专业导师与普通导师通常每个学期会面一次，当然，在实习学校，专业导师与普通导师通常在一年期间每周定期会面一次，同时他们还与实习学校的学科指导教师在每个学期定期召开两次实习小组会议。

（3）大学每个组成部分之间的统合（整合）。将项目中大学与实习学校整合起来的难题，通过将大学中的教师教育划分为"普通项目"与"课程项目"，并使之与学校实践中的对应部分结合起来，从而使之简化。这样，在每个学科的"课程项目"中，与学科教学和课堂实践相关的各种知识就得以结合起来，于是，大学的课程导师就可以担负起整合大学教师教育中的有关课程的各部分工作，如剑桥大学教育实习项目中采用的分析框架那样，即承担起包括教师专业培训中的层次 B、层次 C 和层次 D 的所有工作，从而实现整合。

同样，在大学的"普通项目"中，也依据这样的原则。不同的是，普通项目中的不同主题内容可以由不同的"普通导师"来承担，如有的导师可以负责准备研讨会（Seminar）、工作坊（Workshop）和资料的阅读，而有的导师可以负责提供导论性质的报告，等等。在"课程项目"与"普通项目"之间建立联系也是必要的，这种松散的联系，体现在一些"课程导师"也同时兼任"普通导师"。

（4）时间与精力的投入。在大学与实习学校教师之间建立紧密而有效的伙伴关系是实习项目具有统合性的基础，但是，如果大学与实习学校指导教师没有为此投入大量的时间和精力，这种伙伴关系也是无从建立的。特别是实习学校的学科指导教师，他们都很愿意为这份额外的工作投入大量的精力。当问他们为什么会这样做时，他们不仅强调了这份工作的重要性，而且表达了对这一实习项目价值的认可，同时还强调了这份工作所带给他们的满足感。

另外，这种大学与实习学校教师所建立的伙伴关系也有赖于大学教师为此所做出的努力和付出。如果大学教师从实习学校中撤出，而将所有的工作都留给实习学校的指导教师，那么这种伙伴关系也将很难维系下去。特别是大学的课程导师，他们要比伙伴关系引入之前投入更多的时间在实习学校当中，与以往只是观察实习教师的教学相比，这些时间更多地用在与实习学校的学科指导教师、实习教师和其他教师交谈，以及安排合作性的教学方面。

2. 在结构方面

在结构方面，对于以实习学校为基础和以大学为基础的这两部分学习内容，牛津大学教育实习项目是以共时态方式将二者组织实施并持续整个学年的。这样做的目的，就如剑桥大学教育实习项目所依据的理念那样，力求实现"理论"与"实践"的统合。为此，所有的"课程项目"都是遵从这样的目的和理念而设计的：

（1）伴随着实习教师在实习学校里的责任逐渐增加，从观摩教学到几个月之后的整个班级的独立教学，大学里的课程也要依据实习教师在实习学校里的责任递增的阶段而为其提供相应的补充性的准备工作。

（2）该项目研讨主题的选择，完全是与实习教师在实习学校的工作直接相关的，并且是需要在实习学校和大学两种学习情境下探究和解决的问题。

（3）在该项目的时间安排方面，遵循的一个主要原则就是要确保实习教师能够紧密联系大学和实习学校两种学习情境从而对某些主题进行反复的探究。

（4）实习教师的主要观点都要和每个主题联系起来进行思考。

（5）和每个主题相关的活动也需在大学和实习学校中共同展开。例如，召开研讨会、阅读、工作坊、观察、小组教学、和教师晤谈、对学生的课业进行了解等。

同样地，"普通项目"也由大学的"普通导师"和实习学校的"专业导师"共同设计，并且每一对合作的普通导师和专业导师一起规划、安排他们的以学校为基础的研讨、工作坊和调研。在一年的学习过程中，以学校为基础的体验学习和以大学为基础的理论学习被分配了相同的时间，并赋予了同等重要的地位。

如果以剑桥大学教育实习项目所依据的教师专业培训的水平划分来看，那么在以大学为基础的学习过程中，D 层次的培训自然是主要的内容，因为实践中的原则需要透过对其所蕴含的教育价值观、理念的澄清，还有对其所依据的科学理论与研究的全面理解而对其进行批判性的检验。但是又因为大学课程中所有主题的选择都必须与教师的工作具有直接的联系，所以，层次 B 和层次 C 的培训看起来更为重要。

在"课程项目"中，层次 B 的工作包括利用实习教师在不同实习学校中的实习体验，来分析具有共性的一些问题。层次 B 的工作价值由于课程导师对学校教学实践所熟谙的知识、与实习学校指导教师的紧密联系同时也包括与个体实习教师的直接体验的紧密联系而被极大地推进。

（四）比较与评析

综上可见，在牛津大学教育实习项目中，研究人员对于弗朗（Fu-long）及其同事所提出的理论与实践如何平衡的两难问题提供了一个相对令人满意的解决方案。

但是，在该教育实习项目的结构方面，有一个问题是相对于剑桥大学教育实习项目所缺乏的，那就是实习教师在这一年里大部分时间都是在一所而不是几所实习学校度过的。虽然，在实习伊始，每位实习教师都需要在另一所中学度过为时两周的所谓的"定向体验阶段"，但严格上说来，这短短的两周实习时间不能为实习教师提供不同的教学体验。最初，人们对于这一点，认为是该教育实习项目的缺陷或弱点，后来发现，将一年中的大部分实习时间安排在一所实习学校度过，其好处远远可以抵过这一不足。因为让实习教师有充足的时间在一所实习学校学习，有助于其学习到对于学习教学而言最重要的东西。

至于实习课程中的教学组织，在以大学为基础的部分，研讨课和工作坊是最受欢迎的教学组织形式，准教师们通过在这些课程中的积极参与而学习到了很多如何教学的原则与理论。在以实习学校为基础的部分，学习效果的好坏很大程度上依赖于大学中的导师与实习学校的指导教师的积极参与，以及实习教师本人在实习学校是否扮演了积极的角色。

正如剑桥大学教育实习项目所建议的那样，有两个最基本的问题需要关注：在多大程度上，实习教师已经掌握了需要他们学习的所有主题内容；对于需要他们学习的所有给定的主题内容，在多大程度上，他们能够决定哪些是适合他们学习的知识。与此同时，有两个基本的逻辑前提或假设是与这两个问题紧密联系的。其一，人们想当然地认为，从课程一开始，实习教师就有属于自己的计划与目标，而这是与任何官方的计划与目标不同的，并且最重要的学习往往来自于实习教师自己的计划与目标。其二，人们也认为，没有一套成熟的知识体系，对于指导实习教师的教学或如何学习教学是充分的。

这两个假设都蕴含了一种以学习者为中心的教育原则，或者是以过程为导向的教育原则。事实上，对于以学校为基础的部分与以大学为基础的部分的统合，依赖于实习学校教师与大学教师共同的精心设计，设计的重心在于什么是实习教师需要学习的、何时学习以及学习的时间长短。但是，在牛津大学教育实习项目中，实习教师被鼓励来探索那些给定的主题中哪些观点对他们而言是重要的。此外，无论是在"普通项目"还是在"课程项目"中，实习教师都可以讨论来自他们的实习体验的一些论题。此外，为了确保实习教师成为胜任教师，一系列"重要能力"的训练成为教师专业培训的基础。

简言之，通过对牛津大学实习项目的考察，我们可以总结出该项目所体现出的几条重要的实习原则，而这些原则也是英国学者麦因泰尔等（McIntyre & Hagger，1992）一再倡导的：①每所伙伴关系学校都深入而紧密地融入教师教育项目之中；②实习教师与一所学校保持长期的持续的联系；③该实习项目是一个大学与学校紧密整合的教师教育项目；④该项目提供了一个安全的学习环境（包括在整个一年当中为实习教师设计的逐步深入的学习任务）；⑤认识到实习教师作为成年的学习者，他们可以自己设计安排一些学习的进程（Agendas）；⑥大学与学校的教职员的人力的合理分配，以使每一部分的教师都能提供他们最擅长的知识。

此外，牛津大学实习项目采用的是一种不同于传统的实习模式。该项目既不是一个实习教师简单模仿指导教师学习教学的"学徒式"实习模式，也不是一个实习教师将在大学所学的理论观点直接应用于学校实践的"理论应用实践"（Theory-into-Practice Scheme）的实习模式，相反，它是一个强调将实习教师视为一个通过自己的教学实践思考不同的视角、考验不同的理论观点的批判型的学习者。这是一个贯穿于整个课程的实习教师不断进行反思与体验的过程。当实习教师逐渐增长作为教师所应具备的专业能力的时候，他们会被鼓励为他们自己的专业发展承担责任，并发展属于他们自己的教与学的个人哲学。

为此，我们可以将牛津教师实习模式的特点归纳为：正是实习教师他们自己的先前经历与努力、自己感受到的需要、自己的期望与自己的理解决定了他们要学习的东西以及他们试图解决的问题。所以，牛津大学实习模式将实习教师的学习过程分为两个不同的阶段：第一个阶段，目标在于使实习教师达到获得教师证书所需要的基本的课堂教学能力；第二个阶段，致力于发展实习教师成为自我评价与自我发展的教师所需要的能力。这一特点也体现出牛津大学教育实习项目的目标仍然是发展实习教师作为教师的起始能力与后期持续成长的能力。因此，我们可以发现，牛津大学教育实习项目的实习观也是依据了终身教育的理念，教育实习不是简单的教学技能的训练，而是通过教育实习，为教师在未来职业生涯中所需要的专业品质和持续发展能力的培养打下良好的基础。

# 第 五 章

# 对英国教育实习的反思

爱泼斯坦（Epstein）曾经说过："比较教育的目标不仅是获取实用的成果，它的目标也包括对教育现象和过程的深入理解。第二个目标尽管没有什么切实的产出，但是对我们的思想和视野会产生长远的影响。"[①]美国比较教育学家艾萨克·康德尔（Isac Kandel）也曾提出，比较教育不仅要描述教育事实，还要说明教育的特征与存在的问题。而且不应把教育作为孤立存在的事业来看待，而应同国家背景，同社会、政治、经济，特别是文化背景结合起来进行研究。只有这样，才能深入了解一国教育的本质。

当我们回顾英国教育实习从过去到今天的发展历程，可以发现，英国的教育实习，从17世纪末期的萌芽至今，其发展已经日趋制度化。然而，几百年的制度化的发展历程也昭示了一个结论，那就是这种制度化的发展历程是多种因素共同作用且长期影响的结果，而非一朝一夕可以促成。其中，文化的深远影响、政治力量的角逐、教师教育制度的变革以及理论与实践观的支撑，这些都构成了为什么是英国而非其他国家或民族选择了教育实习这样一种发展路径的原因。对这些影响英国教育实习发展动因的剖析，就成为我们反思英国教育实习的一个前提性的基础。

不仅如此，在事实上，目前英国教育实习业已形成的鲜明特色已为其他国家改革教育实习提供了镜鉴。而且一些由英国本土学者进行的对英国教育实习效果的实证研究所得出的结果也显示，英国目前实施的教

---

① Erwin H. Epstein, "Book Reviews", *Comparative Education Review*, Vol. 48, No. 3, 2004, p. 336.

育实习在某些方面基本上达到了预期目标。但是，尽管如此，英国教育实习仍然有许多问题有待解决。为此，笔者认为，对英国教育实习发展动因的剖析、对英国教育实习特征的解读、对英国教育实习效果的考察、对英国教育实习问题的探究对于我们全面、深入了解英国的教育实习，并且有针对性地、有所取舍地借鉴其经验是非常重要且必要的。

## 第一节　英国教育实习的发展动因

综观英国教育实习的发展，可以说，英国教育实习从 17 世纪末期的萌芽到今天的系统化、制度化的发展，让我们看到的不仅是"崇尚实践"的经验主义文化传统的深远影响，也看到了教师教育改革背后所隐藏的各派政治力量之间波澜壮阔的"意识形态斗争"。更重要的是，英国教育实习的发展反映了人们在不同的社会、科技以及教育发展的背景下，对理论与实践关系的不同认识。此外，教师教育制度的变革也为教育实习的发展提供了制度上的保障与发展的现实基础。正是这些力量的推波助澜，英国的教育实习才呈现了不同于其他国家的面貌和形态。在这些力量之外，还有多种因素也在教育实习的发展历程中发挥了作用，然而笔者无意于对此做全面系统的分析，只是从下述几个主要的视角来管窥英国教育实习的发展动因。

### 一　文化的视角：经验主义传统

早在 20 世纪初，英国教育家萨德勒就认为："孤立地研究教育是不行的，必须重视教育的文化背景，研究决定教育的各种因素。影响教育的因素包括政治因素、经济因素、文化因素等，其中文化因素对教育的影响尤为深刻和持久。"[①] 我国学者顾明远也认为："研究一种教育，必须研究产生它的文化基础……只有研究影响某种教育的文化因素，才能理解某种教育的本质。"[②] 因为在任何国家教育的发展过程中，其民族的文化传统已经渗透其中，并在深层次影响着教育的方方面面。正如我国学

---

① 易红郡：《英国教育的文化阐释》，华东师范大学出版社 2009 年版，第 6 页。
② 顾明远：《中国教育的文化基础》，山西教育出版社 2004 年版，第 13—14 页。

者郑金州所言："文化传统在不同民族、不同的社会中有不同的表现。它们融汇在教育过程之中，制约着教育活动的各个方面，使教育形成与文化传统相契合的'本土特色'。"①

对于教师教育而言，学者吉鲁认为："教师教育制度与学程规划实质上是文化政治（Cultural Politics）的一种形式。"② 任何一个国家的教师教育理念、培养模式以及制度管理，在本质上都与其自身的历史文化传统有着息息相关的牵连与深深的渊源。作为职前教师教育的重要组成部分，教育实习的设计规划与学习活动的安排实施，也自然反映了人们深层次的文化意识。

不仅如此，就教育实习本身而言，"一个实习教师在其形塑自己专业角色的实习时期，需要透过其自觉来反省其在校所习的专业知识和在学校实际教育过程中的实践问题，而学校的教育过程又与社会的脉动有着密不可分的关系。故此，实习制度的制度化过程实质上反映了教育知识的专业化过程，也反映了社会与文化的动态发展"③。反过来，在教育实习的发展过程中，其实习观念的更新、实习模式的转换、实习内容的变更等，这些变化又同样受到了文化传统的影响。换句话说，不同的文化传统决定了不同民族选择不同的教育实习的观念、策略与发展路径。

有鉴于此，英国的教育实习的发展与变革也正是其历史文化特征在教师教育中的反映。那么英国到底具有什么样的文化传统与文化特质呢？这需要我们追溯历史，在历史的长河中探寻其民族文化的发展历程与发展脉络。

在英国历史上，伊比利亚人、克尔特人、罗马人、日耳曼人、盎格鲁—撒克逊人、丹麦人、诺曼人……曾先后登陆，在刀光剑影、王朝更迭中，这个汪洋中的岛国在不断地成为外来征服者的劫掠之地时，其文化也经过了不断的冲突与融合。基督教文化、贵族文化、人文主义文化

---

① 郑金州：《教育文化学》，人民教育出版社 2005 年版，第 375 页。

② H. A. Giroux, *Teacher as Intellectuals: Toward a Critical Pedagogy of Learning*, Massachusetts: Bergin & Garvey Publishers, 1988, p. 167.

③ 杨深坑：《各国实习教师制度比较》，中国台北师大书苑有限公司 1994 年版，第 189 页。

先后融进了不列颠民族的血液。① 这些文化不断地碰撞、渗透、融合，久而久之，积淀了英国人典型的民族心态和文化的根基。"在民族国家形成后，英吉利民族在寻求理想的社会、建立民主政治的过程中，又吸收了来自各方面的文化养料，形成了具有英国特色的文化传统，其中经验主义、科学主义、自由主义和保守主义成为英国文化中浓墨重彩的篇章。"②

在上述文化传统之中，"英国人重视实践经验，强调实际效用，即表现出经验主义的思维方式，这是英国文化的独特之处"③。这种对经验极为尊崇的思维方式，使得"英国人对任何未被经验证明的事物，都习惯于用一种冷淡的、漠然的态度对待，决不像有些民族那样轻易地热烈拥抱一种新理论或扑向一种新事物"④。

在事实上，英国人的经验主义的思维方式归功于其经验主义哲学的发展。在经验主义哲学领域，英国涌现出了众多的代表性人物。例如，弗兰西斯·培根、霍布斯、洛克、贝克莱、休谟，等等。经验主义（Empiricism）作为与理性主义（Rationalism）相对立的认识论派别，二者在西方哲学史上曾经有着长久的论争，而论争主要是围绕知识的本性以及获得知识的方式问题而展开的。相对而言，经验主义者强调经验与实践的重要性，并且在如何获得知识方面，强调观察、实验以及感性的重要作用；理性主义者则更加关注理性在知识获得过程中的作用，强调理性认识的必要性和可靠性。

与近代经验主义的代表人物主要集中于作为岛国的英国相比，理性主义的代表人物则主要来自法国、德国等居于欧洲大陆的国家，如笛卡尔、莱布尼茨等。所以，也许正是由于经验主义与理性主义这两种截然不同的思维方式与文化传统使然，英吉利民族不像德意志民族那样爱好思辨，即采取一种形而上学的理性主义；也不像法兰西民族那样注重理想并富于逻辑条理的思维方式；英国人重视实践经验，讲求实际效用，

---

① 易红郡：《英国教育的文化阐释》，华东师范大学出版社 2009 年版，第 2 页。

② 同上。

③ 赵静：《英国"以学校为基地"的教师培养模式研究》，硕士学位论文，南京师范大学，2006 年，第 34 页。

④ 阎宗临：《欧洲文化史论》，广西师范大学出版社 2007 年版，第 56 页。

理智行事，即表现出经验主义的思维方式。① 正是由于经验主义思维与理性主义思维的对立，受此影响，在教师教育的发展过程中，特别是在教育实习方面，英国与德国、法国也形成了迥异的实习观念与实习模式。

在实践中，当回顾英国教师教育发展历程的时候，我们确实可以发现英国人尊崇经验、重视实践的经验主义文化传统已经深远地影响到了英国教师教育的演进。比如，闻名于世的英国早期的"导生制"和"见习生制"，就是通过实践并且在实践中使准教师获得教学经验进而训练其学习如何教学的师资培养模式。尽管这种师资培养模式出现于英国教师教育发展的初期阶段，但其重视实践经验、强调透过实践培养教师的这样一种理念，对英国后续教师教育的发展，特别是对教育实习的日益规范化、专业化乃至制度化产生了深远影响。而 20 世纪八九十年代英国兴起的"以学校为基地"的教师培养模式也正是受此历史传统而逐渐形成的。其重视教师教育的实践特性，强调中小学教师在师资培养中的重要作用，从而强化教育实习，强化实习教师实践能力培养等特性，都与英国人注重实践的经验主义文化传统紧密相关。

所以，当我们纵观英国教育实习历史沿革的时候，可以发现，由于英国教师教育受到了重视实践经验的经验主义文化传统的影响，所以，对教育实习的规划和安排非常重视，并且形成了典型化的教育实习体系。因此，可以说，英国的经验主义文化传统为教育实习的发展与系统化提供了良好的思想基础和文化背景。由此，也可以推衍出一个观点：教育实习的变革离不开文化传统的影响。不同的文化传统，既会影响不同的实习体系的形成，也会影响其未来的发展走向。因为文化对教育的影响是深刻的、持久的、深远的，而且是根深蒂固的。

## 二　政治的视角

在 20 世纪 30 年代以前，英国教师教育被看作大学中教师教育机构自身的事情，国家并不干涉。后来，教师教育逐渐成为国家教育政策的一个重要内容，国家不仅加强对教师教育的干涉，而且试图改变教师教育

---

① 易红郡：《英国教育的文化阐释》，华东师范大学出版社 2009 年版，第 135 页。

的本质属性。这种国家干预所带来的结果就是，那些负责职前教师教育的人们丧失了专业自主性和学术自由权。这样，教师教育就由原来的"专业自主塑造领域"（Professional Re-Contextualization Field）转向"官方规定设计领域"（Official Re-Contextualization Field）。因此，教师教育成为那些关注教师职业发展与后代人教育的不同派系之间展开意识形态斗争的一个主要阵地。①

在 20 世纪八九十年代，英国的保守党都在试图挑战传统的"大学主导"的教师专业主义。大学主导的教师教育模式建基于一种传统的专业主义的理念，那就是：准教师需要以一种允许他们像自主的专业人士那样工作的方式来接受教育。为达到这一目标，高等教育将他们的课程建立在一系列原则的基础之上。然而在"以学校为基地"的教师教育改革的过程中，"个人和实践已经被赋予了高于总体、背景和理论的神圣地位。在这一过程中，以大学为基础的教师教育研究和大学的教育学院已经屈从于专业和政治权力"②。在英国的教育实习体系中，也很明显地受到了强烈的新保守主义（Neo-conservative）文化的影响，此外，新的干涉主义（Interventionism），特别是在新工党执政后，开始与新自由主义（Neo-liberalism）调和成为受欢迎的经济策略，这也对教师教育系统，特别是教育实习产生影响。

归根到底，还是英国"国家课程"的机制作为政治性干预的媒介，直接决定了教师"应该知道什么"，以及"如何被培训从而学会教学"的一切细节。③ 即教师的专业化由越来越多的政府指令所驱动，比如，由英国政府通过颁发《职前教师培训课程要求》（Requirements for Courses of Initial Teacher Training）明确具体地提出了各门国家课程的教学目标和教学要求，同时也对教师教育的一般要求以及所有受训者在获得教师资格

---

① ［英］杰夫·维替：《职业自我管理、国家控制抑或其它——试论英国教师教育的改革措施》，刘邦祥译，《教师教育研究》2004 年第 3 期。

② ［英］艾弗·F. 古德森：《专业知识与教师职业生涯》，刘丽丽译，北京师范大学出版社 2007 年版，第 6 页。

③ John Furlong, Len Barton, Sheila Miles, Caroline Whiting & Geoff Whitty, *Teacher Education in Transition: Re-forming Professionalism?* Buckingham: Open University Press, 2000, p. 157.

证书时必须得到的学科知识、技能和教学实践能力标准做了详细的规定。① 同时，在其《教师资格证书授予标准》中，对准教师获得教师资格证书所需达到的学科知识、教学技能，特别是教学实践能力标准都做出了具体的规定。不仅如此，1998 年 12 月，英国教育和就业部向议会提交了一份名为《教师：迎接变革的挑战》的咨询报告，建议对教师教育进行全面的改革，这份报告也成为近年来英国教师教育改革的指导性文件。其中特别建议推行国家技能测试，从 2002 年 5 月 1 日起，想取得合格教师身份的师范生都必须通过算术、识字、信息通信技术的测试。② 这些政策不仅体现了英国政府对教师教育的控制与管理，而且这种特别强调教师教学实践能力的教师专业化导向，使得教育实习在职前教师教育中被一再地强化，正像一些学者所担心的那样，过度强化实践很可能带来教学倒退成为技术性的、工具性的，而非专业性工作的危险。

### 三　教师教育制度的视角

教育实习，作为一个充满意义的教师教育的次级系统，须置于整个教师教育体制的脉络下来考察，才能深入。因为教师教育系统的变革自然影响教育实习的组织与实施，同样，要改革教育实习，必然要涉及教师教育体系的整体改革，"校本教师培养（教育实习）并不'仅仅'是教学实践的扩展。它涉及职前培养阶段的设计方法、组织方法以及管理等方面的'根本性'变革。"③

因此，我们可以得出，实习，作为一个充满意义的教师教育的次级系统，是与整个教师教育体制的发展息息相关的。英国的教育实习的发展、演变过程也证明了这一点。从其发展过程来看，在英国教师教育发展的早期阶段，由于政治经济的影响，再加之国家与教会、国家与地方争夺教育领导权，导致英国教师教育呈现出产生早、起点低、前期发展缓慢的特点。这也使得英国教育实习在早期的发展相对缓慢。进入 20 世

①　沈卫华：《近二十年来英国教师教育的改革与发展》，《成都教育学院学报》2005 年第 7 期。

②　向于峰：《英国师范教育改革的新举措》，《出国与就业》2000 年第 3 期。

③　［英］罗博·麦克布莱德主编：《教师教育政策：来自研究和实践的反思》，洪成文译，北京师范大学出版社 2009 年版，第 59 页。

纪中期以后，伴随着一轮又一轮的教师教育改革，以及英国教师教育制度的逐步完善，教育实习的发展也在不断加快，并逐渐实现制度化与专业化。可见，教育实习的发展离不开教师教育体制发展的制约与影响。

### 四　理论与实践观的视角

实习本身的发展还涉及不同文化环境对于教育理论与实践关系的不同理解。因为实习的实施与管理，必须面对理论与实践的关系问题，并且，实习本身在师资培养过程中就担负着联系理论与实践的作用和职责。从英国教育实习的发展变革中，也能够看到这种紧密的联系。自教育实习的产生到 20 世纪 50 年代末，一直反映了习艺的传统，即重视"学徒式"的技艺模仿与磨炼，反映了理论与实践的直觉观与常识观。从 20 世纪 60 年代初到 70 年代，由于教师教育强调"学术化"色彩，曾经使得教育实习一度旁落，受到忽视，虽然 70 年代后迎来了实践传统的回归，但"理论指导实践、理论应用于实践"的观念居于主导地位，理论与实践始终处于分离的状态。80 年代以后，受创造观与建构观的影响，强调理论与实践的整合，并越来越重视对实习教师反思能力的培养。可见，英国教育实习的发展与演变也体现了不同的理论与实践观的更迭与变化。

因此，在英国，整个 20 世纪对实习教师的要求是，既对教学理念进行思辨性的研究，又应该有步骤地积累和掌握教学专业技能知识。不过在 20 世纪初，这是分离开来的两种活动。前一种是"理论性"的活动，主要在高校中进行，后一种为主要在中小学进行的"实践性"的活动。英国的以学校为基地的教师教育所提供的机会不是说所有的事情都可以在中小学做，而是可以使培训围绕着这个目的展开，即创造必要的条件，使实习教师把上述两个方面的学习有效结合起来。重要的是，实习教师在学习和掌握专业技能的教学实践中，还应该做到对这些知识和技能加以分析和研究。① 所以说，思辨型的教育实习是英国校本培训的一个关键环节。

---

① ［英］哈赛尔·海格等：《向经验教师学习指南》，马晓梅、张昔阳译，华东师范大学出版社 2009 年版，第 58 页。

当然，英国教育实习在其发展过程中，还受到了其他多种因素的影响，比如时代发展的挑战，政治、经济的影响，教育变革与教育政策的冲击，人们对教师专业角色的认识的变化，对教师知识的理解的不断深化，等等。所以说，从英国教育实习本身的发展来看，其形成与系统分化既是对系统之外各方挑战、冲击的回应，也是对其内部系统不断调整、改善的过程。

# 第二节　英国教育实习的特征

通过对英国教育实习历史沿革与现实发展状况的考察，可以发现英国教育实习所具有的一系列鲜明特征。正是由于这些特征的存在，使得英国的教育实习在世界众多国家中具有了"独树一帜"的典型化的意义。

## 一　在实习理念方面，强调通过实践学习（Learning Through Practice）和反思能力的培养

英国在教育实习理念方面，虽然秉持了多元化的教育实习观，但教育实习的创造观是其主流实习观。创造观强调知识具有相对性、暂时性和修正性的特性，因此，知识不是绝对化的，它很可能是由实践者建构而成。因为实践者所面对的专业情境是独特的、无法预知的。所以，对专业实践而言，实践的过程就是一个对理论与实践进行反思，并在实践的过程中不断地进行实验和创新性活动，进而形成一种"圆熟的实践智慧"的过程。据此，为了培养准教师的专业实践能力，形成其个人的实践性知识或理论，教师的培养就要更多地置于实践情境之中，从而使其"透过实践"学会如何教学。这也正如英国的本土学者费舍所认为的那样：在实践过程中，能产生合法的、有价值的"实践的理论"或"实践的智慧"。①

正因为如此，英国在教师培养过程中，更多地强调实践的价值。这

---

① Fish, D., *Learning through Practice in Initial Teacher Training*, London：Kogan Page, 1989, p. 14.

也正是英国新保守派/右翼所强调的"实践"优于"理论"的观点，即准教师需要在实践中培养和成长。一如英国教育科学大臣克拉克所指出的那样："理论学习不能代替面对面的指导，不能代替职前实践过程。因此，师范院校的学生要花更多的时间到学校课堂上接受教师的指导，而在师范院校只需较少时间即可。"①

依此观点，英国将职前教师培养的责任更多地交付给中小学教师，从而强化了职前教师教育中的教育实习。这种观点具体体现在教育实习中，就是通过增加教育见习、延长教育实习时间、丰富教育实习内容、让中小学教师在教育实习的过程中承担起更重要的责任等举措，使实习教师积累尽可能充分的教育、教学体验，从而有意识地从实践中学习。

然而，在实习中，如果只是简单地重复实践中的惯例不太可能改进实践，因为实践本身不能决定其质量，要改进实践最重要的是对实践进行反思和批判。只有通过对理论与自己的实践经验进行反思和判断，才能使实习教师对其实践经验加以理论化，这样专业知识才能得以发展，也才能形成实习教师所谓的专业能力。

基于此，英国教育实习的过程也被视为实习教师通过对理论及其专业实践过程不断地进行反思、判断、决策进而创造出属于自己的实践智慧的过程。为此，反思与判断成为实习教师将其所学理论与专业实践相互联系、彼此修正和完善的媒介和纽带。

正如约翰·弗朗等人在著名的英国《教师教育模式》的研究报告中所评论的那样，英国"在教师培训课程中，主要的学习模式已经从对于专业理论加以接受转变为通过反思进行'分析和思辨'"。② 所以，"培养反思型的教学工作者"成了英国多个教育实习项目的指导理念和核心目标。例如，巴斯大学、牛津大学、剑桥大学、圣·马丁学院（St. Martin's College）等。不仅如此，对实习教师反思与专业判断能力的培养基本上贯彻到了英国教育实习的每一个环节。例如，通过有意识的课程设计，实习指导过程以及实习评价环节来培养。此外，还通过要求实习教师撰

---

① 梁忠义、罗正华：《教师教育》，吉林教育出版社 1998 年版，第 292 页。

② John Furlong, Len Barton, Sheila Miles, Caroline Whiting & Geoff Whitty, *Teacher Education in Transition: Re-forming Professionalism?* Buckingham: Open University Press, 2000, p. 137.

写反思记录，进行自我专业成长规划与制作专业教学档案袋等方式来培养实习教师的反思意识和反思能力。

### 二　实习目标明确，可操作性强，且具有阶段性特征

发展实习教师作为教师的起始能力与后期持续成长的能力是英国教育实习明确的核心目标，且其具体目标不仅操作性强，而且具有阶段性特征。

为了达到英国《合格教师专业标准》，在职前教师的教育实习过程中，必须培养实习教师作为合格教师所必备的专业知识与基本技能。所以，培养实习教师作为合格教师的起始能力是英国各个教育实习项目无一例外的首要的也是基本的目标。然而，为了使未来教师在进入教师岗位之后，可以持续不断地追求专业发展，在教育实习阶段，就要促发其后期持续成长的能力的养成。这种后期持续成长的能力，可以表现为教师自我反思的能力、自我评价的能力、自主学习的能力、自我发展的能力等。

不仅如此，在不同的教育实习项目中，其具体实习目标的确立不仅具有很强的操作性，而且往往结合实习的不同阶段、不同内容，确立不同的目标重点。

例如，牛津大学的教育实习项目就将实习教师的实习过程分为两个不同的阶段，且不同阶段有着不同的目标：第一个阶段，目标在于使实习教师达到获得教师证书所需要的基本课堂教学的能力；第二个阶段，致力于发展实习教师成为自我评价与自我发展的教师所需要的能力。

总之，英国的教育实习目标的确立不仅体现了教育实习创造型、反思型的实习观，而且反映了英国教师教育整体的思想与立论依据，即终身教育的思想。教师的教育实习，不仅仅被视为教师职业生涯的一个过程或阶段，重要的是其目标的设计与整体实施必须从教师职业生涯全程的视角来考量，这样未来的教师才是有发展潜力的教师，才是有能力积极追求专业发展的教师。这样说来，教育实习阶段才能为教师的未来发展奠定一个良好的基础。

### 三 实习时间长，具有连续性，且实习模式多样化

虽然说，相对充裕的教育实习时间，只是帮助实习教师更有效地，或者说更有可能朝向与教育经验对话的一个必要条件而非充分条件，但这却是保障教育实习走向成功的一个重要的必要条件。试想，如果实习时间过短，那么实习的效果肯定会大打折扣。因为在较短的时间内，实习只是流于形式，实习教师没有充分的时间和机会体验教学、积累经验，也就无从谈起与经验对话，反思经验，并从经验中学习了。

为此，英国教育实习的时间一再延长，按照《合格教师专业标准与职前教师培训要求》的规定，中等研究生教育证书课程的教育实习时间为 120 天（24 周），初等研究生教育证书课程的教育实习时间为 90 天（18 周），大约占整个培训课程时间的 2/3，本科四年制合格教师资格课程的实习时间也达到了 160 天（32 周）。这种高强度的教育实习也因此被有些学者描述为"重负荷"的教学训练。

此外，不仅在"量"上需要相对充裕的实习时间，而且在形式上，实习时间的安排也具有连续性，即保障实习教师能够连续性地获得教育经验。为什么需要这样呢？用美国学者杜威的理论来解释，就是"每当我们企图区分有教育价值的经验和没有教育价值的经验时，总要涉及到这个原则"。这个原则就是"连续的范畴，或经验的连续性"[1]。并且，"经验的连续性原则意味着，每种经验既从过去经验中采纳了某些东西，同时又以某种方式改变着未来经验的性质"[2]。

为此，英国在安排具体的实习时间时，采取了阶段性与连续性相结合的原则。即集中式实习与连续性实习交叉进行，彼此结合，从而既保障了经验的连续性，又有利于在经验的连续性发展过程中，突出经验获得的重点阶段。所以，在英国教育实习过程中，最基本的教育实习模式为连续的实习模式与集中的实习模式相结合的模式。

除了这两种基本的教育实习模式以外，英国的教育实习项目还采用

---

[1] ［美］约翰·杜威：《我们怎样思维·经验与教育》，姜文闵译，人民教育出版社 2005 年版，第 254 页。

[2] 同上书，第 256 页。

了多种其他的实习模式，如临界实习模式、反思实习模式、顶岗实习模式等。这些多样化的实习模式都旨在满足不同的实习项目的目标与需求。

**四　在实习结构方面，强调理论与实践的双向互动，紧密结合**

在英国教育实习的结构方面，理论与实践的关系突破了单向的线性关系，形成了以实践中的反思为媒介的，多次转换、彼此修正、互相支撑、紧密融合的关系。

故此，在教育实习具体课程内容的安排上，是与其他课程模块交叉进行的。也就是说，教育实习是与理论课程的学习相互交替、互为支撑的。所以，在连续性的教育实习期间，实习教师的学习方式大都为每周5天中的2/3天在大学，3/2天在实习学校。而在集中实习期间，实习教师也要定期回到大学教师教育机构，参与教育实习的研讨会或进行教学方法方面的学习与反思。通过这种课程结构的安排，实习教师就需要不断地在实习学校与大学教师教育机构间进行转换性的学习，这种学习有助于实习教师整合不同的知识形式，更清晰地思考自己的教学实践背后所蕴藏的理论，更深入地理解理论知识指导下的实践，从而在理论知识与教学实践之间实现一种深层次的沟通与融合。所以，这种课程结构，也被有的学者称为"三明治"式的课程结构。

正是通过实习教师在大学与实习学校之间不断交替地学习理论知识与获取实践经验，从而使得大学中的理论是"观照了教学实践的理论"，在伙伴学校的教育实习也是"参照了教育理论的实践"。为此，无论是理论还是实践，在准教师的学习过程中，二者都是互为参照、彼此渗透的。

**五　大学与中小学指导教师各司其职，充分发挥各自的互补性作用**

在当前的"以学校为基地"的教师教育模式的推动下，英国试图在师资培育机构与中小学之间建立平等合作的伙伴关系。尽管目前在实践中，已经出现了中小学教师负担过重、中小学校自身职能盲目扩大等问题，但这种合作模式本身还是有利于推动教育实习的发展的。因为这种合作，使得在实习教师的实习过程中，大学教师与中小学教师能够各司其职，充分发挥各自的互补性作用。具体表现为：实习学校的指导教师能够直接引导实习教师进入教学实践，帮助实习教师获得丰富的教学体验，积累自己的实践性知识；大学教师的教学能够发挥高等教育的智力优势，帮助实习教师了解多样化的教学方法，学习相关的研究与理论文献，阐明并批判性地检验指导教学实践的原理或原则。

不仅如此，大学的导师（Tutor）与实习学校指导教师（Mentor）定期会面，共同规划和检视大学与实习学校在该课程项目中所各自承担的责任与问题，并且彼此交流实习教师的情况，共同举办研讨会等。可以说，二者在教育实习过程中的亲密合作以及各自互补性作用的发挥也间接地实现了理论与实践的结合。

更重要的是，这种合作还能促进大学与中小学教师各自的专业发展，使双方取长补短，共生共赢。具体说来，大学教师能够接触到丰富的教育实践，从而实现"实践的回归"；中小学教师能够学习到大学教师所持有的理论，从而实现"理论的回归"。

### 六　实习组织管理的制度化

在英国教育实习制度方面，规范的制度对于实习的管理和实施起到了保障性的作用。这些有关实习组织管理的制度，包括大学与中小学的伙伴关系制度、实习指导制度、实践课程审议制度、指导手册制度、实习生评价制度、指导教师培训制度，等等。

具体说来，由大学、实习的伙伴学校和地方教育当局共同组成的"实习领导小组"来负责整个实习工作的安排与管理。通过签订伙伴协议，大学与中小学形成在教师培养方面的伙伴关系，这种正式合作关系的建立，不仅保障了教育实习具有了稳定的实习基地，也保障了实习教师在教育实习的过程中得到更多的参与教育、教学的机会。此外，"实习领导小组"依据《英国合格教师专业标准》制订详细的实习计划和实习手册，明确规定各方指导教师的具体职责以及实习评价的方式方法。这样就确保了大学与中小学的指导教师能够各司其职，职责到位，共同负责每位实习教师的实习工作，对实习教师进行"量体裁衣"式的细致指导。而且，实习内容也由"实习领导小组"依据《英国合格教师专业标准》制定，并由"教育标准局"进行审查和鉴定，从而保障了实习内容的全面性和科学性。不仅如此，在教育实习的过程方面，由《实习指导手册》做出了详细的规定，包括实习教师应注意的各种事项，并给出实习教师每周甚至每天的具体工作日程和学习任务，从而保证了实习教师能够对整个实习过程有明确的把握和了解，并有了可以依据的操作规则。最后，由英国政府下属的"教育标准局"对整个实习从课程设计到组织实施进行全程的督导，目的是保障实习过程的实施质量和效率。

总之，有政策支持的大学与中小学建立的正式伙伴关系，详尽的指导手册，细致到位的导师指导和实习领导小组的整体协调，以及政府职能部门的协助督导，这些都在一定程度上保障了实习工作的有序进行。使教育实习组织管理的各个环节有了相应的制度支撑，非常有助于实习质量的保障和提高，而且，制度化的组织管理不仅使得英国教育实习更具效率，同时也有助于整个实习体系逐渐走向完善。

### 七　强调实习评价的发展性功能

在英国，教育实习的评价体现了实习评价的发展性功能。对实习教师进行评价，不仅有明确的评价标准作为依据，而且，评价不是一次性的终结性评价，而是注重在整个实习过程中对实习教师进行不间断的评价，通过对实习教师在实习全程中的整体表现和在每一阶段的表现来最终确定其实习成绩。通过这种不间断的评价，一方面可以给实习教师提供及时的反馈信息，以利于其不断改进教学实践；另一方面，实习教师在每一次接受评价之后，都可以反思自己的不足，发现自己的进步，这不仅培养了实习教师的反思习惯，而且也可以帮助其确立发展的信心。

不仅如此，在评价的过程中，不仅包括大学与中小学指导教师做出的评价，而且还包括实习教师本人的自我评价，以及实习教师之间彼此做出的评价和所任教学生给予的评价。所以，这是全面的评价过程。实习教师之间的评价有益于实习教师之间彼此取长补短，互相进步。而通过实习教师撰写专业的反思记录，进行自我专业成长规划与制作专业教学档案袋进行不间断的自我评价，实习教师的反思意识和反思能力就可以得到极大的促进。

总之，英国教育实习的这种发展性评价，成了发展实习教师的专业态度与能力、促进其反思能力形成的重要途径。

# 第三节　英国教育实习的效果

对一个国家教育实习体系进行评价或分析，很重要的一个评判依据，就是了解其在实际运行过程中的实施效果如何。英国皇家督学在 20 世纪 80 年代曾对英国的教育实习体系进行过调查，调查结果显示："师范生对学校提供的教育实习非常不满，认为教育实习不仅时间短，而且他们没有充分的机会观察有经验的教师上课以及与其一起工作。"① 可见，在 20 世纪 80 年代，人们对教育实习的效果并不满意。自从 1992 年英国改革教师教育，实施"以学校为基地"的教师培养模式以来，英国的教育实习体系发生了一系列的变化，其中最主要的变化就是实习时间延长，更多的中小学和大学建立伙伴关系，签订伙伴协议，为准教师提供实习的场地和环境，中小学教师也比以往在培养未来同行的过程中承担起了更多的责任。

到了 20 世纪末 21 世纪初，由英国学者弗朗及其同事提出的《教师教育模式》的研究报告显示，经过改革后几年间的发展，英国实习教师和新合格教师几乎异口同声地表示对培训课程以及自己在教学方面的训练程度感到满意，而培训指导教师对此的态度则更加积极。② 那么，英国教育实习的实施效果到底如何呢？有何具体表现呢？笔者将从以下几个方面进行考察和分析。

古斯基（Guskey）认为，为了适当评价教师专业发展的复杂过程，需要考虑五个关键层面：参与者的回应、参与者的学习、组织支持与变化、参与者应用新知识和技能的情况、学生的学习成就。③ 笔者在对英国教育实习的实施效果的评价方面，也会参考上述维度。

---

① John Furlong, Len Barton, Sheila Miles, Caroline Whiting & Geoff Whitty, *Teacher Education in Transition: Re-forming Professionalism?* Buckingham: Open University Press, 2000, p. 121.

② ［英］哈赛尔·海格等：《向经验教师学习指南》，马晓梅、张昔阳译，华东师范大学出版社 2009 年版，第 13 页。

③ Guskey T. R., *Evaluating Professional Development*, Thousand Oaks, Calif: Corw in Press, 2000, p. 82.

## 一　对实习教师专业发展的影响

在 2006 年，诺丁汉大学（University of Nottingham）、利兹大学（University of Leeds）与伊浦索斯·莫瑞社会研究所（Ipsos MORI Social Research Institute）的学者们在教育和科技部、英格兰教学委员会与学校培训与发展署的资助下，发表了题为《成为一名教师：英格兰实习教师的职前教师教育经验》（*Becoming a Teacher: Student Teachers' Experiences of Initial Teacher Training in England*）的报告书。该报告书主要展示了对英格兰职前教师教育中教育实习及其早期专业发展情况的实证调查结果。在调查过程中，研究人员通过电话采访、问卷调查、访问晤谈等形式对 3000 余名实习教师进行了调查，了解实习教师对职前教师教育的看法以及实习教师的实习体验与实习效果（如表 5—1 所示）。

表 5—1　　　　　　师范生对教师培训质量和有效性的评价情况　　　（单位：分）

| 评价内容 ＼ 年份 | 2000 | 2001 | 2002 |
|---|---|---|---|
| 总体培训质量 | 85 | 82 | 81 |
| 培训期间评估和反馈的质量 | 77 | 74 | 74 |
| 在达到合格教师标准方面所得到的支持的质量 | 74 | 70 | 70 |
| 在理解国家课程方面提供的帮助情况 | 82 | 77 | 79 |
| 在特定学科的知识、技能和理解方面提供的帮助情况 | 77 | 74 | 76 |

资料来源：赵静：《英国"以学校为基地"的教师培养模式》，硕士学位论文，南京师范大学，2006 年，第 30 页。

调查结果显示，通过教育实习，实习教师在教学技能、教学理念、专业素养以及教学效果的评价方面均有所提升。更为重要的是，教育实习过程培养了实习教师对自己教学工作的自信心。莱斯特大学的一位实习教师对此深有感触："一年的培训对我来说是一次十分有价值的任教准备，对每一位师范生的专业发展都产生了十分重要的影响。"①

在弗朗等学者的调查中也显示，教育实习已成为目前英国教师教育课程的核心，而大多数准教师们对这一变化表示欢迎，并且肯定了教育实习对他们专业发展的意义。他们大都认为："学校中实际的学生、实际的生活环境、实际的教师，即实际的教学实习对于其专业发展来说是最重要的……在此过程中，他们有机会观察有经验的教师进行教学并得到有经验教师的教学指导，在学校他们学会了如何进行组织课堂，如何维持纪律，如何制订教学计划和如何实施评价。"②

这些调查结果显示，教育实习在促进实习教师专业发展方面具体体现在如下几个方面。

（一）教学技能方面

调查显示，通过教育实习，大部分的准教师掌握了基本的实际工作能力，人们对此普遍感到满意。而这一点，从一些英国官方数据中也可以得到证实。近年来，英国获得合格教师证书的人数在不断增加，同时合格教师技能测试的通过率也保持在较高的水平。在 2000 年，英国获得合格教师资格证书的总人数为 21700 人，2002 年获得合格教师资格证书的总人数为 25317 人，2006 年获得合格教师资格证书的人数已经攀升至 32846 人。与 2000 年相比，2006 年合格教师人数已经增长了约 51%。同时，合格教师技能测试的通过率也始终保持在较高的水平。在 2004—2005 学年、2005—2006 学年的合格教师技能测试中，总体的通过率分别为 96.9% 和 97.01%。不仅传统的教育学士学位课程与研究生教育证书课程保持着很高的通过率，而且新增设的教师培训课程，如研究生教师课程、注册教师培训课程等的通过率也在 90% 以上。不仅如此，不同年龄

---

① 赵中建：《以中小学为基地的师资培训——英国的师范教育改革》，《高等师范教育研究》1994 年第 2 期。

② John Furlong, Len Barton, Sheila Miles, Caroline Whiting & Geoff Whitty, *Teacher Education in Transition：Re-forming Professionalism?* Buckingham：Open University Press, 2000, p. 131. 转引自赵静《英国 "以学校为基地" 的教师培养模式》，硕士学位论文，南京师范大学，2006 年，第 26 页。

段的教师的测试通过率也保持在较高的水平（如表5—2所示）。① 这些数据都表明，教育实习在帮助实习教师掌握基本的教学技能方面，已经取得了很好的效果。

表 5—2　　　　　　　2005—2006 学年合格教师技能测试结果

| | 参加测试的人数（人） | 通过测试的人数（人） | 百分比（%） |
|---|---|---|---|
| 总人数 | 33876 | 32864 | 97.01 |
| 课程类型 | | | |
| 研究生教育证书课程 | 27488 | 26657 | 96.98 |
| 本科学位课程 | 6279 | 6087 | 96.94 |
| 研究生教师课程 | 10120 | 9725 | 96.10 |
| 注册教师课程或海外教师培训课程 | 1181 | 1114 | 94.33 |
| 受训教师年龄结构 | | | |
| 25 岁及以下 | 14603 | 14266 | 97.69 |
| 25—34 岁 | 12418 | 12051 | 97.04 |
| 35—44 岁 | 4511 | 4297 | 95.26 |
| 45 岁及以上 | 2344 | 2232 | 95.22 |

资料来源：TDA，"All Tests 2005—2006"，http：//www.tda.gov.uk/partners/datasurveys/skillstestsresults/alltests.aspx.

（二）教学理念方面

《成为一名教师：英格兰实习教师的职前教师教育经验》报告的调查结果显示，在接受电话采访的79名实习教师中，97%的人认为，教育实习课程使其对自己成为一名有效教师"非常自信"或"相当自信"。其中，24人认为，学习教师教育课程，进行教育实习改变了他们对于教师职业的看法，他们开始把教学视为一项专业，并意识到教师对学生的学

① 孙曼丽：《英国职前教师教育的伙伴关系模式研究》，硕士学位论文，福建师范大学，2008年，第78页。

习以及作为榜样所承担的责任。18 人认为"成为一名教师"比想象中更为困难。其中 48 人特别强调，教育实习是职前教师教育中最为宝贵的部分，教育实习过程对其了解学生不同的学习风格以及进行创造性教学有着重要影响。<sup>①</sup> 其中，通过教育实习使作为教师的自己更有自信，笔者认为这是非常重要的。

（三）专业素养方面

上述报告的调查结果也显示，实习教师通过"以学校为基地"的职前教师教育课程的学习，特别是通过教育实习过程的体验，他们的专业素养有了相当程度的提升。在接受电话采访的 79 名实习教师中，32 人认为他们可以参与教师之间的专业对话，以帮助他们思考自己的教学实践；31 人认为，教育实习帮助他们将自己视为教学的专业人员，并能够和其他教师建立起积极的联系；其中分别有 22 人、21 人、18 人、11 人、20 人、17 人觉得通过教育实习，他们在学科知识、课堂管理、备课、特定年龄段的学生教学、学生评价、与其他专业人员的沟通以及与学生家长交流方面得到了很好的提高。58 人认为，通过正式的、有组织的反思方式，如书面评价、与学校指导教师面谈、在大学导师组织的研讨会上与导师、其他实习教师讨论教学实践等能够进行教学实践的反思。<sup>②</sup>

（四）教学效果评价方面

根据《成为一名教师：英格兰实习教师的职前教师教育经验》报告的调查结果，1710 名被调查的小学实习教师中 93% 的人确认他们的"教学评价"或反馈为"很好"或"良好"，只有 5% 的人认为"一般"，1% 的人认为"很差"（如表 5—3 所示）。1386 名被调查的中学实习教师中 84% 的人确认他们的"教学评价"反馈为"很好"或"良好"，10% 的人认为"一般"，1% 的人认为"很差"（如表 5—4 所示）。

---

① 孙曼丽：《英国职前教师教育的伙伴关系模式研究》，硕士学位论文，福建师范大学，2008 年，第 80 页。

② 同上书，第 82 页。

表 5—3　　　　　不同培养课程的小学实习教师教学评价结果调查

| | 百分比（%） | | | | | | | 被调查人数（人） |
|---|---|---|---|---|---|---|---|---|
| | 很好 | 良好 | 一般 | 差 | 很差 | 不能确定 | 不知道 | |
| 在职教师教育课程 | 44 | 44 | 7 | 3 | 0 | 1 | 0 | 188 |
| 以学校为中心的职前教师教育课程 | 40 | 46 | 10 | 2 | 0 | 2 | 0 | 119 |
| 授予合格教师资格证书的文理学士学位课程 | 27 | 58 | 10 | 4 | 1 | 1 | 0 | 630 |
| 教育学士学位课程 | 28 | 54 | 12 | 5 | 1 | 1 | 0 | 198 |
| 研究生教育证书课程 | 21 | 59 | 15 | 4 | 1 | 1 | 0 | 287 |
| 灵活的研究生教育证书课程 | 19 | 64 | 10 | 5 | 0 | 2 | 2 | 288 |
| 总数 | 47 | 46 | 5 | 1 | 1 | 1 | 0 | 1710 |

资料来源：TDA，"All Tests 2005 – 2006"，http：//www.tda.gov.uk/partners/datasurveys/skillstestsresults/alltests.aspx.

表 5—4　　　　　不同培养课程的中学实习教师教学评价结果调查

| | 百分比（%） | | | | | | | 被调查人数（人） |
|---|---|---|---|---|---|---|---|---|
| | 很好 | 良好 | 一般 | 差 | 很差 | 不能确定 | 不知道 | |
| 文理学士学位课程 | 43 | 45 | 7 | 2 | 0 | 4 | 0 | 137 |
| 以学校为中心的职前教师教育课程 | 43 | 40 | 5 | 1 | 2 | 8 | 1 | 171 |
| 在职教师教育课程 | 38 | 43 | 13 | 4 | 2 | 0 | 0 | 297 |
| 灵活的研究生教育证书课程 | 35 | 4 | 14 | 2 | 2 | 5 | 0 | 57 |
| 研究生教育证书课程 | 34 | 50 | 10 | 3 | 1 | 2 | 0 | 724 |
| 总数 | 37 | 47 | 10 | 3 | 1 | 3 | 0 | 1386 |

资料来源：TDA，"All Tests 2005 – 2006"，http：//www.tda.gov.uk/partners/datasurveys/skillstestsresults/alltests.aspx.

## 二　新任合格教师对教育实习的反馈

在 2007 年，英国"学校培训与发展署"（Training and Development

Agency for Schools，TDA）曾对顺利完成 2005—2006 学年职前教师教育的 31000 名新任合格教师进行了问卷调查，了解他们对"以学校为基地"的职前教师教育质量的整体评价以及职前教师教育对新任合格教师的教学工作所产生的影响。

调查结果表明，新任合格教师对"以学校为基地"的职前教师教育的肯定评价在 2007 年达到了历史最高水平。88%的新任合格教师对"以学校为基地"的职前教师教育质量评定为"很好"或"良好"；80%的人认为通过校本的职前教师教育所获得的支持与指导的总体质量可以被评定为"很好"或"良好"；71%的人认为校本培训很好地帮助他们建立与维护课堂行为的高标准；83%的人认为教育实习很好地帮助他们使用多样的教学方法促进学生的学习；68%的人认为教育实习过程能够很好地帮助他们在自己实际的教学中监督、评价、记录与汇报学习者的进步；78%的人认为教育实习体验也能很好地帮助他们与教学同行共事，并成为工作小组中的一员；52%的人认为职前教师教育中的校本实践帮助他们满足有特别需要的学习者的需要；65%的人认为能够帮助他们满足能力不同的学习者的需求。[1]

### 三　实习教师对"理论"与"实践"平衡关系的看法

在对大学中的"教育理论"课程与在中小学的"教育实习"的关系方面，多数实习教师在调查中表示，"理论"与"实践"的平衡程度"刚刚好"（如表 5—5、表 5—6 所示）。

在学者的研究方面，英国学者弗朗及其同事曾经在 1988 年提出，在职前教师教育中，"存在一个两难的问题，那就是是否应在大学教师教育机构中，强调一种对课堂教学的广泛而系统化的准备，还是选择更为现实的、必要的但有时又是狭窄的以中小学校为基础的准备。对于如何在二者之间达到较好的平衡我们还没有足够的确信"[2]。而对于曾经的存在

---

① 孙曼丽：《英国职前教师教育的伙伴关系模式研究》，硕士学位论文，福建师范大学，2008 年，第 79 页。

② Fulong, V. J., Hirst, P. H., Pocklington, K. and Miles, S., *Initial Teacher Training and the Role of the School*, Milton Keynes: Open University Press, 1988, p.179.

于英国职前教师教育中的关乎"理论"与"实践"平衡的两难问题，目前英国的研究人员认为，现今的职前教师教育课程对于弗朗及其同事所提出的问题提供了一个相对满意的解决方案。[①]

表 5—5　不同培养课程的小学实习教师职前教师教育课程中理论与
实践的平衡程度调查

| | 百分比（%） | | | | 被调查人数（人） |
|---|---|---|---|---|---|
| | 过于偏重理论训练 | 刚刚好 | 过于偏重实践训练 | 不知道 | |
| 以学校为中心的职前教师教育课程 | 12 | 82 | 6 | 1 | 118 |
| 灵活的研究生教育证书课程 | 21 | 71 | 8 | 0 | 63 |
| 研究生教育证书课程 | 33 | 64 | 3 | 0 | 286 |
| 授予合格教师资格证书的文理学士学位课程 | 38 | 61 | 1 | 0 | 629 |
| 在职教师教育课程 | 5 | 61 | 33 | 1 | 186 |
| 教育学士学位课程 | 46 | 52 | 2 | 0 | 197 |
| 总数 | 31 | 62 | 6 | 0 | 1479 |

资料来源：Hobson，"Becoming a Teacher：Student Teachers' Experiences of Initial Teacher Training in England"，http：//www. dfes. gov. uk/research/data/uploadfiles/RR744. pdf. 转引自孙曼丽《英国职前教师教育的伙伴关系模式研究》，硕士学位论文，福建师范大学，2008 年，第81 页。

---

① Donald McIntyre，"The Oxford Internship Scheme and the Cambridge Analytical Framework：Models of Partnership in Initial Teacher Education"，in M. B. Booth，V. J. Furlong and M. Wilkin，eds.，*Partnership in Initial Teacher Training*，London：Cassell Educational Limited，1990，p. 124.

表5—6　　不同培养课程的中学实习教师职前教师教育课程中理论与
实践的平衡程度调查

| | 百分比（%） | | | | 被调查人数（人） |
|---|---|---|---|---|---|
| | 过于偏重理论训练 | 刚刚好 | 过于偏重实践训练 | 不知道 | |
| 以学校为中心的职前教师教育课程 | 10 | 82 | 8 | 0 | 171 |
| 文理学士学位课程 | 26 | 70 | 3 | 1 | 137 |
| 研究生教育证书课程 | 19 | 70 | 11 | 0 | 728 |
| 灵活的研究生教育证书课程 | 26 | 67 | 7 | 0 | 55 |
| 在职教师教育课程 | 10 | 59 | 31 | 0 | 297 |
| 总数 | 17 | 69 | 14 | 0 | 1388 |

资料来源：孙曼丽：《英国职前教师教育的伙伴关系模式研究》，硕士学位论文，福建师范大学，2008年，第82页。

#### 四　对实习学校教师专业发展的影响

虽然如前文所述，由于高强度的教育实习，负责指导实习教师的中小学教师感到有些负担过重，但尽管如此，他们对于自己在准教育实习过程中所扮演的角色仍然感到满意。不仅如此，很多实习学校教师还强调了这份工作所带给他们的满足感。

在2006年，由英国谢菲尔德·哈勒姆大学教育研究中心的学者安吉·埃文斯等人对该大学200所伙伴学校的指导教师展开调查访谈，结果显示，大多数的接受访谈的教师对他们自己承担这样的指导任务表示欣慰和满意。他们认为："与年轻教师一起共事的感觉很好"，而且对实习教师的指导，"帮助我们反思自己的实践，提高自己的教学质量"。① 因为

---

①　Angie Evans, "The Role of the Initial Teacher Training Coordinator in the School-based Element of Partnership: To What Extend does the Co-ordinator Undertake Supervision of Aspects of Quality Assurance?", http://www.ttrb.ac.uk/attachments/87594143 – 3a46 – 45c2 – 9d73 – 3c2a3f0622a3.pdf.

实习教师给他们带来了大量的新观点，感染他们对教学的热情，同时也给学科领域带来了新的知识与资源。不仅如此，在要求实习教师考虑与评价自己的教学时，也使他们对自己的专业发展进行更多的关注。

可见，在指导实习教师的过程中，通过与实习教师的互动与合作，指导教师会受其影响而有意识地反思自己的教学实践与教学效果，从而促进自己教学质量的提高和实习学校中的"反思文化"的逐渐形成与发展。因为要培养实习教师的反思意识和反思能力，很重要的一点是，指导教师必须自身具有反思习惯与反思能力。无论是通过有组织的反思思维训练，还是有意识地进行自我反思能力的培养，这些都有助于实习指导教师成为反思型的教学人员与实习指导者。

不仅如此，通过与大学教师共同合作指导实习教师，参与和与大学指导教师共同组织的为实习教师举办的研讨会等，实习学校教师会接触到学科领域的新知识、新理论，以及教育教学的新观点，这些对于实习学校指导教师的专业发展自然是极其有益的。

### 五　对大学指导教师专业发展的影响

英国改革后的教育实习不仅促进了实习教师和中小学指导教师的专业发展，而且也在很大程度上对大学教师的专业发展产生了积极的影响。大学指导教师在走访实习学校、对实习教师进行个别化辅导、与实习学校指导教师进行沟通、交流、共同组织教育研讨会等合作过程中，更多地了解到中小学的教育教学实践，从而使自己的学术研究与教育实践紧密结合起来，进而帮助大学教师实现"实践的回归"。而且在此过程中，大学教师也可以与实习学校教师共同就实习课程的优长与不足等进行交流与讨论，从而有益于对实习课程整体规划的改善以及大学教师在实习过程中作用的充分发挥。

### 六　对实习教师任教学生的影响

"以学校为基地"的教师教育改革使得准教师在中小学校的实习时间延长，这样实习教师与实习学校学生接触的时间也在增多。那么，实习教师的这种高强度的教学训练对实习学校的学生又会有何影响呢？一些学校的指导教师对此持有积极的看法。他们认为，"师范生给学生上课，可以为学生带来新鲜的面孔，提供新鲜的观点和方法，提高学生的学习兴趣；同时师范生来自不同的学院以及不同的领域，对学科具有浓厚的兴趣，通过他们，学生可以接受最前沿的观点以及思想；另外，师范生具有较高的教学热情和创造性，其所拥有的新鲜观点和方法是教育教学改革的重要源泉"。还有一些指导教师也对实习教师的教学给学生带来的影响做出了这样的总结："新的面孔、新鲜的视角、充分的准备，这些都有助于学生的学习。"① 不仅如此，还有学者对实习教师任教过的学生进行了调查采访，如卡尼与海格（Carney & Hagger）从学生的角度进行的调查。结果显示，"没有学生认为师范生的实习会破坏他们的学习，相反学生对于与师范生的合作持积极乐观的态度，对于师范生在激发其学习动机以及与其建立积极关系等方面持高度的评价"②。

尽管如此，仍然有学者对此表示担忧。因为实习教师毕竟在教育教学经验和教学技能方面不如资深的学校教师丰富和熟练，中小学生和实习教师一起度过更多的时间即意味着他们的个性成长和学业成绩将不可避免地受到一定程度的消极影响。因此，有学者认为这是一个道德问题，应该予以充分重视。③

## 七　对实习学校的影响

在英国，强化后的教育实习给承担实习任务的中小学校带来了一定的负担，指导实习教师不仅占用了学校教师大量的时间和精力，而且也使实习学校的教育教学管理成本增加。但是，事实证明，中小学校与大学结成伙伴关系、共同进行实习指导和培养职前教师也给中小学校带来了积极的影响。

首先，通过强化教育实习，加大中小学校在培养职前教师过程中的作用，为中小学校带来了经济上的收益。因为自"以学校为基地"的教师

---

① Brooks, Val, "Pupils and School-based Initial Teacher Training", *Educational Studies*, Vol. 26, No. 1, 2000, p. 14. 转引自赵静《英国"以学校为基地"的教师培养模式》，硕士学位论文，南京师范大学，2006年，第24页。

② 同上。

③ 教育部师范司：《教师专业化的理论与实践》，人民教育出版社2001年版，第179页。

教育改革以来，政府把对大学教师教育机构的资助部分地转移到中小学校，这给中小学校带来了充裕的教育经费收益。

此外，中小学校通过与大学合作，可以与大学教师一起探索提高其教学质量的途径。在合作的过程中，高校会引导实习教师与中小学教师就教学改进的方法进行探索。例如，大学平时布置给准教师的作业会充分注意到学校实践中的问题，而且研讨主题的选择，也完全是与实习教师在实习学校的工作直接相关的，并且是需要在实习学校和大学两种学习情境下都要探究和解决的问题。总之，实习教师选择的课题一定是以学校教育教学实践为中心的，而且研究的目的自然是要促进学校教育的改进和发展。此外，中小学教师通过参与大学教师组织的有关教育理论及中小学教育问题的讨论和学习，也会思考如何改进自己以及学校整体的教学质量。

# 第四节　英国教育实习中的问题

虽然在"以学校为基地"的教师教育改革实施以来，英国的教育实习被大大地强化，并在近十几年来的发展中，显露出了很多优点，在很多方面也取得了相当的成效，但是同时，英国教育实习在发展过程中也存在着诸多问题和不足。

## 一　教育实习目标方面的问题

在英国教育实习目标方面，培养实习教师起始教学能力的目标基本实现，但反思能力、继续学习能力的培养目标还未充分达成。

正如前文所述，英国著名教育学家、剑桥大学终身教授多纳尔德·麦因泰尔与哈赛尔·海格博士在其著作《向教师学习：认识到以学校为基地的教师教育的潜力》中，通过对英国教育实习工作的调查与分析后认为，教育实习工作总体上围绕三个目标展开：第一，要做到使新教师掌握必需的知识和技能，以便能够顺利地展开课堂教学工作。第二，要培养新教师继续学习的能力，使他们能在现有的基础上，不断提高自己的教学水平。第三，要培养新教师的探索精神和思辨能力，使他们能够主动积极地迎接挑战，为学校的教学改革和创新尽一份力量。①

依据这三个培养目标或三项任务，从上述对英国教育实习实施成效的分析来看，第一方面的目标已经基本实现。换句话说，英国教育实习在培养实习教师作为教师的必备知识与能力方面已经初见成效。实习教师在教学基本技能、教学理念、专业素养等方面都有所提升，且合格教师技能测试的通过率也保持在较高的水平。所以从总体上说，实习教师掌握了基本的实际工作能力。

至于第二和第三个目标或任务，根据英国本土学者的调查研究发现，英国现在的教育实习体系对于实习教师深入分析、反思自己的教学实践并加以改进的能力培养方面还需要进一步加强。特别是对实习教师反思能力的培养，还存在一些理念上的误区与实施中的问题。

对于实习教师而言，学会反思自己的教学实践，发现问题并予以改进是促进其持续专业发展的重要途径。因此，培养实习教师批判性的反思能力既是英国教育实习的核心理念，也是其实施过程中所要达到的重要目标之一。

然而，对于"反思"所代表的意义是什么，研究者们也有所发现：

> 对于一些学生来说，反思……代表的是一个深入的分析思考过程，是根据其他形式的专业知识（对教学实践的描述、从教学实践中总结出的原理、教学研究成果、根据"基础"学科得出的对教学的理论认识等等）对个人的教学经历进行回顾。不过在大多数学生看来，在更大的程度上，反思是一种对做过的工作进行"清理和检查"的活动。在这种活动的过程中，受培训者通过把个人的一些教学经验表达出来和别人一起讨论，来对其进行总结和消化……从发展教师专业能力的角度来看，如果受培训者的反思一直限于这种方式，仅仅植根于某些特定的实际教学经验，那么他们从中得到的收益，与他们对某种专业知识进行系统性的学习时能取得的成效相比，

---

① ［英］哈赛尔·海格等：《向经验教师学习指南》，马晓梅、张昔阳译，华东师范大学出版社 2009 年版，第 1 页。

是相当不同的。①

所以，在实习教师的反思方面，体现了英国教育实习的一个不足之处，那就是多数实习教师把反思型实践解释为对自己的实践活动进行一般性的总结和评估。

虽然，能做到这种总结与评估是有益的，但这对于实习教师学会如何教学还远远不够。正如麦因泰尔所指出的那样，实习教师在自己的教学实践中主要应该学习的是他人的观点，这些观点不仅仅来自于有经验的教师，也来自于教育界的研究人员和学者。然后他们要对学到的这些理念，当然也包括自己的观点，进行超出一般范围的思辨性探究。② 因此，实习教师对于"反思"的理解以及"如何去反思""反思什么"等问题还停留在表面化的程度。而对实习教师反思能力的培养，从课程结构的设计与组织到实习过程的管理与评价以及实习指导教师反思能力的训练等方面都是需要改进的，这种改进需要大学与实习学校教师的共同努力。

## 二 专业标准要求与课程安排方面的问题

由于英国推行的是"合格教师资格"制度，所以英国师资培训署通过颁布统一的教师资格标准与职前教师培训要求从而在教师教育领域建立了一致的标准。无论是教师教育方案的制订，还是教师教育课程的设计与审核都要达到这一标准。正因为如此，作为职前教师教育的重要组成部分，教育实习的设计与安排也必须以此为目标，即培养达到标准的合格教师。

然而目前，在英国的教育实习过程中，比较常见的现象就是把实习

---

① John Furlong, Len Barton, Sheila Miles, Caroline Whiting & Geoff Whitty, *Teacher Education in Transition：Re-forming Professionalism？* Buckingham：Open University Press, 2000. 转引自 [英] 哈赛尔·海格等《向经验教师学习指南》，马晓梅、张昔阳译，华东师范大学出版社 2009 年版，第 14—15 页。

② McIntyre, D., "Theory, Theorizing and Reflection in Initial Teacher Education", in J. Calderhead and P. Gates , eds., *Conceptualizing Reflection in Teacher Development*, London：Falmer Press, 1993, pp. 39 – 52.

教师直接分派给中小学的指导教师，然后要求这些指导教师营造条件，让实习教师对照着专业标准进行学习。大家的实际做法往往是把这套标准列出来，一项项地安排实习教师练习，然后再一项项地检查他们是否达到了这些标准。这样一来，就使教学技能的学习既缺乏有机的联系，也缺乏理论的根据。因为即使一个实习教师逐项地达到了这些标准，他未必就是学会了教学或是保证能成为称职的任课教师。这是因为实习教师在学习达到某个单项标准的过程中，还需要根据不同的教学实际情况使用不同的知识和技能。也就是说，要使实习教师通过培训达到这些专业标准并成为合格的教师，必须对各种不同的学习途径加以考虑，而且在考虑的过程中要联系到现实、效率、教育理念等各方面的因素。并且要参考其他各方面的资料。英国的教育实习的核心理念与目标是发展实习教师的思辨型实践能力，即对各种教学方法加以分析和思考，不断提高专业技能和教学效果。如果在教学实践中只是为了达到某一目的而孤立地采取某一方法，这一思辨型实践是无法实现的。把不同的教学方法看成是教学技能的有机组成部分，是培养思辨型实践能力的最有效途径。所以说，仅仅按照逐项达到这些教师专业标准的模式来设定课程框架，就很难满足实习教师的学习需要。而作为教师教育者，应该从培训的根本目标出发，做出更合理、更有效的课程安排。① 一种合理有效的课程安排，需要对课程结构中的理论与实践部分的契合关系做出科学的安排与组织。

### 三　大学与中小学交流、合作、指导方面的问题

教育实习效果的好坏很大程度上取决于大学与实习学校是否建立起真正平等、合作的伙伴关系，进而发挥各自不同的作用来共同培养未来教师。但在英国教育实习的实践中，一些调查研究显示，大学与中小学的合作关系尚未真正建立起来。

（一）中小学校的问题

首先，在实践中，一些中小学往往出于"功利性"的目的来对待实

---

① ［英］哈赛尔·海格等：《向经验教师学习指南》，马晓梅、张昔阳译，华东师范大学出版社 2009 年版，第 65 页。

习指导问题。他们认为，中小学参与教师职前教育能得到不少好处。例如，可利用师范生作为分担教学的"额外助手"；能得到政府的拨款；可利用师范生和大学教师进行便利的教师在职教育；能免费使用大学的实验室和计算机室；等等。总之，这些中小学的真正兴趣在于如何谋取利益，对于如何指导实习生的问题并不关心。因而，大学和中小学的目标难以统一，两者之间的交流和合作出现了困难。①

正因为如此，中小学似乎只是把参与教师实习的工作当作一个项目来看待。由于各种"项目"的泛滥，中小学在与大学进行合作前也几乎没有制定任何实施方面的细则。由此看来，实习指导教师的工作可以说还没有得到学校管理高层的足够重视。

（二）学校指导教师的问题

对于中小学校实习指导教师而言，虽然如前所述，能够慷慨地指导实习教师也使他们深感满意，但还是可以在调查中发现这样的观点，那就是教师们抱怨自己"难以分身"，既要照顾学生，又要照顾学员。几位教师不愿意因为要在休息时间为学员提供指导而获得大学资助，而是希望多待在自己的教室里。② 总之，负责实习指导的工作需要学校教师付出很多的时间和精力，又因为这项工作没有得到学校管理者的大力支持和重视，因此尽管一些指导教师表达了对这一工作价值的认可以及自己在其中的收获，但还是有些教师为此感到负担过重。

此外，在"身份认同"方面，一些中小学校的指导教师也表达了担忧。关于身份认同，担任实习指导的学校教师很少将自己看作实习教师的引导者或良师（Mentor），相反，中学教师将自己认同为或归属于自己的教研组，小学教师则认同于学校的教师群体。因为他们担心，担任实习指导教师会使他们与其他教师区别开来，甚至有的教师担心担任指导教师会使他们向着教师以外的路径发展。

这种问题在苏格兰表现得更为明显。很多教师在接受调查时表示，

---

① 邓涛：《大学与中小学合作：英美两国教师培养模式比较研究》，硕士学位论文，东北师范大学，2003 年，第 14 页。

② ［英］罗博·麦克布莱德主编：《教师教育政策：来自研究和实践的反思》，洪成文译，北京师范大学出版社 2009 年版，第 67 页。

他们在为实习教师提供指导方面尚未做好承担更多责任的准备。原因不仅是出于自己工作量的考虑，更是由于他们意识到自己缺乏相应的经验和培训，不愿从教育学生的工作中分心。而且由于苏格兰学校文化的特点（分享与合作的价值观和工作方式），认为教师之间是一种平等、自主、安全的职业关系，其核心是平等，亦称"平行"结构，很多苏格兰人认为，实习学校的出现以及将良师益友（实习指导教师）看成是"特权教师"（Privileged Teachers）都将产生不良影响。①

在实习教师与中小学指导教师的合作探究方面，在英国兰卡斯特应用研究小组（Unit for Applied Research at Lancaster）进行的有关教育实习过程中实习教师与大学及中小学指导教师的合作关系的研究项目中发现，那些热心的指导教师大都努力地在为实习教师创设环境，以便让实习教师能够顺利地、没有任何差错地完成实习的整个过程。因为指导教师认为自己的成功取决于能否成功地指导学员顺利进行教学，其他方面则并不重要。因此在指导教师和实习教师之间，能否顺利地完成指导和被指导的过程是最为重要的，而基于实习过程中所出现的教育教学方面的问题所进行的合作探究则并不多见。

（三）大学指导教师的问题

伴随着"以学校为基地"的教师教育改革的实施，中小学在实习指导过程中被赋予了更多的职责，为此，大学教师与中小学教师都面临着一种新的变化，那就是大学教师要学会"放权"，而中小学教师要接受并增加自己的指导权。正是由于这种转变，大学教师投入到中小学的时间越来越少。其结果是，大学指导教师的职能逐渐变成了"问题救火队"或"鼓励者"。② 此外，和中小学实习指导教师一样，大学教师也担心因为承担实习指导的任务而和其他教师区分开来，甚至有被同事们边缘化的危险。

（四）大学对中小学的"殖民化"而非"整合化"

一些英国学者通过调查发现，在大学与中小学的合作关系方面，现

---

① ［英］罗博·麦克布莱德主编：《教师教育政策：来自研究和实践的反思》，洪成文译，北京师范大学出版社 2009 年版，第 48—50 页。

② 同上书，第 67 页。

状是大学对中小学"殖民化"而非与其"整合化"。因为在中小学里，很少能够看到大学指导教师，但是在大学教育学院（系）里却能更多地看到中小学教师接受导师培训或者参加项目管理会议。这些情况表明，出现的是从中小学到大学的单行道，却不见从大学到中小学项目规划与管理的通道。目前的制度不是和中小学整合，而是对中小学实施殖民化。[①]

虽然大学对中小学实施"殖民化"这一说法有些夸张，但在大学与中小学合作的过程中，的确需要认可双方在教师培养中的同等重要的地位和价值，并实现双方互动，而不能只是从中小学到大学的"单行道"。

### 四 大学在课程教学与培养经费方面的问题

（一）实习时间延长使得大学教育专业课程难免肤浅

由于教育实习的时间延长，这在一定程度上冲击了大学教师教育机构提供的教育专业课程的实施，从而带来了一系列的问题。

在目前英国的很多大学教师教育机构，其教育专业课程凸现的特点之一就是课程目标的无所不包。而且教师既要实现课程目标，又要设法与中小学的教育实践相关联；既要归纳出教学策略的模式，又要让学员为学校经验的获得做好准备。更有甚者，时常要在同一时间实现所有目标。考虑到教育学科知识范围如此广泛，教育目标如此多样，足见要上好这门课将会面临多大的挑战。一些任课的教师认为他们不可能成为无所不通的专家，担心若如此安排，将难以避免课程的肤浅。

另外，准教师在学习这样的教育专业课程时，由于很多教育专业课程缺乏清晰的学科理论，所以很多任课教师也对学生缺乏对理论的把握表示担心。例如，一位四年制的教育学士课程的导师评论道：

> 现在的师范生不再像以前那样能学到丰富的社会学和心理学知识——只有在让他们反思时，提及皮亚杰、布鲁纳和维果茨基，他们才间接地学到些皮毛。让我感到头疼的是，他们学到的知识有限，

① ［英］罗博·麦克布莱德主编：《教师教育政策：来自研究和实践的反思》，洪成文译，北京师范大学出版社 2009 年版，第 68 页。

从他们提交的论文中可以看出，他们根本没有消化这些知识。我甚至认为，与其向他们介绍一些皮毛，还不如一点都不传授。令我担忧的是，我们必须花大量的时间思考如何执行国家课程，却没有去检讨学生是如何学习的。①

（二）培养经费的紧张

对大学教师而言，强化教育实习，中小学通过教育实习课程承担起更多的培养职前教师的责任。而这在财政上对大学教师的直接影响就是，大学必须向实习学校支付报酬，这一要求直接导致了大学教育学院（或系）培养经费的紧张，进而影响大学教师的工作士气。"许多教师教育机构开始怀疑自己是否还能承受参与教师职前培养所需的费用，大学教师是否还能维持高昂的士气。于是，一些教育学院退缩了，更多的教育学院正在考虑是否退缩。资源充足与否成为改革成败的关键之一。"②

五　实习教师方面的问题

实习教师在实习过程中经常会遭遇到一些问题，其中的一个问题就是实习教师在实习的教学实践中产生对自我理念的认同危机。在实习过程中，如果实习教师对实习学校的一些规则等提出质疑，尽管他们出于诚心，但还是容易引起反感和不满。虽然大学教师教育机构强调要发展实习教师的批判意识和反思能力，但在现实的实习过程中，这种批判意识和反思能力的发展还是会受到阻碍。

此外，在高强度的教学训练过程中，面对实习中的各项任务和巨大压力，实习教师虽然学会了基本的教学技能，但常常学不到应该如何对自己的实际教学过程进行深入分析，使之得以提高。为此，无论是英国大学还是中小学都需要考虑如何为实习教师创造条件，使其能够进行反思性的学习与实践。

① John Furlong, Len Barton, Sheila Miles, Caroline Whiting & Geoff Whitty, *Teacher Education in Transition: Re-forming Professionalism?* Buckingham: Open University Press, 2000, p. 32.
② 丁笑炳：《对英国以学校为基地的职前教师培训模式的反思》，《高等师范教育研究》1998 年第 2 期。

### 六　实习结果方面的问题

由于目前在英国，还没有出台统一的教育实习评价标准，而且，由于实习时间的增加，原本为师范生开设的一些培训课程现在只有听凭各个学校乃至各个辅导人员的安排。把教育学和专业性学习更多地转移到学校，而各学校关于"何为教育"有着自己"地方性"的解释，这就预示着"如何处理教师职前教育方面的有关任务要求，不仅在各大学和学院而且即使在同一所高校的不同合作学校之间也将产生不同的模式"①。所以，由于缺乏统一的评价标准，各实习学校在学校环境、设施、指导教师水平、评价方式等方面又都不尽相同，这些都使得实习教师的实习效果存在着"地方性"的差异。

### 七　政府教师教育政策与教师专业化导向问题

霍伊尔和约翰（Hoyle & John, 1995）指出，对于传统的专业主义的挑战似乎是围绕着三个主题间的争斗展开的，那就是：知识、自主权与责任。

英国"以学校为基地"的教师培养模式尽管重视了教师教育的实践性，但也存在矫枉过正之嫌，即过分削弱了大学在教师专业教育中的作用和责任，这引发了学者们关于当前英国的教师教育政策与教师专业化导向问题的争论。

虽然英国新保守派强调"实践"优于"理论"及准教师需要在实践中培养和成长的观点，进而将职前教师培养的责任更多地交付给中小学教师，从而强化了职前教师教育中的教育实习。但是，也有一些观点持反对意见。

一些学者认为，过分强调教育实习和在实践中培养教师的做法，是英国政府企图要求无论教师在哪里接受培训都必须集中发展实际技能而

---

① Furlong, J., Whitty, G., Whiting, C., Miles, S., Barton L. and Barrett, E., "Redefining Partnership: Revolution or Reform in Initial Teacher Education?", *Journal of Education for Teaching*, Vol. 8, No. 3, 1996, pp. 275 - 304. 转引自［英］杰夫·维替《职业自我管理、国家控制抑或其它——试论英国教师教育的改革措施》，刘邦祥译，《教师教育研究》2004 年第 3 期。

不是掌握专业化知识从而完全抛弃教师职业的专业化。例如，学者斯图尔特·麦克鲁尔就曾指出政府的教师教育计划包含"显形和隐形"两层意图：显形意图是直接的，即让在职教师在准备其未来同事的从业能力方面发挥更大的作用。这是很好的想法……隐形意图却非常不详，它将把教师培训从大学和学院中脱离出来从而最终切断了高等教育学科的教学与中小学的教学实践之间的联系。所以，他感到大学在有关教师教育方面的降格预示着企图拆除把教育工作作为专业性职业的传统理由。此外，还有人认为，这种做法将会带来使教师沦为"技术工人"而不是"反思性专业人员"的危险。总之，这些评论者认为，在中小学中培训教师将限制未来教师更广泛的教育观的发展，而且把教学界定为几种技能表现也将助长学者霍伊尔所说的"狭义"的专业特性、抑制"广义"专业能力的发展。①

加拿大学者哈格里夫斯（Hargreaves）也曾对英国"以学校为基地"的教师教育有过如此评论：这种学校本位的教师教育，不是促进合作和共享，而是把教学倒退回业余的、去专业化的几乎是前现代的技艺，现存的技巧和知识从专家传递给新手，这种实践顶多是一种复制而不是改进。②不仅如此，也有一些学者指责英国政府的教师教育政策及其管理人员只是对教师教育的质量管理更为关注，而没有关注教师教育的本质属性等根本性问题。

---

① ［英］杰夫·维替：《职业自我管理、国家控制抑或其它——试论英国教师教育的改革措施》，刘邦祥译，《教师教育研究》2004 年第 3 期。

② Hargreaves A., "The Four Ages of Professionalism and Professional Learning", *Unicorn*, Vol. 23, No. 2, 1997, p. 106.

# 第 六 章

# 对教育实习的批判性思考与
# 未来发展的建议

虽然教育实习是职前教师教育中必不可少的重要因素，对于实习教师的专业发展有着重要的影响与作用，但据此认为教育实习具有超出其形式所达成的影响，也是不明智的。教育实习也有其局限所在，这一点也是不容回避的问题。为此，我们需要深入了解教育实习有哪些自身的限制或其对实习教师专业发展的负面影响，这样我们在改进教育实习的过程中才能趋利避害，从而更好地使其发挥正面的积极影响与作用。所以，本书在此部分将对教育实习展开批判性思考，并在此基础上，结合本书的上述所有研究结果，对教育实习的未来发展提出建议和愿景式的探析。

## 第一节  教育实习的局限

早在一个世纪前，杜威（Dewey，1904）就曾提出警告：在专业发展过程中，过度强调实际经验，可能会引起实习教师无疑问地接受辅导教师之技巧而不探究反省。① 学者科萨桢（Karsakgen，2001）也认为，教师教育中那种基于技术理性主义的"从理论到实践"（Theory-to-Practice）的方法是无效的，教师通过接受职前教师教育所发展出来的许多观点和教育概念，在进入学校现场之后都会灰飞烟灭（Wash out）。然而，如果教师教育的焦点完全由强调理论转向了依靠实践经验，这种实践本位的教

---

① 罗纶新：《教育实习理论与实务之探讨》，《教育科学期刊》2002 年第 1 期。

师教育同样不成功。现实已经证明，如果不能与理论有机地融合起来，教学经验只能导向徒然的毫无收益的自发社会化过程而不是丰富的专业发展。① 因此，在他看来，过度强调实践经验的做法并不一定保证教育实习的效果与教师教育的成功。虽然，较长时间的教育实习是准教师专业社会化的一个重要因素，但实习期的延长并不一定保证能够提供实习教师专业发展的机会。学者威顿（Wideen，1993）认为，如果教育实习在整个教师教育项目中是压倒性的，占太大比例的，则不利于准教师的专业学习。②

　　为什么学者们会有如此观点？这是因为如果教育实习过程不能与理论学习的过程紧密融合，如果实习教师学习教学的过程沦为对指导教师教学模式的简单、盲目的模仿而没有任何批判性的反思，那么教育实习作为情境性学习和经验性学习的过程，也会由于安排不当而难以克服其自身的局限而带来一系列的弊端。这种弊端会使得教育实习削减为教学技巧的简单传递、对教育教学理解的一知半解和对以往实践的毫无问题的复制，而这种实习自然很难满足当代教学复杂性的要求。因此，这种教育实习就存在着如哈格里夫斯所说的"将教学倒退回业余的、去专业化的几乎是前现代的技艺"时代的危险，那么，这种教育实习顶多是一种复制而不是改进。因此，深入分析教育实习可能具有的各种局限，并在实施过程中设法规避这些局限与弊端，对于推进教育实习的发展无疑是非常重要和必要的。

## 一　教育实习"情境"的局限

　　情境性学习是在特定情境中发生的学习，这有利于实践者个体在真实的专业情境中构建专业知识，发展其实际的专业能力。

　　对于实习教师而言，这种基于教学情境的教育实习对于克服传统大学本位学习的僵化、无趣以及与实践脱离等弊端，整合其理论知识与实践知识，促进其"缄默知识"的学习以及实践能力的发展，都是非常有

① 周成海：《客观主义—主观主义连续统观点下的教师教育范式：理论基础与结构特征》，博士学位论文，东北师范大学，2007年，第263页。

② Fred A. J. Korthagen, Jos Kessels, Bob Koster, Bram Lagerwerf, Theo Wubbels, *Linking Practice and Theory—The Pedagogy of Realistic Teacher Education*, Mahwah: Lawrence Erlbaum Associates, Publisher, 2001, p. 39.

效的。不仅如此，加强这种情境性学习，也可以在一定程度上避免实习教师在入职后经历同样的"现实的震撼"。

但是，教育实习作为一种情境性学习，也存在着自身的局限。那就是情境性学习，如果是基于单一的、刻板的、孤立的情境，则容易使个体的专业知识局限于某些或某种特定情境，从而使个体无法获得更为广泛的、迁移性的、能够适应多种情境的专业知识。

有鉴于此，对于教育实习而言，就很有必要深入探究在实地教学中传统的"一个教师管理一个班级"（one-class/one-teacher）的安置方式。古德莱德（Goodlad）是最早也是最为强烈的批判这种模式的人之一，他称每个教室安排一位实习教师和一位现场辅导教师的模式是"一种具有严重缺陷的模式"，这种模式"无法培养未来的教师成为整个学校的职员"。因此，他倾向于将学生分配到学校而不是教室，这很像一位学医的学生被分配到医院而不是分配给某一特定的病人一样。

因此，如果将实习教师只是一次性地分配给某一指导教师，并跟随这位指导教师在其任教的固定班级中进行实习，即在"同一间教室"内学习教学，那么实习教师进行实习的班级、教室就会成为教学技能的竞技训练场，实习教师以泛泛的方式不断在同一种教学环境下重复同样的工作，而未对多样化的教学情境或环境做出不同的应对。这种做法一方面会使实习教师对教学与教育的理解仅仅拘泥于一个班级的教育教学的情况，从而容易产生片面认识；另一方面，这种教育实习的模式也会使实习教师容易产生焦虑感，因为他们对未来即将面对的复杂情况仍然不知如何应对，因而只会以随意的想法来应付了事。这种实习方式，从许多研究中可以得知其结果可能会造成如下三种不良后果：①立即且全然地投入班级的责任感很快就会变为权威性，控制倾向，限制学生的行为，不太愿意接受来自学生的想法。②这种方式会使实习教师很快地模仿指导教师的教学模式。③实习教师很快投入教学，立即面对学生的问题及与指导教师不同的理念而产生焦虑与冲突。①

---

① Sinclair, K. E. & Nicoll, V., *The Sources and Experience of Anxiety in Practice Teaching*, Paper delivered to the South Pacific Association for Teacher Education Conference, Sydney, April, 1980.

前文所谈到的情境学习理论提醒我们，要注意在情境学习的过程中，尽力使知识表征与多样化的情境相联系，即提供多样化的、不确定性的情境以使实习教师获得更为广泛的、迁移性的、能适应多种情境的专业知识。

为此，在教师的教育实习过程中，一些国家，如荷兰乌特勒支大学的"现实主义"教育实习项目（硕士层次），在其教育实习安排方面，就强调实习教师在半年后要变换实习学校，通过转换实习学校这种方式，以使实习教师对现实的教育有着更广阔的视野，产生更广泛的认识和迁移性的知识。

不仅如此，即使在一所实习学校中，一些国家，如前述英国、美国、加拿大等，都注重让实习教师在广泛多样的情境中获得更为开阔的理解和认识。如加拿大奥尔伯塔大学（Alberta University）2003—2004 学年的教育实习项目，和英国一样，非常注重使实习教师拥有"整个学校的体验"（whole school experience），因而采用了不是一个实习教师管理一个班级的（one-class/one-teacher）的实习管理方式，而是让实习教师拥有在不同年级和不同班级进行教育教学实践的机会和体验。

无论是基于"整个学校的体验"还是转换实习学校，其初衷都是要避免教育实习作为一种情境性学习的弊端，以使实习教师获得能够适应多种情境的专业知识，即实现"透过实践去学习"（Learning Through Practice）而非仅仅的"从实践中学习"（Learning from Practice）。①

当然，这种基于多样性的、不确定性的情境中的学习需要以在安全的、稳定的情境中的学习为基础。因此，在教育实习中，虚拟情境中的模拟实习、角色扮演不仅是必要的，而且应为真实情境中的教育实习奠定基础。换句话说，通过安全情境下的学习，实习教师可以"在平静的湖面学会划船"，即通过对教与学的过程的分解与演练，实现对每一教学过程与技能的准确把握，从而有利于减少实习教师在真实情境下的教育教学的失误，最大限度地降低实习教师的教学对任教学生的不良影响。同时，也可以避免实习教师突然进入真实的教育教学情境而受到错误格

---

① Della Fish, *Learning Through Practice in Initial Teacher Training—A Challenge for the Partners*, London: Kogan Page Limited, 1989, p. 32.

式塔的影响。

在模拟实习方面，也许由于微格教学原本产生于美国的斯坦福大学之故①，美国对模拟实习非常重视，特别在微格教学方面已经形成了一系列好的做法。相比而言，英国由于经验主义文化传统的影响根深蒂固，他们更加执着于"透过实践学习"，即在真实的教育教学情境下的教育实习，所以在模拟教学方面没有给予太多的重视。我国自从在 1989 年引入微格教学后，模拟实习已经成为教育实习的一个必要环节。目前很多师范院校已经逐渐开发出了独具特色的实践模式，如华东师范大学的"虚拟现场"活动，长春师范学院开展的"双促式模拟教学"模式等。

总之，对于实习教师而言，虚拟情境与真实情境下的学习都是必要的，前者应为后者奠定基础，但在前者基础上，后者应更加强调教育教学情境的真实性、复杂性、多样性和不确定性，而非"接近真实"的情境。因为只有这样，实习教师才能实现对进入教职之后的真正教学的过渡与适应，才能减少"现实的震撼"，也才能在职前通过教育实习过程真正学会面对未来复杂、多变的教育教学情境的本领，也只有这样，教育实习才能凸显其意义和价值。不仅如此，从教师实践性知识获得的角度，实习教师也需要各种"问题情境"，而非被保护的、顺畅的、安全的教学情境，因为只有从问题情境当中，实习教师才能在面临一个个令其困惑的、有待解决的问题情境下展开"行动中的反思"，从而通过采取行动来解决这个问题，在反思与对经验重组过程中，抽象出属于自己的教育信念，即教师的实践性知识。换句话说，教育实习这种立足于"行动"的学习须与变化的"情境"中的探索紧密联系起来，并且也正是因为情境的内在独特性和不确定性，才使得探索不断被激励和延伸，才能反过来促进这种行动中的认知。

不仅如此，依据美国学者杜威的观点，这种实习教师学习教学的情境还应该发生于一定的社会背景之中，即不应该仅仅拘泥于教室，还应该被拓展开来，并与广阔的社会背景联系起来，因此，实习教师的学习也应该发生在校外、社区，在与家长的联系过程中。为此，教育实习的

---

① 微格教学于 1963 年由斯坦福大学的阿伦（Allen，D. W.）、依弗（Eve，W.）、麦克唐纳（McDonald，R. J.）等人创立。

内涵、内容、场所与实习模式等都需要进一步深化与改进，以拓展实习教师的视野，形成其对教育教学的全面了解和对多种情境的把握。

## 二　教育实习"经验"的局限

正如前文所述，教育实习是安排准教师亲自到学校现场参与实际教学的活动，由其中学到如何教学及获得第一手与教学有关的直接经验的学习过程。因此，准教师在教育实习期间的学习被学者们认为是一种经验学习（Experiential Learning）的过程。

然而，诚如杜威所强调的那样，并非所有能引发我们反应的经验都具有教育的价值。① 有的时候，实习教师所获得的经验可能是错误的经验；有的时候，实习教师接收到的经验也可能是狭隘的技艺性经验；而有的时候，这种经验又可能是对传统式教学的简单复制甚至是强化的经验。因此，既然"经验"是教育实习的核心因素之一，我们有必要对经验及其可能带来的局限和弊端进行审视与思考。

### （一）技艺性经验可能带来的狭隘性

由于实习教师在教育实习期间，更多跟随学习的是实习学校的学科教学指导教师，无论是实习教师从指导教师那里通过教学观摩、有限教学参与等形式而观察、接收到的间接经验，还是实习教师本人在实践教学中所获得的直接经验，如果没有对经验的反思与抽象的提升，实习教师可能会满足于掌握狭隘的技艺性经验，从而影响其对教育问题的深入理解与思考。

学者麦克尔·J. 伯森（Michael J. Berson）认为，实习教师通常只跟随一位老师工作（或者有时候是少数几位），因此，他获取的教学技巧的视野也是有限的。接触的有限性降低了实习老师遇到真正合意的、志趣相投的良师的可能性；由于人们带到教学工作中的观念各式各样，所以配合不当可能会减弱教学实习的效果。很多时候，指导教师的工作量也没怎么减少，或者对其额外的指导工作也没有任何实质性的补偿，而且

--------

① K. M. Zeichner, "The Student Teaching Seminar: A Vehicle for the Development of Reflective Teachers", A Paper delivered to the Annual Meeting of the Association of Teacher Educators, Washington, D. C., 1980, p. 2.

也无法保证被选中的指导教师是否有能力解释其所做的教育决策背后所依据的原理。因为临时性和范围的狭隘性，通常的教育实习安排无法抵消先前社会化的非反思性。实习教师并没有被要求去比较、分析，并在各种可能性中进行选择。当然，风险就在于，教育实习仅仅是使学生了解了另一位教师的工作风格而已。教育实习的价值已经为许多曾参与其中的教师们所证实，然而，又没有什么证据可以显示它是一种强大的远离传统和个人主义的力量。与教育课程相比较，教学实习可以说是现实和实际的，但它也是短暂和狭隘的。①

此外，实习教师在教育实习期间所获经验的狭隘、个人主义的可能性，还在很大程度上导源于实习指导教师对实习教师的垄断指导与非专业的态度。学者理查德森（Richardon-Koehler）通过对实习教师教育实习过程的实证调查发现，很多实习指导教师不太愿意实习教师观摩其他教师的教学，因此对实习教师形成了一种指导的垄断性，这种垄断进一步加强了实习教师在获取教学知能方面的视野的有限性。因此，实习教师所学常是对指导教师个人教学风格的模仿，或是靠着尝试错误来达到某一位教师个人认为对的标准。其次，指导教师缺乏能力或意愿去反思自己或实习教师的教学演练，以致实习教师不易获得好品质的回馈，因此无论是间接经验或实习教师的直接经验，都在很大程度上存在着狭隘性与技艺性的危险。在这一过程中，如果借助于大学指导教师的辅导与反馈，也许这种危险可能会减少，但遗憾的是，在现实中，大学的指导教师也并无能力打破实习学校指导教师独特狭窄的辅导方式，因为正如英国的大学指导教师那样，大学教师投入到中小学的时间越来越少。大学指导教师的职能已经逐渐变成了"问题救火队"或"鼓励者"。

（二）复制传统的经验所带来的危险

很多研究表明，准教师在十几年的接受学校教育期间，一直在不自觉地对教师的教学进行一种"学徒式观察"，而在教育实习阶段，如果没有经过批判性的学习与指导，那么实习教师对其指导教师的教学观察，不但不能将学生时期由学徒式观察所带来的社会化去除，反而可能会又

---

① Betty E. Steffy, Michale P. Wolfe, Suzanne H. Pasch and Billie J. Enze, *Life Cycle of the Career Teacher*, Thousand Oaks, California: Cowin Press, Inc., 2000, p. 38.

一次强化传统式教学的印象。

正如美国学者罗蒂（Lortie，1975）所说，在进入师资培育机构修习教学学科课程之前，职前教师就已经坐在教室里累积了将近13000小时的"学徒式观察"，非正式地学习了如何教学。罗蒂认为，那种"学徒式观察"对观察者——被教的学生——有着显著的影响效果。罗蒂所收集与进行实证研究的资料都印证了这一点。调查中的教师透露他们现时的教学受到以前他们老师的影响。但是，早一些受到耳濡目染又有什么不好呢？罗蒂坦率地指出，这种以学生角度出发的观察，往往是经由直觉的学习与模仿，对教学缺少明确的认知与分析。学徒式观察对于教学具有强大的影响力，它使人在学生时代的十多年间，对教师的教学与学生的学习有一个既定的信念与模式。如果教师缺乏反思与批判这种经验的能力，则可以想见的是，教师就会自觉或不自觉地复制上一代教师传统的教学方式。

虽然罗蒂指出了学徒式观察对教师学习教学的负面影响，它也提出一个比较乐观的看法，即认为，如果有一个"理性的干涉"（Intelligent intervention）发生，则足以使教师的学习朝向教学改革的方向。[1] 如果在教育实习期间，培养实习教师的批判与创新的精神与能力，则有助于打破一再复制传统式教学的恶性循环。

为此，在教育实习期间，实习教师学习教学的过程，必须伴随批判性的反思，以及大学指导教师与学校辅导教师的批判性指导。只有这样，才能帮助实习教师去除传统式教学的印象，真正学会进行具有自己独特风格的并采纳了新的理念的教学。

总之，正因为有时候实习教师通过教育实习所获得的经验可能是短暂的、狭隘的，是个人主义的技艺性经验或者是对传统经验的无问题的复制，因此，这种经验学习过程不能简单地建基于"经验主义"的原则之上。因为，"如果实习教师只是透过观、看、做的经验，而且直接地认为所观、所看、所做都是非常合理的话，就容易使人局限于特定的经验中去学习教学实务，这是一种学徒式的模仿学习，只能学习到教育技术，

---

[1]　Dan C. Lortie, *School Teacher—A Sociological Study*, Chicago and London: The University of Chicago Press, 1975, p. 229.

却很难运用特定经验，去扩展教育实务施行智慧的能力或视野"①。这种简单的"学徒式"的经验学习，在本质上，只是一种实务练习，"而不是运用实务经验，统合学理与实务可能的沟通辩证的途径，以朝向教育理想迈进的历程。在这种观点之下，师范实习生或教师只是被动地接受实务实习，所获得的经验无法发展整全的综判教育智慧，易使师范生或教师落入以井观天的自我限制而不自觉"②。

　　通过前述对经验学习理论的了解，我们知道，在学习过程中，实际经验并不一定必然带来新的知识，必须通过反思这一环节才能产生真正的学习，并创造出新的经验与实践的智慧，而且在这过程中，参与者要分享彼此的经验，通过大家共同地对经验进行分析与反思，学习才能产生新的意义。因此，反思是经验学习的核心与要求。此外，更重要的是，实习教师所获得的各种经验，必须结合理论进行分析，即要接受理论知识的检验和批判，只有通过结合理论对经验进行抽象分析、辨别、反思与批判，使经验重组与创生新的意义和实践智慧，在此基础上，实习教师的实践性知识才得以生成和发展。通过前文对实习教师实践性知识的了解，我们知道，实践性知识在本质上不等同于人们一般意义上的"经验"，也不同于杜威意义上的"经验"。它来源于经验但高于经验，抽象层次更高，具有概括性。③ 因此，如果没有经验与理论的结合，如果没有对经验的批判性反思、重构，那么不仅是在妄谈实习教师实践性知识的生成，而且上述经验带给实习教师的还可能是负面的影响而非积极的作用。

### 三　实习学校"文化"同化的影响：实习教师的傀儡（Social Pup-pet）角色与"市井精明"（Street Smart）

　　我们知道，在一些学校中，由于科层体制的影响，在学校文化中会形成一些共同准则与规范，即在"每一所学校里都存在着一种或更多的视作理所当然的现实定义或共同准则（collective code）。在这种模式里，

① 王秋绒：《教师专业社会化理论在教育实习设计上的蕴义》，中国台北师大书苑有限公司1991年版，第64页。
② 同上书，第65页。
③ 陈向明：《对教师实践性知识构成要素的探讨》，《教育研究》2009年第10期。

现实以一种无问题的方式构成，并成为认知和体验其他观点的障碍。教师们常常是不加批判地接受一切学校现实，主动地接受了人们所共同接受的观念"①。这些所谓的规范或共同准则，可能符合教育现实环境，但未必全部都是先进的、非常具有教育价值的。一些研究显示，在教育实习期间，实习教师除了习得教育实习课程中的预期目标外，更有可能在实习学校的科层体制文化中，学到一些教师教育机构不希望实习教师学习的教学态度或行为。例如，王秋绒就曾指出，实习生极易落入实习学校的大染缸中，习得一切符合教育现实环境，但不一定具有教育价值的规范与行为。②

勒西的研究也曾指出，实习教师会根据实习学校的现实环境，采取适应或面对难题的策略。③ 有些实习教师则会完全顺从实习学校的一切规范，诚如贝克（H. S. Becker）所指出的，实习教师在实习学校的科层体制中，充其量只是一个社会傀儡（Social Puppet），实习所得完全复制原有规范。④ 因为常常当实习教师走进教室的时候，他们发现的是孤立的环境，此外他们还会发现教学环境是受多种因素影响的。课堂决策的每一个步骤都要受到管理方针、经费使用的限制规定、社区压力、家长关注、州的政策，甚至更多方面的影响。因此，实习教师原本带着理想、热情与好的想法来到教室，但是其理想可能最终会被学校的文化所同化，实习教师会在同化的过程中学会"市井精明"（Street Smart），进而妥协、顺从于实习学校的文化与模式。

我国学者林一钢通过对我国实习教师在教育实习期间的知识发展的实证研究发现，当实习教师沉浸在教育实习现场的时候，更多的实习时间在一定程度上意味着实习教师被实习学校现有文化同化的更大可能性。例如，在其研究中的邵老师，在教育实习过程中，可能有或已经有被实

---

① 李玲：《反思性教学与教师的反思能力的培养刍议》，《东岳论丛》2002 年第 5 期。

② 王秋绒：《教师专业社会化理论在教育实习设计上的蕴义》，中国台北师大书苑有限公司 1991 年版，第 6 页。

③ Lacey, C., *The Socialization of Teachers*, London: Metheun, 1977, p. 84.

④ K. M. Zeicher, *Myths and Realities: Field-based Experience in Pre-service Teacher Education*, a papaer delivered to the Meeting of the Midwestern and Wiscousin Education Research Association, Milwaukee, Nov. 1979, p. 9.

习学校文化同化的倾向，他所信奉的班级管理理念已经被 A 中的管教文化所同化，尽管信奉的一些教学理念尚能够维持，但在教学的行动理论上已经采取了传统的教学方式，他信奉的教学理念之所以得以维持，主要是将自己在教育实习中的身份视为"过客"。①

对于实习教师而言，了解实习学校的文化，本是教育实习的题中应有之义。如果是积极的、进步的学校文化，对实习教师的专业社会化当然会产生助益；如果是不良的甚至是消极的学校文化，那对实习教师专业成长的影响将不是推动力而是阻碍力。

对此问题，一方面要强调教育实习的目标不应该是简单地了解学校、自我及教师的角色；检验理论与实践的关系；等等。更应该强调从教育实习现场中获得一种批判的精神，批判当前学校现有的"落后"的教育理念；批判性地接受指导教师的意见与建议；养成尝试自己信奉却不同于现有学校现存的教育理念，发展属于自己的实践性知识等。②

另一方面，对于接收实习教师的实习学校而言，应该考虑构建什么样的文化让实习教师更好地了解教师的诸多角色以及对实习教师发挥正面的积极作用。

对此，英国学者在其教育实习项目中，已经进行了深入的研究。如麦克库勒奇和洛克（Lock）探讨过学校全员培训法的管理意义，并建议，如果实习教师要成为积极的批判性的学习者，他们将在"一种以挑战、变革、冒险和评价为中心的学校文化中学得最好"。③

#### 四　教师实践性知识的自身"局限"

虽然在论及教师的教育实习过程中，笔者不遗余力地在强调教师的实践性知识，并倡导教育实习的过程应成为实习教师生成和发展个人实践性知识的过程，因为实践性知识在教师职业中发挥着不可替代的重要作用，是教师真正成为专业人员的核心基础。但是，尽管如此，教师实践性

① 林一钢：《中国大陆学生教师实习期间教师知识发展的个案研究》，学林出版社 2009 年版，第 250—251 页。
② 同上书，第 251 页。
③ ［英］罗博·麦克布莱德主编：《教师教育政策：来自研究和实践的反思》，洪成文译，北京师范大学出版社 2009 年版，第 76 页。

知识并非是完美的，我们在倡导恢复教师专业主体与知识生产者的诉求而追求实践性知识的同时，也不能忽视教师实践性知识自身存在的缺陷。

对于教师实践性知识的缺失，学者古德森认为强调实践性知识会为教师实践专业主义招致双重批评：其一，并不是所有教师的实践知识都是教育性的、有益的和对社会有价值的；其二，对教师日常和实践知识的过分推崇或许会重新使他们的工作远离更广阔的道德、社会规范和社会义务。① 为此，古德森认为，实践本位的教师专业主义容易缩小教师的任务和专业化领地，并使专业精神沦为技术化的定义，甚者会带来去专业化的危险。

正因为如此，他认为，教师专业需要的是受社会实践与道德标准所驱动的专业主义和知识体系。于是，古德森与哈格里夫斯在合作研究的基础上，提出了教师的"后现代专业主义"（也被他们称为"广义专业主义"）。后现代专业主义包括下列七种要素：①首先也是最重要的是，必须确立有关教师教学的道德和社会目标；②教师有越来越多的机会和责任，自由地实践对学生发展有影响力的教学和课程；③致力于与同事建立一种相互帮助和支持的合作文化，并把它作为一种使用共享资源解决专业实践问题的方式，而不是作为一种实施外部强制的激励手段；④专业而非自治，或者说不是自我保护的自治，而是广泛参与的自治；⑤为学生提供积极的教育和服务。专业主义必须在这种意义上承认与信奉教学中的情感和主体意识；⑥以自我为中心的、对与自己专长和实践标准相联系的继续学习的追求，而不是依从于他人所要求的无休止变化且日益削弱的责任；⑦充分肯定教学工作的高度复杂性和创造性本质，在理论和实践上对这种复杂性和创造性给予应有的地位与恰当的报偿。②

依据古德森和哈格里夫斯的观点，强调教师的反思、批判、对话、建构的实践本位的专业主义是不完满的，教师职业是一个道德的和伦理的职业，新的专业主义需要将其恢复为一个指导原则。③ 因此，教师首先

---

① ［英］艾弗·F. 古德森：《专业知识与教师职业生涯》，刘丽丽译，北京师范大学出版社 2007 年版，第 135 页。
② 同上书，第 137 页。
③ 同上书，第 137—138 页。

需要具有忠诚于道德、伦理标准的专业精神，能够深刻体认自己的教学所负有的道德和社会目标。基于这一观点，在教育实习的培养目标中，就要通过细节关注对未来教师的专业精神和专业伦理的培养，因为教师职业是培养人的职业，是一个道德与伦理的职业。

总而言之，上述观点使我们看到，如果安排不当，教师的教育实习会产生一些我们不希望看到的不良影响。不仅如此，更有学者质疑教育实习的必要性。例如，罗蒂就认为，个人生活的传记（Biography）才是教师社会化的主要来源，而不是正规的训练课程。他认为，师范生在几千个小时的上课经验中，不断地与任课教师互动，会将任课教师的教学模式内化，因而习得教学行为。因此，教育实习课程就没有必要了。①

虽然目前对于教育实习的局限的研究仍有分歧，但大多数学者还是肯定地认为，教育实习是职前教师教育中的必要元素，而且在以终身教育理念为基础的教师教育改革中，教育实习的地位不但不会降低，而且会提升。② 然而无可讳言的是，无论中外的教育实习都显露无数弊端，这也许就和以上所论述的教育实习的局限性不无关系，因此在了解教育实习的局限性的基础上来改进教育实习，这种改进会更加有的放矢，也只有这样才能科学规划教育实习，使其充分发挥专业化的正面影响与积极功能。

## 第二节　教育实习的发展愿景

有鉴于对教育实习局限性的深入分析，笔者认为，片面夸大教育实习的作用，或一味地延长教育实习时间，并不一定能够使得教师教育走向成功，相反，有可能引起教师教育向"学徒化"时代倒退。因为"仅

---

① K. M. Zeicher, "Myths and Realities: Field-based Experience in Pre-service Teacher Education", a paper delivered to the Meeting of the Midwestern and Wiscousin Education Research Association, Milwaukee, Nov. 1979, pp. 9-10.
② 王秋绒：《教师专业社会化理论在教育实习设计上的蕴义》，中国台北师大书苑有限公司 1991 年版，第 7 页。

仅有经验或者参与活动，那是不够的；一切都取决于已有经验的品质"。①
对此，王秋绒也认为："时间的连续性只是让师范生或教师较有可能朝向
与教育经验对话的一个必要条件而已，很显然地并非充分条件。充分的
条件存乎实务经验的呈现形式（form of practical experience），或从这种
形式中彰显出来的经验的‘质’（the quality of the experience）。换句话
说，教育实习能否发挥教育功效，并不在于其经验时间的长短，而是要
问是什么样的经验，要用什么样的方式运用这些经验，才可能使经验产
生拓展教育智慧与引导合理的实施方法的价值。"② 的确，时间对于教育
实习而言，只是一个必要条件，充分条件则是教育实习的质量如何，即
教育实习作为实习教师对教育实践的"经验"，能否对实习教师发挥教育
功效才是最重要的。

　　如何使教育实习产生拓展教育智慧与引导合理的实施方法的价值，
进而成为有质量的、有效果的教育实习呢？笔者基于本书的上述所有研
究，包括对英国的案例分析，对于教育实习的发展与改进提出了以下一
些不成熟的建议。

## 一　教师教育范式转移中的教育实习：走向理论与实践的融合

　　教育实习是职前教师教育中的重要组成部分，对教育实习的发展愿
景的考量自然离不开对教师教育整体发展的观照。因为教师教育的发展
动向会影响教育实习的进展，而教育实习的改进也有赖于教师教育的整
体配合。

### （一）教师教育范式的转移

　　放眼世界，20 世纪 80 年代以来，世界范围内的教师教育开始进入一
个转型和变革的时期。洪明教授曾指出：在世界范围内，"教师教育领域
正发生着深刻彻底的思想变革，亦可称作‘范式’的转换，其主流趋势

---

① Betty E. Steffy, Michale P. Wolfe, Suzanne H. Pasch and Billie J. Enze, *Life Cycle of the Career Teacher*, Thousand Oaks, California: Cowin Press, Inc., 2000, p. 43.
② 王秋绒：《教师专业社会化理论在教育实习设计上的蕴义》，中国台北师大书苑有限公司 1991 年版，第 64 页。

就是支撑教师教育的理念根基已由以往的'理论'转向了关注'实践'"①。张奎明博士则认为，教师教育的传统范式正在被建构主义范式所取代，他指出：以建构主义为指导的教师教育改革，意味着教师教育基本范式的转变。正如托马斯·库恩在《科学革命的结构》中所指出的，一种新的科学范式的出现往往是由于前范式日益陷入危机导致的。教师教育中建构主义范式的提出也是如此。20世纪80年代以来，建立在客观实证主义知识观和行为主义等理论基础上的传统的教师教育日益陷入困境……教师教育要克服这种危机，需要加强理论与实践的关系，在一定的合适的理论框架下，基于中小学教育教学的实际和发展需求，对学与教，教师和儿童，对教师教育等的核心概念和基本的理论问题进行重新认识，进行必要的解构和重构。而在这种重构的过程中，建构主义因强调知识与认知过程的统一，重视知识的情境性、个体性等，无疑与人们对教师知识特性的认识是相吻合的，因而自然成为一种适当的理论范式，建构主义的有关认识论、学习观和教学论主张，也确实为解决传统的教师教育危机，迎接时代对教师教育提出的挑战提供了许多有益的启示。②

　　虽然学者们对转移中的教师教育范式提出了不同的观点，但就教师教育范式的演进趋势而言，当前国际范围内主流的教师教育更偏向于实践本位的教师教育范式。与具有忽略教师发展的主体性、压制教师的个人理解、将教学工作过分简约化为技术的堆积等一系列弊端的理论本位的教师教育相比，许多新兴的教师教育的话语模式，如实践、反思、经验、建构、探究、合作、校本等说明了人们对实践本位教师教育范式的偏爱。目前，世界很多国家的教师教育都在强调培养教师成为"反思型实践者"，并强调教师实践性知识对于教学工作的价值和意义。可以说，当下我们所推崇的教师专业主义也正是实践专业主义。

　　正因为如此，世界各国都在近年来加强教师教育的实践性，强化教育实习的地位和作用。无疑，在这一方面，英国成了实践本位教师教育

---

　　① 洪明：《"反思实践"思想及其在教师教育中的争议——来自舍恩、舒尔曼和范斯特马切尔的争论》，《比较教育研究》2004年第10期。

　　② 张奎明：《建构主义视野下的教师素质及其培养研究》，博士学位论文，华东师范大学，2005年，第74—75页。

改革的排头兵，在澳大利亚、荷兰也可以看到这种实践本位的教师教育改革的政策与影响。此外，美国通过"教师专业发展学校"的建设也在加强教师教育的实践性。在我国，无论是新教师教育课程标准将实习时间从原来的8周延长到10周以及12周，还是教育部颁布的强化免费师范生实践教学环节、完善师范生在校期间到中小学实习半年的制度的规定，以及河北师范大学、上海师范大学、西南大学等教育实习时间的延长、教育实习模式的改进等，都说明了当前实践本位教师教育范式的大行其道。

　　然而，范式的转移也并非由一种范式完全转向另一种范式的钟摆运动（from-to），这种转移只是表明某一种范式得到更多的偏爱，而在真正的运作中，仍需要两种范式共同发挥作用（combine-with）。① 并且事实上，"传统的理论本位的教师教育和改进后的实践取向的教师教育都在冒险。传统方法的风险是学生教师不能把理论应用于实践，实践取向的做法的风险是教师不能把实践和理论联系起来……因而为了消除这种风险，一个核心的问题是怎样把二者结合起来"②。舍恩在谈到这一观点时曾举例说，强调教师教育的艺术性，并不是要把科学性抛出窗外，两者都有自己特定的适用范围，"一方面按应用科学能够界定和与之适切的范畴提出问题，另一方面使艺术填满理论、技术和具体行动间的空隙"③。

　　可见，虽然目前实践本位的教师教育范式更受人们的青睐，但单独强调哪一种范式都是片面的、冒险的，因而理论本位与实践本位的教师教育范式需要共同发挥作用，即在教师教育的现实发展中，实现理论与实践的融合。

（二）走向理论与实践融合的教育实习

既然理论本位与实践本位的教师教育范式需要共同发挥作用，那么

---

① ［美］约翰·霍根：《科学的终结》，远方出版社1997年版，第63—64页。

② Tigchelaar, A., Korthagen, F., "Deepening the Exchange of Student Teaching Experiences: Implications for the Pedagogy of Teacher Education of Recent Insights into Teacher Behaviour", *Teaching and Teacher Education*, Vol. 20, No. 7, 2004, p. 666. 转引自周成海《客观主义—主观主义连续统观点下的教师教育范式：理论基础与结构特征》，博士学位论文，东北师范大学，2007年，第263页。

③ Schon, Donald, *The Reflective Practitioner: How Professional Thinks in Action*, Basic Book, 1983, pp. 131 – 132.

在教育实习的过程中，更要在课程结构与人员安排方面，进一步加强理论与实践的结合，发挥理论与实践不可或缺的、同等重要的作用与价值。正如德国哲学家康德所言，经验可以形成知识，但经验只提供形成知识的资料，经验本身还不等于知识。为了形成知识，还需凭靠先验知识（Knowledge A Prior），即理性。经验供给形成知识的资料，理性提供形成知识的结构和组织。经验与理性不可或缺。① 康德试图对理性主义与经验主义进行综合。英国的著名学者赫斯特则针对教师教育中理论与实践的关系提出了"新理性主义"的观点。按照赫斯特的观点，新理性主义的目的在于把实践理性（而不是理论理性）和实践原则作为成功实践的普遍结果，但它们随后也要面对理论知识的批判和检验。② 因此，在理论与实践的融合过程中，实践经验需要抽象上升到理性，并且要接受理论知识的批判和审视。

　　总之，对于教师的专业教育而言，无论是理论知识的学习，还是实践经验与能力的积累、历练，都是专业教育提供给准教师的必要内容，二者同等重要，不能有所偏倚。此外更重要的是，我们要在教师教育中实现二者的融合。舍恩（Schon，1983）早就提出，专业知识不能与专业经验分离。实际情境中所面临的问题往往都非常复杂，而学理知识则往往是单纯的、概略的、简化的。这两者无法直接一一对应，实务人员无法把先前所学的知识直接拿来一一应用。③ 因此，任何教师教育活动的首要任务都应该是密切联系理论与实践。而且，杜威也认为，如果理论与实践之间不是相互一体的且基于教师个人的经验求得成长，那么，教师的个人经验终究也不可能成长。为此，在教育实习过程中，就要使实习教师在大学中进行的理论知识的学习与教育实习的实践过程融合起来，以实现理论与实践的互动。因为"只有把在大学中进行的教师教育与在

---

　　① ［美］约翰·杜威：《我们怎样思维·经验与教育》，姜文闵译，人民教育出版社 2005 年版，第 5 页。

　　② Furlong, J., "Intuition and the Crisis in Teacher Professionalism", in T. Atkinson & G. Claxton, eds., *The Intuitive Practiner, on the Value of not always Knowing What One is Doing*, Buckingham: Open University Press, 2000, p. 150. 转引自［荷兰］尼克·温鲁普、简·范德瑞尔、鲍琳·梅尔《教师知识和教学的知识基础》，《北京大学教育评论》2008 年第 6 期。

　　③ 饶见维：《教师专业发展——理论与实务》，中国台北五南图书出版公司 1996 年版，第 215 页。

学校中进行的教育实习有机地结合起来，才能产生令人满意的培训效果"①。教师的个人经验也才能够得以成长和丰富。

为此，在教育实习的课程结构方面，不仅要适度延长课程时间，而且要使教育实习具有阶段性与连续性，在"共时态"的结构中，与大学教师教育机构的相关课程有机地结合在一起，从而实现实践与理论交相融合，彼此支撑。像英国教育实习的课程安排那样，对于同一教育主题的探讨，同时在理论领域与教育实习中交替进行，互为印证，互相修正与检验，如此才能使实习教师对某一教育教学问题形成个人化的理解和体验。不仅如此，还要做好两个重点的突出：教师教育机构应该把重点放在"与实践有关的命题知识"，而在实习学校，应该把重点放在"命题解释的实践性知识"。②

此外，为了使理论与实践联系起来，消除教师教育中理论与实践二元分离的恶弊，不仅要巧妙、审慎安排实习课程结构，还要用心培养实习教师的反思能力与批判意识。"反思"并非英国实习教师所理解的个人实习经验的总结，反思是一种能够跳出来反观自身的能力，实习教师要在自己的教育教学实践中不断地进行"观察""反思"与"批判"，同时在结合理论并对理论进行反思进而创生自己洞见的过程中，养成批判性思考的能力和进行专业判断的能力，进而在理论与实践你中有我、我中有你的不断循环互动中，积累属于自己的实践性知识，如此才能克服教育理论与实践的二元对立。

此外，在教育实习过程中，要实现理论与实践的融合，还要加强机构与人员间的合作，即大学与中小学的紧密合作，大学与中小学指导教师在谋求共同发展中的回归：大学教师回归"实践"，中小学教师回归"理论研究"。教师教育者的理论与实践视界的融合，也必然带来实习教师在教育实习过程中形成自己的理论与实践视域的融合。

---

① John Furlong, Len Barton, Sheila Miles, Caroline Whiting & Geoff Whitty, *Teacher Education in Transition*：*Re-forming Professionalism*? Buckingham：Open University Press，2000，p. 13.

② Thiessen, D., "A Skillful Start to a Teaching Career：A Matter of Developing Impactful Behaviors, Reflective Practices, or Professional Knowledge?", *International Journal of Educational Research*, Vol. 33, No. 5, 2000, pp. 515 – 537.

## 二　终身教育视域下的教育实习观的更新与超越

正如前文所述，实习观是指导教育实习活动的理念依据。其中，对理论与实践关系的认识是实习观的核心所在。在历史上，英国及世界上其他一些国家的教育实习观大都经历了从直觉观、常识观到应用观再到创造观的变化与更迭。然而不可否认的是，在如今仍有一些国家持有直觉观、常识观或应用观等相对落后的教育实习观。

实习观不仅指导着教育实习工作的方方面面，同时也成为教育实习所依据的核心理念。因此，实习观是教育实习中的一个重要理论问题，也是影响实习效果的核心因素。虽然在今天，以培养实习教师的反思、判断能力为主旨的创造观或建构主义实习观备受人们的青睐，但随着社会、教育的不断进步，教师教育、教育实习的日益发展，新型的教育实习观又会陆续出现。

但无论怎样，对于教育实习观的认识，都需要将其置于终身教育视域下，也就是将教育实习视为跨越整个教师生涯的连续体的一端（end），即教育实习是教师整个职业生涯渐进过程的第一步，因为"仅仅有经验或者参与活动，那是不够的；一切都取决于已有经验的品质，不仅取决于这些已有经验是多么令人惬意，而且取决于其对后来经验的影响"①。因此从早期的职前教育课程学习与实习经验的设计，都应该精心安排，增加实习教师的胜算（odds），以帮助实习教师从实习期顺利向入职后的学徒期过渡，并为未来顺利地走过职业生涯的所有时期奠定良好的基础。因此，对实习教师的培养目标，就必须超越狭隘的教学技巧，深入到能够影响其整个职业生涯的专业情意与信念的培养。正因为如此，教师教育者必须重新审视其教育实习计划向处在复杂环境中的实习教师传达现实期望的方式，提供既重视理论也看重实践的实习经验，培养实习教师成为批判型反思实践者。而且只有关注这些因素，教师教育者才能帮助实习教师将他们的理想主义、保守的背景、不自信和不确定性，转换成能够抵御梦想幻灭感和倦怠现象的坚定的信念与信心，因为这两种情况

---

① Betty E. Steffy, Michale P. Wolfe, Suzanne H. Pasch and Billie J. Enze, *Life Cycle of the Career Teacher*, Thousand Oaks, California: Cowin Press, Inc., 2000, p. 50.

都可能会过早地结束或者限制教师的专业发展。

　　因而，无论实习观如何变幻，很重要的一点是，科学的实习观是能够促进实习教师从教育实习中真正获得专业成长的实习观。

　　但是，什么样的状况下才足以让实习教师可以从教育实习中真正获得专业成长呢？费曼和布克曼（Feiman-Nemeser & Buchman）通过他们的研究指出，以下的状况可以让实习教师从教育实习中真正获得专业成长："当实习教师体认到教学的核心是引导学生发展求知的方法；当实习教师能加强技巧（Skills）与养成一种自然反应的能力（Disposition），便能对学生提供帮助与探究学生的学习；当实习教师知道对他们所观察到的现象与曾经持有的信念，有所省思与有所质疑；当实习教师领悟对一些纯理想（Neat Ideal）或教室控制（Classroom Control）的教学决策与行动所下的判断，有其有限性时；当实习教师视经验是学习教学的一个起点，而不是在教师学习之路上的一个达到终结点的极致高潮。"①

### 三　后现代课程视野中的教育实习的规划与实施

　　教育实习既然在本质上是一门课程，换句话说，在形式上，教育实习担负着作为一门教师教育课程的功能，所以对其未来发展的策略思考或愿景研究也应该从其课程本质的角度来思考。而在当今的课程研究领域，美国课程理论家小威廉姆·E. 多尔（William E. Doll, Jr.）建基于建构主义和经验主义认识论基础上提出的后现代"过程导向"的课程观不仅与笔者对教育实习的理论基础的架构有着很大的一致性，而且也恰好与笔者对于教育实习的本质认识与内涵理解相契合，所以，他的后现代课程理念为笔者从整体上对教育实习的规划与实施策略的研究提供了重要的启示。

　　（一）后现代课程观

　　小威廉姆·E. 多尔的"过程导向"的课程概念，是他自己的课程乌托邦，也是一个他建构起来具有后现代旨趣的课程理念系统。在此，笔

---

　　① Feiman-Nemser & Buchmann, M., "When is Student Teaching Teacher Education?" *Teaching and Teacher Education*, Vol. 3, No. 4, 1987, pp. 255－273. 转引自周凤美《教师改变教学之困难——从教师学习的角度探讨》,《课程与教学季刊》2001 年第 4 期。

者无意于对这样一个对世界课程理论有着重要影响的课程理念系统做完整系统的评价，因为那不是笔者研究的重点，也不是笔者的研究能力所及的。在此，笔者只是对多尔的课程理念做挂一漏万的介绍，因为对笔者而言，重要的是吸取、借鉴他的课程理念的核心与精华。

1. 小威廉姆·E. 多尔的后现代"过程导向"的课程概念

多尔在借鉴了皮亚杰、布鲁纳的建构主义思想以及杜威的经验主义认识论、过程思想和怀特海的过程哲学的基础上，提出了"过程导向"的课程理念。

首先，多尔认为，课程应该是一个开放的系统，"这一开放的系统允许学生和他们的老师在会谈和对话之中创造出比现有的封闭性课程结构所可能提供的更为复杂的学科秩序与结构"①。而且，正因为课程成为一个开放的系统，所以教育目标的设定、教育的组织与实施以及教育的评价都相应地具有开放性和灵活性，并且更加侧重过程本身而非最终的结果。

在此，多尔借鉴了杜威的课程理念："课程不再是跑道或者跑道上需越过的一系列障碍，而是在变化过程中不断出现的经验联结。"② 对他而言，课程不再是跑道，而成为跑的过程本身（Curriculum as Currere）。

多尔为了说明他的"过程导向"的课程概念，借用了数学历史学家克兰（Morris Kline）提供的一个故事作为隐喻。克兰把那些在数学和科学领域中工作的人比作一个农夫，农夫在清扫一块地时，"意识到野兽就在这块清扫地附近的树林里藏着。随着清扫地的扩大，野兽被迫越来越向后移，只要在清扫地里面活动，农夫便越来越感到安全。［但］野兽总是在那里，也许有一天它们会出乎意料地毁灭他"③。

正像克兰的故事所隐喻的那样，在多尔看来："课程成为一种过程——不是传递所知道的而是探索所不知道的知识的过程；而且通过探索，

① ［美］小威廉姆·E. 多尔：《后现代课程观》，王红宇译，教育科学出版社 2000 年版，第 IV 页。

② ［美］小威廉姆·E. 多尔、［澳］诺尔·高夫主编：《课程愿景》，张文军、张华、余洁、王红宇译，教育科学出版社 2004 年版，第 45 页。

③ Kline, Morris, *Mathematics：The Loss of Certainty*, New York：Oxford University Press, 1980, p. 318.

师生共同'清扫疆界'从而既转变疆界也转变自己。这一过程依赖于我们'在野兽藏身的地方'工作的意愿，依赖于我们在工作中不在自身之外寻求一种出奇制胜之物，一种'自然法则'或一种末世目的论而是转向自身、社区与生态性的努力。"①

　　因而，在这一过程中，对于学习者而言，学习成了意义创造的过程，也是学习者自身发生转变的过程。这种学习和转变来自于学习过程中学习主体与他人、与情境的对话和反思。正如多尔所言："在这种课程作为过程的框架之中，学习和理解来自对话和反思。当我们与他人对话并对我们和他们所说的进行反思时——当我们在我们和他们之间、我们与课本之间'协商交流'时——学习和反思被创造出来（而不是被传递下来）了。"②

　　所以，多尔在此吸取了杜威强调反思、相互作用和交互作用的"经验"概念的内涵，并在此基础上，指出："课程不是一种包裹，它是一种过程——对话的和转变的过程，以局部情境中特定的相互作用或交互作用为基础。"③ 而课程作为过程的作用就在于帮助我们调和与他人、与课本、与情境的协商和交流。为达到这一目的，作为过程的课程应具有丰富性、回归性、关联性和严密性的特点，这同时也成为多尔提出的后现代课程的"4R"标准。

　　2. 小威廉姆·E. 多尔的"4R"课程标准

　　多尔认为，其"过程导向"的课程为了发挥其促进交流、对话与反思和转变的作用，必须具有"4R"的特点，即成为丰富的（Rich）、回归性的（Recursive）、关联的（Relational）和严密的（Rigorous）课程，这也是多尔眼中的面向未来的"好的课程"所应达到的标准。

　　在多尔看来，丰富性主要指的是课程的深度、意义的层次具有多种可能性和多重解释。这种丰富性来自于课程的开放性和假设性，同时也为合作性的对话提供了多种可能。为了促进学生和教师产生转变和被转

――――――――――――――

　　① 　[美] 小威廉姆·E. 多尔：《后现代课程观》，王红宇译，教育科学出版社 2000 年版，第 222 页。

　　② 　同上书，第 223 页。

　　③ 　同上书，第 201 页。

变，课程应具有适量的不确定性、异常性、不平衡性等特质，最重要的是要给予学生多样化的、生动的经验。

课程的回归性是转变性课程的核心特征。正如布鲁纳的螺旋形课程概念一样，一种丰富的课程产生于对自身予以反思所带来的丰富性和复杂性，不仅如此，这也是一个人通过与环境、与他人、与文化的反思性互动所形成的自我感的一种方式。而且，从杜威的经验概念来看，这种回归性也为经验的反思性重组和转变提供了机会和条件。正如杜威所指出的，每一个终点都是一个新的起点，每一个起点来自于前一个终点。课程的片断、组成部分和序列是任意的组合，不应视其为孤立的单元，而应视其为反思的机会。在这种框架中，每一次考试、作业、日志都不仅是完成一项任务，而是另一个开端——对作为意义建构者的自身和处于质疑之中的课本进行探索、讨论和探究。①

为此，回归与重复是不同的，其中最根本的差别就在于回归中伴有反思作用的发挥。在回归中，反思发挥积极作用，因为思想要返回自身，如杜威的间接经验要返回到原初经验，或者皮亚杰的内省智力要返回到实用智力，如布鲁纳所言，从自己所做的事情中退后一步，"以某种方式区分自己"与自己的思想是必要的。为此，在回归中，有必要让他人——同伴、教师——考察、批评并对自己的行为做出反应。对话是回归的绝对必要条件：没有反思——由对话引起——回归就会变得肤浅而没有转变性；那将不是反思的回归，而只是重复。②

关联性指的是对观点和意见之间联系的不断寻求，这种关联性在教育和文化这两个方面对于作为过程的课程而言意义重大。其中，教育的关联使得课程形成丰富的有关教育的网络，文化的关联则赋予课程以全球的视野，并拓展到生态系统，即我们生活的整个世界。

严密性特点则可以在一定程度上防止作为过程的转变性课程落入"相对主义"或感情用事的"唯我主义"。虽然在 20 世纪，严密性似乎可以用诸如学术逻辑、科学观察和数学的精确性等词汇来表征，但在 21 世

---

① ［美］小威廉姆·E. 多尔：《后现代课程观》，王红宇译，教育科学出版社 2000 年版，第 253—254 页。

② 同上书，第 254 页。

纪，严密性这一概念吸取了对现代主义来说比较陌生的两个成分：解释性和不确定性。事实上，多尔所提出的严密性意味着有目的地寻找不同的选择方案、关系和联系，并去协调不同的假设方案，进而促成对话成为有意义的对话。正如艾斯尔（Iser）所指出的，读者和文本之间的对话是双向的过程，二者都有自己的声音，在这种对话中确定性和不确定性组合在一起。不确定性在此并不意味着任意性；相反它"承认现实化的范围"。① 解释性则依赖于我们如何诠释、理解并完善不确定性所呈现的各种选择方案。要达到严密性的标准，既要融合由不确定性所带来的复杂性和丰富性，又要对各种选择和意义进行批判性理解。为此，多尔认为，有必要建立一种批判性的但又是支持性的学习共同体。

总之，多尔提出的"过程导向"的"4R课程标准"强调课程要成为一个开放的系统，能够提供给学生以多样性和不平衡性的生动体验，同时强调学习中的对话与反思，从而能够为学习者经验的重组和转变提供机会，并要求在课程内外对各种不同观点和意义建立广泛的联系，且有目的地寻求各种不同的假设和方案，同时对各种选择和假设给出批判性的理解，为此，建立一个既能促进对话与反思，又能促进支持与理解的学习共同体是极其必要的。

3. 小威廉姆·E. 多尔的课程观之于教育实习的意义

小威廉姆·E. 多尔的课程观对于从总体上思考教育实习具有很重要的启示。正像多尔所设想的，课程应该成为一个开放的系统，因为开放性的课程比封闭性课程能够提供更为复杂的学科秩序与结构，从而带来课程更多的丰富性与更多层次的意义。所以，教育实习作为一门综合性的实践课程，同时也是一个经验学习的过程，本身也需要开放性、综合性与丰富性。依据多尔的观点，要具备这种开放性，教育实习的目标设定、实习的组织与实施以及实习评价都要相应地更加具有开放性和灵活性，要侧重过程而非结果，因为课程本身即是一种过程，并且是一种对话与转变的过程，是学习者与指导者通过合作探究，共同探寻、建构意义的过程。教育实习既是实习教师从学生蜕变为合格教师的转变过程，也是实习教师与指导教师共同发展、共同转变的过程。转变来自哪里？

---

① Iser, W. , *The Act of Reading*, Baltimore: Johns Hopkins University Press, 1987.

来自实习教师与指导教师、实习伙伴、任教学生、实习学校教师群体及其他所有参与者、与自己的教育教学实践情境、与教材等对话与反思的过程。正是通过实习教师个体与他者的协商交流，其经验才会连续下去，意义才被创生出来。

为此，教育实习要从观念、目标、内容、组织、实施、管理与评价等方方面面去提升，去改进，最终使得教育实习成为开放性课程系统，成为具有丰富性、回归性、关联性与严密性的课程。

（二）对教育实习规划与实施的建议

1. 实习内涵的丰富与拓展，实习原则的廓清与厘定

虽然近年来，国内外对教育实习都提出了广泛的目标，但大多数的教育实习仍停留在以现有班级的实践教学为主，实习教师学习教学的活动范围狭窄，内容单一，缺乏系统的组织与管理。正如日本教育家佐藤学曾经做过的警告，"教育实践课程中的实习经验同其他专业教育的临床经验相比，不仅在量上不充分，而且从质上看，没有超越'学徒观念'，理论与实践的有机关联亦不充分。从某种意义上说，杜威在90年前提出的教师教育课题至今并没有解决"[①]。

例如，在我国《文汇报》的一篇题为《教师教育课程满意度不足四成》的报道中，我们可以看到我国教师教育所面临的困境与问题，其中准教师在教育实习中表现较差，准教师在班级管理以及与家长、社区联系等方面的能力欠缺，这些都说明教育实习在对实习教师上述能力的培养方面是失败的，而这与对教育实习内涵的狭隘理解有着很大的关系。

从2004年就开始的一项对全国各地的师范院校培养方案和教育界管理者及教师等的调查发现，现行教师教育课程的总体满意度和价值认同度不高，分别只有35.4%和41.8%。在幼儿园教育领域，有62.5%的受调查者认为，对教师专业素养的形成，教师教育课程价值一般。在中小学教育领域，这一百分比也超过了一半。最主要的不满是，目前的教师教育课程缺乏基本规范，课程开设混乱而随意。有关数据显示，各所不同的学校之间课时数相差很大，教师教育课程总量高的达2376课时，低

---

① ［日］佐藤学：《课程与教师》，钟启泉译，教育科学出版社2003年版，第275页。

的只有 633 课时；而且实践课程的时间也不统一。教育学、心理学、学科教学法等老三门加上教育技术，仍然是当下教育类课程中的主要组成部分。不少接受调查者都认为课程结构和教学方式过于单一，必修课程一统天下，缺乏灵活性，而且教师教育课程的教学知识陈旧，方式单一，脱离教育实际。不少接受调查的人认为，师范生的专业素养不高。其中，主要是在"具有正确的教育观""具有支持学生学习的知识和技能""亲历学校教育的实践"等方面的专业素养缺乏，表现较差。另外，在访谈中还获知，师范生在班级管理以及与家长、社区联系等方面的能力欠缺。①

针对以上问题，史密斯等（Smith，et al.）学者就曾提出应将教育实习的内涵拓展的倡议。他们认为，教育实习应该不是将教室视为教学技能的竞技训练场，而应将范围扩大到教室以外的学校的各个方面及社区当中。他们认为，实习不但要培养在教室或学校的能力，更应了解整个社会的动态，要对学生受其家人互动的影响有所掌握，因此与学生家长沟通的技巧也是实习的项目及范围。另外，对学校课程的设计及活动的责任也要培养。也就是说，实习应包括教室、整所学校以至于整个社区。换言之，应包括校内及校外的种种活动。② 笔者赞同史密斯的观点。通过为实习教师提供包括校内与校外的各种实践活动，可以使实习教师获得多样化的、生动的个人体验，这不仅开阔了实习教师的视野，丰富了实习教师对于教育世界的理解，特别是能够促使实习教师从社会、文化等更为广阔的视野来认识和反思教育问题，因为在事实上，学校是复杂的社会政治经济系统中不可分割的一部分。因此，通过参与包括校内与校外的各种实践活动，实习教师能够更多地了解教学工作的道德责任与社会义务，同时开阔的视野也为其成为真正的教师面对和处理各种校内外的教育现象和问题提供了积累相应经验和体验的机会。

为此，教育实习的内涵就不仅仅是为实习教师提供在一间教室内进行教育教学实践的机会，而是将实习的范畴拓展到一所学校以至于整个社区，这不仅是实习内容的丰富和实习范围的扩大，更重要的是实习内

---

① 《教师教育课程满意度不足四成》，《文汇报》2006 年 3 月 2 日第 6 版。
② 罗纶新：《教育实习理论与实务之探讨》，《教育科学期刊》2002 年第 1 期。

涵的延展，即对教育实习本身的理解和认识的丰富与拓展。实习不是简单的有关教与学的演练，而是要扩展到尽可能广阔的教育世界之中，这种实习才不会是狭隘的，实习教师也才能够对整个教育世界有更真实、更全面、更深刻的了解和认识，更重要的是可以更多地了解教学工作本身所被赋予的道德意义和社会责任。同时，实习教师的反思也将得以深入，他们可以在如此丰富的个人体验的基础上，不仅仅对教与学的过程、学科内容知识进行反思，还可以对蕴含于教学之中的政治和道德伦理原则以及在广阔的社会背景下的教育制度进行深层次的反思。

在此情况下，教育实习才能成为一个有着"广阔视域"的开放系统，而不是局限的、狭隘的"学徒式"的教育教学演练的环节。

此外，如要帮助实习教师从教育实习中真正获得专业成长，就需要一些相关的原则来指导实习活动的方方面面，以使得实习的目标制定、课程安排、组织实施及管理评价等每个过程都能做到精心设计、妥善安排，并且达到促进实习教师专业成长的效果。

对于实习的原则，笔者认为，我国学者饶见维提出的"知行思交融原理"中的六个原则对于教育实习完全适用，但对每一原则，笔者都针对教育实习提出了具体的理解。此外，笔者认为还要补充两方面的原则，即"批判原则"与"共同成长原则"。

饶见维认为，任何教师专业发展活动的首要之务是要密切结合理论与实务，也就是要做到"知行合一"。这样才可以达到"即知即行、知而能行、行而后知"的境界，不仅如此，重要的是要促进教师在专业学习的过程中进行省思与建构，即做到"学思并重""行思并进"。为此，他提出了教师专业发展的"知行思交融原理"。

在其"知行思交融原理"中他提出了促进教师专业发展的六个原则：已备原则、预备原则、经验原则、省思原则、建构原则、协同原则。所谓已备原则，指的是在促进教师专业发展的过程中，教师促发者不能忽略教师已经掌握的知识和已有的经验。因为对个体教师而言，已备状态不同，发展的需求和重点也会不同。这一原则对于实习指导而言非常重要。即指导教师在指导实习教师的过程中，首先需要了解每位实习教师已经掌握的知识和已有的经验水平，也就是前文笔者提到的"前期概念"。无论是实习教师的专业社会化过程还是专业成长过程都要受到自身的"前期概念"的影响。指导教师作为促发者，一定要了解实习教师的前期概念水平，在此基础上才能进行有针对性的指导。

预备原则指的是教师在接触实际情境前或采取实际行动前都要形成的预想、预设、预定、预先建议、行动计划、行动构想等。预备原则对于教师的专业发展同样有着重要的意义。因为在教师获得经验之前，必须有所设想、有所计划，不能毫无章法地进行，这样才能使教师在后续行动中或行动后有针对性地及时调整自己的行为。为此，要在教师进入教育教学情境前为其提供预备知识与行动架构。在教育实习中，诸如英国每一个实习项目所提供的《学校体验手册》（*School Experience Handbook*），即"实习指导手册"，对于某一教育主题的理论假设，还有每一次进行教育教学实践之前由实习教师与指导教师共同设计的行动计划、课程方案等都可以被视为为实习教师提供的"新知"或"行动架构"，这有益于实习教师有目的、有计划地开展实践和获取个人理论。

经验原则指的是教师专业发展活动必须提供教师实务经验，并以此经验为基础来协助教师发展其专业内涵。对于教育实习而言，这是必备的条件。因为实习教师最好是经由实务经验来了解理论，一旦他们在自己的实践中获得基本的信心时，可以进一步鼓励他们针对自己的行动加以省思，并开始理解实务与理论的关联。

省思原则强调的是，在实习过程中，必须引导实习教师对自己的教育教学实践和经验进行反思。

建构原则强调的则是在教师专业发展活动中，需要激发教师寻求经验对个人的意义和建构个人理论。教育实习就应是实习教师不断对自己的教育教学实践进行反思从而建构自己对专业实践的理解并发展自己的实践性知识的过程。

协同原则主张教师专业发展活动必须是在多方人员的共同协助下完成，这一协同的过程强调人员之间的沟通、对话与互动。教育实习是由大学、中小学以及地方政府教育管理部门等多方人员共同管理、实施的一门特殊的教师教育课程，因此它要求各方人员必须协同努力，而且要加强沟通、对话与合作。因为他们的合作质量直接影响教育实习的效果。

除了上述方面，笔者认为还有两个原则对于教育实习也有着重要的指导意义。其一，批判原则。鉴于前文对教育实习的"情境""经验"与

"文化"的局限性分析，首先实习教师对于指导教师的教育教学行为和决策，要形成批判意识和养成批判精神，否则容易简单模仿，盲目接受指导教师的教学技巧而不去探究其原因、效果。不仅如此，要有意识地培养实习教师对于实习学校文化的批判意识，以避免其被实习学校中的一些落后的教育理念所同化。而且，实习教师对于自己的教育教学实践，也要养成批判性反思的意识和习惯，只有这样才能发现自己信奉的理论与使用的理论之间的不一致，才能发现自己教育教学实践中存在的问题，这样才能有利于其专业成长。此外，除了批判意识，敢于质疑的精神对教师的专业成长也很重要，特别是在教育实习的背景下。如学者达令—哈蒙德所指出的那样，敢于质疑的精神"可以使教师在工作中表现得更明智、更灵活……由于能够更清楚地认识到事物之间的联系，教师可以发挥更大的潜力，掌握更多的机遇"[1]。

其二，共同发展原则。在教育实习过程中，笔者一直强调大学与中小学指导教师的作用对于教育实习的质量产生极其重要且关键性的影响。所以，为了提升教育实习的效果，不仅要关注实习教师的专业成长，而且要去促进实习指导教师的专业发展。在现实中，一些指导教师的弱点是，他们在帮助实习教师实践的同时，却拒绝通过共同质询而提高自己。为此，解决的方法就是通过创设一个大学指导教师、中小学教师和实习教师都能获得发展的环境，促进所有参与者共同的专业发展。为此，要保障实习的效果，共同发展的原则至关重要。

2. 实习目标的"生成—表现性取向"，实习内容的丰富性、不确定性与"个人需要"导向

前述建构主义与后现代课程观都强调，课程目标应关注的是学习者个体在课程中所获得的发展与生成的变化。在这种目标取向的指导下，强调通过创设情境，鼓励学习者对具体情境下的问题展开思考，并通过多元的视角去探寻解决问题的对策。因而，对学习者而言，每一个问题的解决都成为个体发生转变和提升的阶梯。这就是"生成—表现性取向"

---

①　Darling-Hammond, L., "The Case for University-based Teacher Education", in R. Roth, eds., *The Role of the University in the Preparation of Teachers*, London: Falmer Press, 1999, pp. 24 – 25.

的课程目标。

对于教育实习的目标，笔者认为，其未来的发展也会秉持这一取向，即强调教育实习的过程，也是实习教师通过具体情境下的问题解决而获得发展与转变的过程。在这一过程中，实习教师的良好的思维习惯、持续学习与发展的能力及批判性反思与分析的能力的养成是其获得发展与转变的关键。例如，英国学者哈塞尔·海格就曾倡议，英国的教育实习应致力于发展三个方面的目标：其一，实习教师必须掌握必需的技能，以担负起学校的教学工作；其二，实习教师必须学到必需的知识并养成良好的思维习惯，逐渐成长为思想敏锐、勇于探索、不断在教学上进行创新的优秀教师；其三，实习教师应该学习对新的教学思想和教学方法进行建设性的、有创意的思辨性分析。不仅如此，在对好的教学方法进行探索和分析的过程中，实习教师会遇到相当多的精神方面的挑战以及认知、学术和社会方面的问题。教育实习应该能够使他们在这些方面加强应付能力，不断提高专业水准。[1]

不仅如此，笔者非常认同古德森与哈格里夫斯提出的后现代教师专业主义中首要的也是最重要的要素，即必须确立有关教师教学的道德和社会目标。教师职业是一个道德的和伦理的职业，因此在教育实习的过程中，就要培养未来教师的专业信念和专业伦理精神，加强其对教师工作在道德和伦理方面责任的认同感，并学会如何在自己的教学工作中体现专业伦理，以及锻炼自己处理关涉道德和伦理意义的问题。这一点对其在成为真正教师后实现教学的道德和社会目标意义重大。

依据教育实习目标的"生成—表现性取向"，同时参考建构主义与后现代课程思想，教育实习的内容也要做相应的调整。首先，课程的内容必须具有丰富性。丰富性主要指的是课程的深度、意义的层次具有多种可能性和多重解释。为了促进学生和教师产生转变和被转变，课程应具有适量的不确定性、异常性、不平衡性等特质，最重要的是要给予学生多样化的、生动的经验。所以，就像许多英国学者倡议的那样，教育实习要提供给实习教师多样化的实践活动，使其体验多种形式的教育教学

---

① ［英］哈赛尔·海格等：《向经验教师学习指南》，马晓梅、张昔阳译，华东师范大学出版社 2009 年版，第 70—72 页。

情境，并提供时间和适当的条件，使实习教师可以进行各种不同形式的学习，包括偶然学习、隐性学习以及有意义学习等，这样实习教师才能通过多样化的学习与体验获得多样化的知识，特别是能够引导其教育教学行为的实践性知识。

此外，不仅课程的内容要丰富，而且还需强调课程应该具有的适量的不确定性、异常性、不平衡性等特质。对于教育实习而言，这一要求对于避免教育实习作为情境性学习的局限也尤为重要。

例如，通过对前文英国教育实习的研究发现，在一些试验项目中，如英国兰卡斯特应用研究小组进行的有关教育实习过程中实习教师与大学及中小学指导教师的合作关系的研究项目表明，"在小学项目中，并没有发现学员与指导教师共同探究或相互质询的倾向"[①]。相反，那些热心的指导教师却在努力为实习教师创设环境，以便让学员顺利完成实习。在中学项目中也是如此，指导教师认为自己的成功取决于能否成功地指导学员顺利进行教学。可见，英国教育实习过程中的指导教师只是努力为实习教师提供方便的条件和环境，以使实习教师和自己都能顺利完成彼此的任务。在为实习教师提供的实习内容方面，缺乏一定的疑问性、不确定性和异常性，这使得实习教师所接触到的和所体验到的都是安全的、确定性的情境，这不仅不利于实习教师了解真实的教育教学，也不利于实习教师问题分析与解决能力的培养，更不利于实习教师形成思辨性的分析思维。即如拉塞尔和蒙拜（Russel & Munby）所提出的"困惑"或问题事件有可能会改变人们对实践教学的认识的观点，在英国的教育实习项目中都缺乏体现。为此，英国的教育实习在内容方面，需要增加适量的不确定性、异常性、不平衡性，从而达到通过"困惑""疑问"和问题事件来丰富和改变实习教师对实践教学的认识的目的。

最后，也是最重要的是，所有的实习内容在设计和安排的过程中，都要考虑实习教师的实际需要和发展需求。荷兰学者弗雷德·科萨桢曾提出荷兰教育实习模式所依据的三个原则，他们认为只有在以下的情况下，教师的专业学习才会更有效：①这种学习受到学习者内在需求的驱

---

① ［英］罗博·麦克布莱德主编：《教师教育政策：来自研究和实践的反思》，洪成文译，北京师范大学出版社 2009 年版，第 66 页。

动；②这种学习建立在学习者自身经验的基础上；③学习者对自己的经验和经历进行反思。①

按照这三个基本原则，教育实习指导教师应优先考虑帮助实习教师了解自己的学习需求，进行有用的教学体验，同时详细地反思从中得到的经验。在学习发展的各个阶段，这种教学体验对每个实习教师来说都应具有相当的挑战性，但不应该是难以完成的任务。教师教育者必须密切关注实习教师的情感发展，一定不能催促实习教师在时机未成熟时去设定自己的学习需求。因为就教育实习而言，重要的不是它的量，而是它对促进学习是否有帮助。像绝大多数学习任务一样，实践应是对学习者有意义，具有挑战性，但也能够顺利完成。它不应是困难到不可完成的任务，不然学习就会成为难以预测和捉摸不透的过程，而且很可能起反作用。所以理想的情况是，在实习教师学习的不同阶段，指导教师为他们安排不同的学习实践任务以符合学习的需要。为此，在设计这些活动时，就要考虑到实习教师在某个发展阶段的特殊学习需要。只有教育实习活动满足了实习教师在不同阶段的发展需求和关注的重点，才能产生最佳的促进实习教师发展的效果。

3. 全程观照与渐进深入的实习模式

教育实习过程应采取多种灵活的实习模式，如英国教育实习项目中采用的连续实习模式、集中实习模式、临界实习模式和以"整个学校的体验"为基础的模式，等等。总体上，这些实习模式体现了教育实习的连续性、阶段性、渐进性和与理论交叉性的特点。

从纵向上来看，教育实习要采用"全程观照"的实习模式，即教育实习不应再被视为理论的最后检验与应用，相反应贯穿到职前教师教育的全部过程。这种做法符合杜威强调的经验的"连续性"特点和要求。不仅如此，这样的实习模式不仅有益于实习教师尽早接触到教育教学实践，而且有益于在了解教育教学实践的基础上增加理论学习的针对性与对理论知识的理解和运用，进而在理论与实践交替往复的融合过程中，

① Fred A. J. Korthagen, Jos Kessels, Bob Koster, Bram Lagerwerf, Theo Wubbels, *Linking Practice and Theory—The Pedagogy of Realistic Teacher Education*, Mahwah: Lawrence Erlbaum Associates, Publisher, 2001, p. 171.

实现实践水平的螺旋式提升。

目前在世界上，很多国家的教育实习都采用了这种全程渐进的实习模式。例如，美国从 20 世纪 80 年代中期开始，其教育实习的模式就由集中安排的方式转向贯穿教师教育全程的渗透安排模式，以加强理论学习与教育实践之间的功能性联系。大部分的本科项目保持了从大学一年级开设见习活动的做法，而研究生项目中的教育实践活动也从最后一年的集中实践提早到从本科一、二年级开始。① 在我国，近年来，也有很多师范院校采用全程渗透的教育实习模式，如华东师范大学地理专业采用的"四年不断线"的实习模式，② 洛阳师范学院采用的"全程教育实习——准教师诱导训练模式"③ 等都是典型代表。

此外，教育实习的连续性也要与阶段性相结合，既有与理论学习全程观照的视野，同时也要区分教育实习的不同阶段，才能做到重点突出，这就与教育实习的渐进性相关。对于教育实习的渐进性，学者舒尔曼早就指出，在职前教师教育中，"强调从实践中学习，允许学生参加从观察到有限的参与直至最后全权负责管理的全过程，能促使学生学会实际的、有判断力的、智力型的工作"④。教育实习是实习教师通过观摩、见习、试教再到集中、独立教学而进行的渐进性学习过程。这种渐进性符合认识论与实践论的规律，即循序渐进，由浅入深。实习教师逐渐适应教师的角色和责任，逐渐学会如何教学，这样避免了实习教师遭遇突然性的挫折，同时也有助于实习教师在与理论的不断互动中，在角色逐渐深入的过程中，真正获得专业上的成长。如今，美国的斯坦福大学、范德堡大学和加州大学伯克利分校采用的都是这种渐进性模式。⑤

从横向上来看，无论在教育实习的哪一个阶段，实习的内容都是需

① 谌启标：《美国教师教育的制度变迁与改革实践》《比较教育研究》2003 年第 7 期。

② 《明确思想，凝练特色，培养高水平优秀人才——华东师范大学本科教学工作特别报道（上）》，《华东师范大学校报》2007 年 1 月 4 日第 2 版。

③ 胡灵敏：《全程教育实习法："准教师诱导训练模式"的研究与实践》，《高等师范教育研究》2000 年第 6 期。

④ [美] 李·S. 舒尔曼：《理论、实践与教育的专业化》，王幼真、刘捷编著，《比较教育研究》1999 年第 3 期。

⑤ 骆玎：《中美教师教育实践课程比较研究》，博士学位论文，华东师范大学，2009 年，第 137 页。

要和理论学习交叉、融合的，即通过理论与实践的"三明治"式的交替进行，循环互动，使得实习教师不断在理论学习与实践教学之间进行转换，进而实现理论与实践的有机结合。这也符合并体现了杜威所提出的经验的"互动性"原则与要求。

总之，连续性、阶段性、渐进性和与理论的交叉性是在教育实习模式选择方面必须要保障的特性。

4. 在实习指导与同伴互助方面：加强合作探究与指导教师的培训

在教育实习过程中，各方与此关涉的人员都需努力建立一种协作性的文化氛围。"这种新的文化氛围的核心内容，可以用首字母组合词'POND'来归纳：问题为本的学习过程（Problem-Based）；依据互相支持的规则进行开放性的分享（Open Sharing）；不作全面的评判（Non-Judgemental in an Overall Sense）；承认个体发展节奏差异，只求专业发展方向一致（Direction-Oriented）。"①

首先，在实习教师与大学指导教师之间，就要建立起和谐与支持的合作关系。

实习教师与大学指导教师虽然是师生关系，但在教育实习期间，大学指导教师更应该扮演"支持者""鼓励者"和"引导者"的角色。一种合作关系必须基于双方的共同努力才能达成。理想的合作关系必须兼顾指导教师与实习教师双方。例如，指导教师可以介绍新知或示范新技能给实习教师，但是又不强迫实习教师接受自己的知识和观念；指导教师可以引导实习教师思考讨论参观或试教时得到的经验或遭遇的问题，并且适时地提供自己的看法，但是又不提供答案给他们；指导教师可以协助实习教师拟订参观见习计划书、试教计划、实习计划，而不是完全由他们自己摸索；指导教师可以引导实习教师写作省思札记，并给予意见与回馈等。②

其次，在实习教师之间，也要进行"同伴互助、同伴互导"（Peer Coaching）。在教育实习期间，实习教师之间的影响，无论是正面的还是

_____

① 过伟瑜主编：《教师专业学习与发展》，赵中建译，海南出版社2000年版，第118页。
② 饶见维：《教师专业发展——理论与实务》，中国台北五南图书出版公司1996年版，第274页。

负面的，都不能忽视。近年来，越来越多的学者关注到了学习者之间的合作关系对于学习效果的影响。因此，为保证教育实习过程中学习的连续性和反思性，实习教师彼此作为实习伙伴应互相提供有价值的现场帮助和现场反馈，即通过倡导实习教师之间的合作学习来发挥学习者之间的正面影响力，以使其互相协助成长。为此，应在教育实习期间，尽可能地安排实习教师进行彼此观摩和小组讨论，让他们互相分享经验，互相评判、互相给出建议，等等。实习教师之间的合作学习、协同成长应成为教育实习中的战略性人力资源进一步加以开发。

再次，在实习教师与中小学的指导教师之间也应形成一种和谐、支持的关系。对于教育实习过程中中小学校实习指导教师的作用及其对实习教师的影响，很多研究都得出了一致性的结果，那就是实习教师的教育实习的成败受到中小学指导教师的个性与行动的巨大影响，因此提出增加对中小学实习指导教师的引导与帮助，如教给他们从正面引导实习教师的方法，给予批判性反馈的方法，在协商中与实习教师共同探讨管理班级的方法，等等，并通过加强中小学实习指导教师和大学指导教师的有效交流来疏导参与者之间的潜在矛盾。① 也正因为如此，英国的很多教育实习项目都非常重视对实习指导教师的培训，以使其扮演好对实习教师的多重指导角色。如利特尔用"教育性辅导"（Educative Mentoring）来表征中小学指导教师的角色，即为准教师的教育实习提供"情境性调整"（Situational Adjustment）、"技术性建议"（Technical Advice）和"情感性支持"（Emotional Support）。② 中小学的实习指导教师除了要扮演好上述角色，还要和实习教师建立良好的人际关系。多纳尔德·麦因泰尔认为，我们对实习生的影响不是要求他们认识到各种不同的教学实践具有多大的价值，而是帮助他们形成理性和现实的判断能力。理论和现实的判断能力只有在确保每一个学生与其指导教师都有一个安全的个人关

---

① Sadler, T. D., "I won't Last Three Weeks: Preservice Science Teachers Reflect on Their Student-teaching Experiences", *Journal of Science Teacher Education*, Vol. 17, No. 3, 2006, pp. 217 – 241. 转引自骆玎《中美教师教育实践课程比较研究》，博士学位论文，华东师范大学，2009 年，第 23 页。

② Little, J. W., "The Mentor Phenomenon", C. Cazden, *Review of Research in Education*, Washington, D. C.: American Educational Research Association, 1990, pp. 297 – 351.

系的条件下才能形成。① 也就是说，实习教师与指导教师之间建立良好的合作关系是教育实习顺利进行并取得较好效果的重要基础之一。

　　然而，这种合作关系并非要求实习教师为迎合导师的要求而一切顺从，特别是在自己独立进行教育教学过程中，也要有自己的观点和自己的决策。为此，实习教师与指导教师都要把注意力集中在如何改进教学效果上，这样指导工作就不再是一种带威胁性的评估，而是帮助实习教师从尝试错误中学本领，从而促进教学有所进步。通过这种坦率的建设性的指导，实习教师能更加容易地成长为自信而能干的课堂教学的教师。同样地，导师的指导能力的提高也取决于他们对于同实习教师沟通交流的重要性的认识。有效的指导要求导师恰当掌握什么时候该给予压力、什么时候需要给予支持的动机。在支持他的同时也应适当地给予压力，以便帮助他充分利用进修的机会。这就要求建立一种鼓励实习教师对教学效果不断进行讨论和反思的学习环境。② 要建立这样一种有益于学习的环境，不仅是个安排问题，更要重视营造一种合作的新氛围。

　　从根本上说，就是要加强对实习指导教师的审慎遴选与持续培养。学者布克伯格（Buchberger，2000）对实习指导教师进行研究后得出结论：“大部分的教师教育者，在关于教学的方法论方面，在合作方面，在关于成年学习者（如实习教师）的学习等问题方面几乎没有接受过任何专门的教育与培训。教师教育中的诸多问题的出现也许就源于对教师教育者的教育备受忽视这一事实。”③ 为此，一方面，要加强对实习指导教师的甄选，使那些既具有这方面工作意愿又具有指导经验和素质的教师参与实习指导；另一方面，也要为实习指导教师开设专门的培训课程并编制实习指导手册，使其接受实习指导所需知能的培训，并在日常行为中有实习指导手册作为指导和参照。对于实习指导教师培训课程的内容，应以满足实习指导所需的各种专业知能为目标。对此，我国台湾学者高熏芳、王慧玲通过对实习指导教师的指导专业知能需求所做的实证研究

---

　　① ［英］罗博·麦克布莱德主编：《教师教育政策：来自研究和实践的反思》，洪成文等译，北京师范大学出版社 2009 年版，第 16 页。

　　② 过伟瑜主编：《教师专业学习与发展》，赵中建译，海南出版社 2000 年版，第 116 页。

　　③ Editorial, "Teaching Teachers—Studies into the Expertise of Teacher Educators: An Introduction to This Theme Issue", *Teaching and Teacher Education*, Vol. 21, No. 2, 2005, pp. 107 – 115.

发现，实习指导教师最重要的专业知能需求包括：有关班级经营实务技巧的知能、有关情绪辅导的知能、有关任教学科专门的知能、有关教学活动设计的知能、有关一般人际冲突事件解决的知能、有关各种教学方法的知能、有关收集教学资料的知能、有关教学演示的知能。①

对于大学中的实习指导教师，不仅美国、澳大利亚、荷兰等国已经制定针对大学中的教师教育者的专业标准，而且很多学者也倡议根据其实习指导工作所需的各种专业知识与能力对其进行专门的培养与培训。一些学者对大学教师教育者的所需知能进行了研究，如荷兰学者考斯特与丹哲瑞克认为，教师教育者不仅要在自己执教的学科领域有着丰富的，并且具有延展性的知识，而且还要在相关领域，如教育学、教法论、心理学等方面有着广泛的知识。此外，还要具备关于儿童及成年学习者的相关知识。② 因为，教师教育者要检验新的理论，并且要将个人的实践及准教师的经验与已知的理论联系起来，在此基础上发展出他们自己的理论。

对于教师教育者需要具备的能力，荷兰学者鲍勃、梅卡等（Bob Koster, Mieke Brieklmans, Fred Korthagen, Theo Wubbels, 2005）在其《教师教育者的素质要求》一文中重点探讨了教师教育者所应承担的任务与其应该具备的能力。研究的结论是，大学中的教师教育者应该承担六个方面的任务，并应具备四方面领域的能力。③

教师教育者应承担的任务主要有：教师教育者要致力于自身的专业发展，同时也要帮助同事推进专业发展；要能够提供一类教师教育项目；要参与政策的发展以及教师教育的开发；要与其他教师一起组织旨在推动教师发展的相关活动；要在教师教育的过程中选择优秀的未来教师；要能够进行科研工作。

教师教育者需要具备的能力表现在：①内容方面的能力（Content

---

① 转引自罗纶新《教育实习理论与实务之探讨》，《教育科学期刊》2002 年第 1 期。

② Koster, B., Dengerink, J., "Towards a Professional Standards for Dutch Teacher Educators", *European Journal of Teacher Education*, Vol. 24, No. 3, 2001, pp. 343 – 354.

③ Bob Koster, Mieke Brekelmans, Fred Korthagen, Theo Wubbels, "Quality Requirements for Teacher Educators", *Teaching and Teacher Education*, Vol. 21, No. 2, 2005, pp. 157 – 176. 转引自杨秀玉、孙启林《教师的教师：西方的教师教育者研究》，《外国教育研究》2007 年第 10 期。

Competencies）：能够与他人探讨专业领域问题；能够不断完善某个学科专业领域中的内容性的知识；能够在教育学层面对某一学科领域有所洞见；能够对教育领域的最新发展有所了解；能够参与新的发展。②交流与反思方面的能力（Communicative and reflective competences）：能够评价自身的教学并相应地做出改变；能够反思自己的教学方式，并发展多样性的教学模式；能够与具有不同背景的学生进行交流；能够在与学生互动方面成为别人效仿的榜样；具备高超的交流技巧；能够合理安排整个团队的进程；能够清晰地表达自己的观点；具备探究的态度。③组织能力（Organizational Competences）：要具备能够在团队中协作的能力；能够与中小学校中的实习指导教师互动的能力；能够在工作和休闲中把握好平衡关系的能力；能够发展普遍联系的观点并应用它；能够与教师教育机构的外界建立联系；能够有效地处理行政管理方面的事物并保持良好的纪录。④教育学方面的能力（Pedagogical Competences）：能够从学生已有的能力出发，并以学生未来应具备的能力为目标，规划与组织自己的教学活动；能够帮助学生发展以满足学生自身的学习需要；能够采用适合准教师的教育方式；能够适时调整课程的内容构成；能够从学生的经历中学习；能够对学生的实践教学给予正确的反馈；能够在教学与交流能力方面形成一种好的模式；能够为了专业能力的发展开发与运用评价与自我评价机制；能够在自身的教学中运用多媒体等信息与通信技术；能够激励学校教师在专业领域的学习。

5. 大学与中小学合作：寻求共同的"意义"与构建实践共同体

梅洛夫（Maeroff，2001）等人通过实例研究表明，院校协作关系若希望成功建立，则必须处理好管理、公平、标准、教师和建立共同体五个领域的问题。索利曼（Soliman，2001）则进一步补充，认为合作关系的建立意味着两个机构的文化及其主体性发生了转变，而在此过程中双方对"意义"的界定存在着分歧和冲突。[①] 此外，学者们的研究还发现，决定大学与中小学之间的成功合作很重要的一个条件是双方的人际关系

---

① 操太圣、卢乃桂：《伙伴协作与教师赋权——教师专业发展新视角》，教育科学出版社年 2007 年版，第 96 页。

基础及其背后的文化理解与文化认同。①

可见，在大学与中小学合作的过程中，双方在诸多方面存在着分歧，如学校文化的差异、彼此功能的差异、对"合作"的意义的理解的差异，等等。为此，要促进大学与中小学成功的合作关系，就要加强双方对共同意义的寻求，使这种伙伴关系显现出更多的"共生性"。正如圣吉所说，改革应是制度的改革，而不是某一实践的发展变化。如果中小学与大学的伙伴关系显现出更多的共生性，那么改革将会对双方产生影响。

为此，"大学与中小学教育工作者的分工与协作的范围需要明确。无论是师范院校的教师还是中小学教师，都应该更多地关注自己在变革中的教师培训工作中所扮演的新角色、所起的新作用。这种作用不能从外部给予界定；对新角色的关注意识只能通过持续的共同协作过程而不断加强。这实质上也是一个教师提高发展的过程"②。即要加强合作伙伴关系，所有的参与者必须就各自角色的界定达成共识，各自贡献自己的特别技能，合作伙伴相互探讨，明确各自视角的异同（McCulloch，1993）。

不仅如此，由于在教育实习过程中，大学与中小学指导教师的作用对于教育实习的质量产生极其重要且关键性的影响。所以，为了提升教育实习的效果，一些英美国家的学者通过研究都提出质疑，在教育实习过程中，仅仅强调实习教师的经验是否过于狭隘。例如，古德森（Goodson，1993）依据教学行为的本质是政治性的和社会性的假设，反对那种认为"作为研究者的教师的核心主要应建立在实践之上的观点"。古德森进一步指出，对实践的强调可能为右翼派所玩弄，因而，教学有可能被变成一套惯例性的教学活动而被贬低。同样，麦克劳琳等指出，提高教师基础知识是扩大教师职能的首要任务。不仅如此，指导教师的弱点是，他们在帮助实习教师实践的同时，却很少能够通过与实习教师的共同质询、探究而提高自己。为此，英国学者麦克库勒奇等通过其实施的雷丁大学项目解决了这一问题，其方法是确保导师和中小学教师的学习，通

① Rice，E.，"The Collaboration Process in Professional Development Schools: Results of a Meta-ethongraphy，1990–1998"，*Journal of Teacher Education*，Vol. 3，No. 1，2002.

② 过伟瑜主编：《教师专业学习与发展》，赵中建译，海南出版社2000年版，第116页。

过其系统化的实践者研究，创设一个供中小学教师和学员都能获得专业发展的环境。①

为此，教育实习的关注点就要由以往的仅仅关注实习教师的实践转向包括大学导师和中小学指导教师在内的所有参与者的共同的专业发展。而要促进所有参与者的共同发展，包括实习教师、大学与中小学指导教师在内的参与者就要形成一种实践共同体。在这一共同体中，所有参与者都要基于平等的意义协商（Negotiation）、知识取用（Appropriate）的社会性互动，在一种互惠的、互相依赖、互相支持的关系中，实现彼此的知识与经验的分享。也只有这样，才能实现教育实习过程中的合作学习。目前，英国的一些教育实习项目已经在为此做出尝试和努力。

这种实践共同体的形成，在推动实习教师与指导教师的合作学习、知识分享的同时也促进了理论与实践的融合。所以，它从根本上能够促进所有参与者的共同发展，这也在根本上保障了教育实习质量的提升。

6. 加强自我评价与同伴评价和发展性评价导向

无论是建构主义还是后现代课程观，都强调灵活的、多方位的发展性评价。英国的教育实习评价基本上满足了上述要求，同时体现了实习评价的发展性功能。其间，不仅对实习教师进行不间断的评价，而且通过对实习教师在实习过程中的整体表现和在每一阶段的表现来最终确定其实习成绩。不仅如此，在评价的过程中，不仅包括大学与中小学指导教师做出的评价，而且还包括实习教师本人的自我评价，以及实习教师之间彼此做出的评价和所任教学生给予的评价。

其中，为了加强评价的真实性、反馈性和反思性，笔者认为，实习教师的自我评价和同伴评价是值得深入研究和开发的重要评价方式和系统。因为，实习教师之间的评价，基于同伴之间的彼此了解，其真实性高，而且更加有益于实习教师之间彼此取长补短，互相进步。通过实习教师撰写专业的反思记录，进行自我专业成长规划与制作专业教学档案袋进行不间断的自我评价，实习教师的反思意识和反思能力就可以得到极大的促进。

--------

① ［英］罗博·麦克布莱德主编：《教师教育政策：来自研究和实践的反思》，洪成文等译，北京师范大学出版社 2009 年版，第 69 页。

并且，更重要的是，实习教师的自我评价和同伴评价，相对于实习指导教师要给出实习成绩的结果性评价而言，基本上是一种"无压力评价"。因为很多研究表明，实习教师在教育实习期间由于要满足各方面的要求而处于较高的压力水平。甚至有的研究发现，实习教师迫于各种心理压力，无法真正在行为上按照自我意愿来改进实践表现。[1] 因此，一些学者提出"无压力评价"来舒缓实习教师的压力。[2] 基于实习教师的自我评价和同伴评价的这种无压力评价对于实习教师的专业学习和改进实践提供了安全的环境，并且可以减缓实习教师的压力水平。

笔者认为，实习教师的专业教学档案袋评价是非常值得推广和借鉴的一种自我评价方法。而且目前，这种评价方式也在很多国家的教育实习评价中采用。对于档案袋评价是什么？目的与意义何在？应该收集的内容范围有哪些？沃尔夫等（Wolf et al., 1997）学者对于如何有效建构教学档案的建议如下：（1）实习教师准备一篇哲学声明，用以表达个人实习的理念。当然该理念必须符合实习目标与实习过程中专业表现的期望。（2）实习教师与实习指导教师经过磋商，对教学的个人目标做最后决定。（3）实习教师在实习过程中努力收集多样化的教师作品与学生作品。（4）实习教师定期与同伴或实习学校的辅导教师讨论各项作品所呈现的意义。（5）实习教师整理、组织并注解说明各项档案文件的内涵。（6）实习教师就各项档案文件撰写反思性评语。（7）实习教师将完成的教学档案交给实习指导教师，并等候评审结果。（8）实习指导教师就教学档案给予评价，等等，以及提供书面上和口头上的反馈意见。（9）实习教师依据实习指导教师所给予的反馈，重新设定教学档案的个人目标，并重复（3）—（8）的步骤。[3]

7. 加强立法、制度保障与组织开发

有研究表明，要提升教育实习的质量，将改革的支点指向每个层面

---

① Clement, M., "Reducing the Stress of Student Teaching", *Contemporary Education*, Vol. 70, No. 4, 1999, pp. 433 – 441.

② Wadlington, E. M., E. Slaton & Partridge, M. E., "Alleviating Stress in Preservice Teachers During Field Experience", *Education*, Vol. 119, No. 2, 1999, p. 335.

③ 林一钢：《中国大陆学生教师实习期间教师知识发展的个案研究》，学林出版社 2009 年版，第 88 页。

的参与者个人——实习教师、中小学教师、大学教师，通过建立实践共
同体满足个人开发需求的潜能，促进其共同发展，这是不够的。因为只
是关注实习过程中的参与者，所存在的危险是参与者个人很有可能在自
己的机构中被边缘化，所以，无论不同层级间的伙伴合作质量如何，仅
靠实践者的研究是不够的，就像依靠同行合作一样，也是不够的。因为
研究发现，虽然中小学指导教师认识到专业准备的复杂性，并努力解决
这些问题，但是他们的学校高层却并没有意识到这件事情的重要性，因
而很少提供支持。教育实习改革杠杆的支点似乎不应该直接指向实习教
师、中小学指导教师和大学教师，而应该指向他们所工作的机构及其组
织开发。所以，思想的重要转变应该是在中小学和大学教育系的战略规
划与质量保障系统建立的层面上，通过立法而渗透发展性干预。为了防
止教学从一个专业蜕变为一套需要记住的程序，将杠杆的支点放在机构
层面上就可以确保实习得到认真对待。一旦安排好，不仅可以管理好学
习的环境，而且可以让决策者知道相互对话的复杂性。①

　　为此，为了保障教育实习的质量，有必要进一步加强教育实习的相
关立法以及管理的制度建设。首先，要进一步加强有关教育实习的相关
立法、规则的建设，以确保教育实习的认真执行和实施。其次，要加强
教育实习管理中的合作制度的发展。在教育实习的管理方面，教育行政
部门、大学和实习学校需各负其责，进一步发挥互补性的作用，并加强
协作，共同来设计、实施与管理教育实习。此外，还要建立一套完备的
质量保障体系。例如，加强教师资格证书系统对教育实习的评鉴制度，
完善指导教师的培训制度与资格制度，完善经费分配和保障制度，加强
实习学校教师群体的文化建设，以及大学与中小学的合作制度及其实践
共同体的制度建设，等等。总之，要从立法、管理与保障层面加强制度
建设，使教育实习真正被重视起来，进而切实得到加强和改进。

---

　　① ［英］罗博·麦克布莱德主编：《教师教育政策：来自研究和实践的反思》，洪成文等
译，北京师范大学出版社 2009 年版，第 72 页。

# 结　语

　　在 21 世纪的今天，对教育实习的关注与发现已经成为世界教师教育改革新的亮点。面对国际上职前教师教育日益关注实践的思潮，各国都在近年来不断加强教育实习研究，审慎设计教育实习目标、内容，创新教育实习模式与制度管理，以提升教育实习的质量与效果。为此，教育实习的研究与规划俨然成为当今世界各主要国家在教师教育领域所关心的焦点问题之一。

　　通过上述对教育实习的理论探讨与对英国教育实习体系的全面考察与深刻反思，我们可以发现，事实上，教育实习是一个看似简单实则极其复杂的教师教育问题。因为它关涉不同教师教育模式、不同教师教育水平的教师教育课程的总体安排，关涉教育实习如何与教师教育中其他部分实现理论与实践的有机整合，关涉大学与中小学以及政府教育行政部门的有效合作，关涉从实习目标、内容、过程、模式、管理、评价等多个环节的科学设计和一体化的实施，关涉大学与中小学指导教师是否能够平等协作、各尽其才进而提供高品质的指导，也关涉教师资格证书系统对教育实习的评鉴制度、指导教师的培训制度与资格制度、经费分配和保障制度以及实习学校教师群体的文化建设等外围制度的支撑与保障。因此，对于这样一门特殊的教师教育课程，需要相关机构与人员对其进行审慎的规划与科学的安排。正如泽兹纳所说，"如果我们想要严肃地承担起培养教师以使他们成功地教授所有学生的任务，那么，我们需要将许多教师培养活动放在大学和学校校园之外的中小学和社区内进行，但是，我们要做的不仅仅是把他们送出去然后任由他们去'学习'。师范生的临床经验需要非常精心地设计，正如设计其他的大学和学院的课程一样。需要将临床经验与教师教育计划中的其他部分紧密地整合在一起"。①

　　不仅如此，在发展过程中，教育实习又要受到一个国家或民族的历史与文化传统、思维品格与习惯、政治意识形态、教师教育制度以及教师专业化进程等多维因素潜移默化的影响。因此，对一个国家教育实习体系的认识，必须深入思考上述维度的多重影响，而不能做表面化的理解或经验的机械移植。这也是为什么笔者选择从英国这样一个国家的层面对实践中的教育实习进行系统考察与深刻反思的原因之一。

　　总之，对于教育实习这个在职前教师教育中必不可少而又起着画龙点睛之效的特殊课程与重要组成部分，我们需要对其加强理论上的系统研究与论证，从多学科、多重理论的视角来揭示教育实习中的一些规律性的认识，这其中包括对教育实习的知识学原理、认识论基础，以及实习教师的专业社会化过程的认识，也包括对教育实习的影响因素的认识、教育实习的局限性的认识，等等。这些理论上的论证与认识能够为推进教育实习的改革与发展提供坚实的理据。

　　此外，除了从多学科的视角认识教育实习过程，更重要的是对教育实习本身的理解与建构。教育实习虽然在形式上是一门在职前教师教育中占有相应学分的课程，但它更应该是实习教师在理论与实践的互动中不断进行反思与体验的过程，是实习教师形成和发展属于自己的教与学的个人哲学，即个人实践性知识的过程。教育实习作为准教师迈向教师职业生涯的起始阶段，它不仅要帮助实习教师通过自己的教育教学实践获得作为教师的起始能力，同时更应该致力于发展实习教师后续自我成长的能力。只有这样，教育实习才能为准教师未来的专业发展奠定良好的基础。本书认为对教育实习本身的理解和对其内涵的拓展是在实践中改进教育实习的根本。

　　无论是教育实习的理论探讨还是实践中的改进，都需要我们始终思

---

① Zeichner, K. M., "Reflections of a University-based Teacher Educator on the Future of College and University-based Teacher Education", *Journal of Teacher Education*, Vol. 57, No. 3, 2006, pp. 323 – 337. 转引自王艳玲、刘军、苟顺明《美国专业发展学校：教师教育制度创新的范例》，《教师教育研究》2009 年第 5 期。

考一些前提性的、也是根本性的问题，那就是我们要培养什么样的教师？通过什么样的教师教育能够实现对这样教师的培养？这不仅关系到我们对教师观的审视，也关系到对教师专业性的根本理解。如果进一步向前推理的话，也要关系到对教育观、学生观等更为基本问题的思考。

对这些重要的前提性问题的深入剖析，是不可能在一本书中就解决的。但这些都将作为笔者对教育实习问题进行后续研究的思考维度。

# 参考文献

## 一 中文文献

### （一）专著

[1]［英］埃德蒙·金：《别国的学校和我们的学校》，王承绪、邵珊、李克兴、徐顺松译，人民教育出版社2001年版。

[2]［英］艾弗·F.古德森编著：《专业知识与教师职业生涯》，刘丽丽译，北京师范大学出版社2007年版。

[3]［英］A.N.怀特海：《过程与实在》（第1卷），贵州出版集团2006年版。

[4]［古希腊］柏拉图、郭斌和：《理想国》，张竹明译，商务印书馆1997年版。

[5]［美］布兰思福特：《人是如何学习的——大脑、心理、经验及学校》，程可拉等译，华东师范大学出版社2002年版。

[6]北京师范大学等：《高等师范院校教育实习理论与实践》，西南师范大学出版社1990年版。

[7]操太圣、卢乃桂：《伙伴协作与教师赋权——教师专业发展新视角》，教育科学出版社2007年版。

[8]陈嘉弥：《师徒式教育实习之理论与实践》，中国台北心理出版社2004年版。

[9]成有信主编：《十国师范教育和教师》，人民教育出版社1990年版。

[10]［美］D.H.乔纳森：《学习环境的理论基础》，华东师范大学出版社2002年版。

[11]范良火：《教师教学知识发展研究》，华东师范大学出版社2003

年版。

[12] 高文:《教学模式论》,上海教育出版社 2002 年版。

[13] 顾明远:《中国教育的文化基础》,山西教育出版社 2004 年版。

[14] 顾明远主编:《教育大辞典》,上海教育出版社 1990 年版。

[15] 过伟瑜主编:《教师专业学习与发展》,赵中建译,海南出版社 2000 年版。

[16] [英] 哈赛尔·海格等:《向经验教师学习指南》,马晓梅、张昔阳 译,华东师范大学出版社 2009 年版。

[17] 胡艳、蔡永红:《发达国家中小学教师教育》,海南出版社 2000 年版。

[18] 黄政杰、张芬芬:《学为良师——在教育实习中成长》,中国台北师 大书苑有限公司 2001 年版。

[19] 黄志成主编:《西方教育思想的轨迹——国际教育思潮纵览》,华东 师范大学出版社 2008 年版。

[20] 教育部师范教育司组织编写:《教师专业化的理论与实践》,人民教 育出版社 2003 年版。

[21] 教育部师范教育司:《教师专业化的理论与实践》,人民教育出版社 2001 年版。

[22] [德] 伽达默尔:《真理与方法》(下卷),洪汉鼎译,上海译文出 版社 1999 年版。

[23] [美] J. 莱夫、E. 温格:《情境学习:合法的边缘性参与》,王文 静译,华东师范大学出版社 2004 年版。

[24] [英] 吉尔伯特·赖尔:《心的概念》,徐大建译,商务印书馆 2005 年版。

[25] [英] 罗博·麦克布莱德主编:《教师教育政策:来自研究和实践 的反思》,洪成文译,北京师范大学出版社 2009 年版。

[26] 李家永:《当今英国教育概览》,河南教育出版社 1994 年版。

[27] 梁忠义、罗正华:《教师教育》,吉林教育出版社 1998 年版。

[28] 梁忠义主编:《教师专业化视野下美英日韩四国教师教育的改革与 发展》,东北师范大学出版社 2003 年版。

[29] 林一钢:《中国大陆学生教师实习期间教师知识发展的个案研究》,

学林出版社 2009 年版。

[30] 刘捷、谢维和：《栅栏内外——中国高等师范教育百年省思》，北京师范大学出版社 2002 年版。

[31] 刘捷：《专业化：挑战 21 世纪的教师》，教育科学出版社 2002 年版。

[32] 刘清华：《教师知识的模型建构研究》，中国社会科学出版社 2004 年版。

[33] 刘维俭、王传金主编：《教师职前教育实践概论》，南京师范大学出版社 2007 年版。

[34] 鲁洁：《教育社会学》，人民教育出版社 1990 年版。

[35] 欧用生：《教师专业成长》，中国台北师大书苑有限公司 1996 年版。

[36] 瞿葆奎主编、金含芬选编：《英国教育改革》，人民教育出版社 1993 年版。

[37] 饶见维：《教师专业发展——理论与实务》，中国台北五南图书出版公司 1996 年版。

[38] 日本筑波大学教育学研究会编：《现代教育学基础》，钟启泉译，上海教育出版社 1986 年版。

[39] 石中英：《知识转型与教育改革》，教育科学出版社 2001 年版。

[40] ［美］斯蒂芬·D. 布鲁克菲尔德：《批判反思型教师 ABC》，中国轻工业出版社 2002 年版。

[41] 王秋绒：《教师专业社会化理论在教育实习设计上的蕴义》，中国台北师大书苑有限公司 1991 年版。

[42] 王晓宇：《英国师范教育机构的转型：历史视野与个案研究》，上海社会科学院出版社 2008 年版。

[43] 王岳川：《艺术本体论》，上海三联书店 1994 年版。

[44] 许高厚主编：《教育实习》，人民教育出版社 2001 年版。

[45] 阎宗临：《欧洲文化史论》，广西师范大学出版社 2007 年版。

[46] ［古希腊］亚里士多德：《尼各马可伦理学》，廖申白译注，商务印书馆 2003 年版。

[47] ［美］约翰·杜威：《我们怎样思维·经验与教育》，姜文闵译，人民教育出版社 2005 年版。

[48] 杨深坑：《各国实习教师制度比较》，中国台北师大书苑有限公司

1994 年版。

[49] 叶澜:《中国教师新百科：中学教育卷》，中国大百科全书出版社 2002 年版。

[50] 易红郡:《英国教育的文化阐释》，华东师范大学出版社 2009 年版。

[51] 张念宏主编:《教育学辞典》，北京出版社 1987 年版。

[52] 张念宏主编:《中国教育百科全书》，海洋出版社 1991 年版。

[53] 赵昌木:《教师成长论》，甘肃教育出版社 2004 年版。

[54] ［日］佐藤学:《课程与教师》，钟启泉译，教育科学出版社 2003 年版。

[55] 钟启泉:《课程的逻辑》，华东师范大学出版社 2008 年版。

[56] 周淑卿:《课程发展与教师专业》，中国台北市高等教育文化事业有限公司 2004 年版。

[57] 郑金州:《教育文化学》，人民教育出版社 2005 年版。

[58] 于亚中、霍宗治、张熙峰主编:《高等师范教育实习指导》，长春出版社 1990 年版。

（二）期刊

[1] 卜玉华:《教师教育及其研究何去何从——从教育理论与实践的关系展开的思考》，《教育理论与实践》2004 年第 6 期。

[2] 曹永国:《也谈"教育理论指导实践"——兼与彭泽平同志商榷》，《教育理论与实践》2003 年第 23 期。

[3] 陈向明:《理论在教师专业发展中的作用》，《北京大学教育评论》2008 年第 1 期。

[4] 陈向明:《实践知识：教师专业发展的知识基础》，《北京大学教育评论》2003 年第 1 期。

[5] 陈向明:《小组合作学习的条件》，《清华大学教育研究》2003 年第 8 期。

[6] 陈阳:《大学与中小学合作的教育实习模式》，《外国教育研究》2008 年第 9 期。

[7] 谌启标:《英国教师伙伴学校及其质量保证》，《外国教育研究》2005 年第 8 期。

［8］丁立群：《亚里士多德的实践哲学及其现实效应》，《哲学研究》2005年第1期。

［9］丁笑炯：《对英国以学校为基地的职前教师培训模式的反思》，《高等师范教育研究》1998年第2期。

［10］高伟：《一个"劳而无功"的虚假性命题——评"教育理论与实践关系"之争》，《北京大学教育评论》2005年第3期。

［11］高月春：《国外教育实习的趋同性及对我国的启示》，《现代教育科学》2007年第4期。

［12］高月春：《英国"以中小学为基地"教育实习模式的特点与启示》，《外国教育研究》2007年第34期。

［13］郭秋勋：《教育实习目标、功能的探索及启示》，《教育研究》1997年第5期。

［14］郭元祥：《教育理论与教育实践关系的逻辑考察》，《华中师范大学学报》（人文社会科学版）1999年第38期。

［15］洪明：《"反思实践"思想及其在教师教育中的争论：来自舌恩、舒尔曼和范斯特马切尔的争论》，《比较教育研究》2004年第10期。

［16］黄海根：《二战后英国职前教师教育政策的研究》，《外国教育研究》2008年第11期。

［17］［英］杰夫·维替：《职业自我管理、国家控制抑或其它——试论英国教师教育的改革措施》，刘邦祥译，《教师教育研究》2004年第3期。

［18］［加］康奈利、柯兰蒂宁、何敏芳：《专业知识场景中的教师个人实践知识》，《华东师范大学学报》（教育科学版）1996年第2期。

［19］［美］李·S.舒尔曼：《理论、实践与教育的专业化》，《比较教育研究》1999年第3期。

［20］兰英：《英国师资培训新动向及几点启示》，《比较教育研究》1998年第1期。

［21］李崇爱、王昌善：《欧美发达国家教育实习的模式与理念》，《教育评论》2005年第4期。

［22］李伟：《回归实践，回到理解——从芝加哥大学教育学院停办看美国教育研究范式的转换》，《比较教育研究》2008年第7期。

[23] 李瑜:《教育实习的作用及其在教师资格认证过程中的缺失》,《高教发展与评估》2006 年第 6 期。

[24] 林金凤、张建新:《近十年来我国教育理论与实践关系研究综述》,《湘潭师范学院学报》2007 年第 1 期。

[25] 林进材:《有效的教育实习辅导策略》,《教育实习辅导季刊》2000 年第 5 期。

[26] 柳海民、史宁中:《专业化教师教育课程的理论样态与基本结构》,《课程·教材·教法》2004 年第 10 期。

[27] 罗纶新:《教育实习理论与实务之探讨》,《教育科学期刊》2002 年第 1 期。

[28] 倪小敏:《实践取向:职前教师教育模式的重构》,《教师教育研究》2010 年第 1 期。

[29] 饶从满、满晶:《德国教师教育的演进》,《外国教育研究》1994 年第 5 期。

[30] 饶从满:《德国教师职前教育中"理论"与"实践"的结合》,《外国教育研究》1996 年第 6 期。

[31] 任辉:《同伴合作教学》,《江苏高教》2007 年第 3 期。

[32] [英] R. 柯文:《1944 年以来的英国教育改革》,石伟平译,《外国教育资料》1991 年第 4 期。

[33] 宋杰、冯涛:《英国与挪威 PGCE 课程标准的比较研究》,《湖北大学成人教育学院学报》2005 年第 5 期。

[34] 唐热风:《亚里士多德伦理学中的德性与实践智慧》,《哲学研究》2005 年第 5 期。

[35] 汪凌:《从教学的实践看教师职业性的培养》,《外国教育资料》1999 年第 6 期。

[36] 王方林:《教育理论与教育实践的差距何时才能消除》,《教育理论与实践》1997 年第 1 期。

[37] 王坦:《论合作学习的教学论贡献》,《课程·教材·教法》2003 年第 8 期。

[38] 王少非:《校本教师教育的国际经验及对我们的启示》,《全球教育展望》2001 年第 7 期。

[39] 王艳玲、苟顺明：《试析英国教师职前教育课程与教学的特征》，《教育科学》2007 年第 1 期。

[40] 邬志辉：《教师教育理念的现代化及其转化中介》，《东北师范大学学报》2003 年第 3 期。

[41] 项亚光：《论当前国内外教师专业社会化发展》，《外国中小学教育》2004 年第 6 期。

[42] 杨涤：《教师专业教育模式：以理论和实践的关系为中心》，《外国教育研究》2000 年第 6 期。

[43] 杨秀玉、孙启林：《实习教师的专业社会化研究》，《外国教育研究》2007 年第 11 期。

[44] 杨秀玉：《实践中的学习：教育实习理念探悉》，《首都师范大学学报》（社会科学版）2010 年第 5 期。

[45] 杨小秋：《教育实践性课程：高师院校教育改革新视域》，《黑龙江高教研究》2006 年第 6 期。

[46] 岳欣云：《理论先行还是实践先行》，《教师教育研究》2004 年第 6 期。

[47] 张文军、王艳玲：《职前教师教育中的"学校体验"：英国的经验与启发》，《全球教育展望》2006 年第 2 期。

[48] 赵静、武学超：《英国教师教育政策的演变及评析》，《教育发展研究》2006 年第 4 期。

[49] 赵中建：《以中小学为基地的师资培训——英国的师范教育改革》，《高等师范教育研究》1994 年第 2 期。

（三）学位论文

[1] 邓涛：《大学与中小学合作：英美两国教师培养模式比较研究》，硕士学位论文，东北师范大学，2003 年。

[2] 蒋霞：《英国"以学校为基地"教育实习模式探析》，硕士学位论文，西南大学，2009 年。

[3] 骆玲：《中美教师教育实践课程比较研究》，博士学位论文，华东师范大学，2009 年。

[4] 孙曼丽：《英国职前教师教育的伙伴关系模式研究》，硕士学位论文，

福建师范大学，2008 年。

[5] 王红：《中、英教育实习制度比较研究》，硕士学位论文，东北师范大学，2004 年。

[6] 王旭卿：《信息技术中介的教育实习环境创设研究》，博士学位论文，华东师范大学，2005 年。

[7] 王艳玲：《培养"反思性实践者"的教师教育课程》，博士学位论文，华东师范大学，2008 年。

[8] 赵静：《英国"以学校为基地"的教师培养模式研究》，硕士学位论文，南京师范大学，2006 年。

[9] 周成海：《客观主义—主观主义连续统观点下的教师教育范式：理论基础与结构特征》，博士学位论文，东北师范大学，2007 年。

（四）其他

[1] 卢乃桂：《举办教师教育——对中国大陆教师培养中一些问题的探索》，东北师范大学教师教育国际学术研讨会"社会转型与教师教育变革"，2008 年。

[2] 李广平、回俊松、李月菊、马英武：《实习生与指导教师专业知识发展状况的调查研究》，载刘益春主编《教师教育创新的理论与实践探索》，东北师范大学出版社 2008 年版。

[3] 中华人民共和国教育部、财政部、人事部、中央编办：《教育部直属师范大学师范生免费教育实施办法（试行）》（2007 年 5 月 9 日），教育部门户网站（http：//www. moe. edu. cn/jyb_ xxgk/moe_ 1777/moe_ 1778/tnull_ 27694. html）。

[4] Linda Darling-Hammond：《发展中的教师专业发展学校：早期教训、挑战与展望》，载［美］Linda Darling-Hammond 主编《美国教师专业发展学校》，王晓华、向于峰、钱丽欣译，中国轻工业出版社 2006 年版。

[5] 饶见维：《从"临床教学"转向"专业发展学校"》，师范教育临床教学学术研讨会论文集，中国屏东，1997 年。

[6] 师范教育委员会：《詹姆斯报告（1972）》，载瞿葆奎《教育学文集·英国教育改革》，人民教育出版社 1993 年版。

[7] 瞿葆奎主编，瞿葆奎、沈剑平选编：《育与教育学文集》，人民教育

出版社 1993 年版。

[8] 教育和科学部：《教学质量（1983）》，载瞿葆奎《教育学文集·英国教育改革》，人民教育出版社 1993 年版。

[9] 冯契：《哲学大辞典》，上海辞书出版社 1992 年版。

[10] 饶见维、吴家莹等：《师范学院教育实习的理论模式》，八十学年度师范学院教育学术论文发表会，1991 年。

[11] ［美］伯利纳：《实验背景和师范教育的研究》，载瞿葆奎主编《教育学文集·教师》，人民教育出版社 1991 年版。


## 二　英文文献

[1] Angie Evans, "The Role of the Initial Teacher Training Coordinator in the School-based Element of Partnership: To What Extend does the Co-ordinator Undertake Supervision of Aspects of Quality Assurance?" http://www. ttrb. ac. uk/attachments/87594143-3a46-45c2-9d73-3c2a3f 0622 a3. pdf.

[2] Barab, S. A. & Duffy, T. M. , *From Practice Field to Communities of Practice*, New Jersey: Lawrence Erlbaum Associates, Mahwah, 2000.

[3] Betty E. Steffy, Michale P. Wolfe, Suzanne H. Pasch and Billie J. Enze, *Life Cycle of the Career Teacher*, California: Cowin Press, Inc. , 2000.

[4] Brooks, Val, "Pupils and School-based Initial Teacher Training", *Educational Studies*, Vol. 26, No. 1, 2000.

[5] Brown, J. S. , Collins A. & Duguid, P. , "Situated Cognition and the Culture of Learning ", H. Mclellan ( eds. ), *Situated Learning Perspective*, New Jersey: Educational Technology Publications, Inc. , Englewwood Cliffs, 1996.

[6] C. T. Fosnot. , *Constructivism: Theory, Perspectives and Practice*, New York: Teachers College Press, 1989.

[7] Calderhead, J. , "The Development of Knowledge Structure in Learning to Teach", in J. Calderhead ( Ed. ), *Teacher's Professional Learning*, New York: The Falmer Press, 1988.

[8] Carr, W., "Theories of Theory and Praetiee", *Journal of Philosophy of Edueation*, Vol. 20, No. 2, 1986.

[9] Clarissa S. Thompson, "Powerful Pedagogy: Learning from and about Teaching in an Elementary Literacy Course", *Teaching and Teacher Education*, Vol. 22, 2006.

[10] Dan C. Lortie, *School Teacher—A Sociological Study*, Chicago and London: The University of Chicago Press, 1975.

[11] Deboran L. Butler, Helen Novak Lauscher, Sandra Jarvis-Selinger, Beverly Beckingham, "Collaboration and Self-regulation in Teachers' Professional Development", *Teaching and Teacher Education*, Vol. 20, No. 5, 2004.

[12] Della Fish, *Learning Through Practice in Initial Teacher Training—A Challenge for the Partners*, London: Kogan Page Limited, 1989.

[13] *Department of Education and Science Circular*, No. 18/89, Education (Teachers) Regulations 1989, Department of Education and Science, 1989.

[14] DES, *Clark Announces Radical Overhaul of Teacher Training*, The Department of Education and Science News, Jan 4, 1992.

[15] Donald McIntyre, Hazel Hager, Margaret Wilkin, *Mentoring: Perspectives on School-based Teacher Education*, London: Kogan Page Limited, 1994.

[16] Donald McIntyre, "The Oxford Internship Scheme and the Cambridge Analytical Framework: Models of Partnership in Initial Teacher Education", M. B. Booth, V. J. Furlong and M. Wilkin, *Partnership in Initial Teacher Training*, London: Cassell Educational Limited, 1990.

[17] E. Hadley, *Teaching Practice and Probationary Year*, London: Edward Arnold Ltd., 1982.

[18] Edgar Stones & Sidney Morris, *Teaching Practice: Problems and Perspective*, New York: Methuen Co. Ltd., 1998.

[19] Elbaz, F., *Teacher Thinking: A Study of Practical Knowledge*, N. Y.: Nichols, 1983.

[20] Feiman-Nemser, S. & Buchmann, M. , *Pitfalls of Experience in Teacher Education*, Teachers College Record, Vol. 87, No. 1, 1985.

[21] Feridson, E. , *Professionalism Reborn: Theory, Prophecy and Policy*, Chicago: University of Chicago Press, 1994.

[22] Fish, D. , *Learning through Practice in Initial Teacher Training*, London: Kogan Page, 1989.

[23] Fred A. J. Korthagen, Jos Kessels, Bob Koster, Bram Lagerwerf, Theo Wubbels. , *Linking Practice and Theory—The Pedagogy of Realistic Teacher Education*, Mahwah: Lawrence Erlbaum Associates, Publisher, 2001.

[24] Fulong, V. J. , Hirst, P. H. , Pocklington, K. and Miles, S. , *Initial Teacher Training and the Role of the Schoo*, Milton Keynes: Open University Press, 1988.

[25] Furlong, J. , Whitty, G. , Whiting, C. , Miles, S. , Barton L. and Barrett, E. , "Redefining Partnership: Revolution or Reform in Initial Teacher Education?", *Journal of Education for Teaching*, Vol. 8, No. 3, 1996.

[26] Goodson, I. , *Studing Teachers' Lives*, London: Routledge, 1992.

[27] Graves, Norman, *Recent Trends in Teacher Education*, Institute of Education Society Newsletter, 1992.

[28] Grossman, P. , Compton, C. , Igra, D. , Ronfeldt, M. , Shahan, E. & Wukkuansibm P. , "Teaching Practice: A Cross-professional Perspective", *Teachers College Record*, Vol. 111, No. 9, 2009.

[29] Grossman, P. L. & Richert, A. E. , "Unaknowledged Konwledge Growth: A Re-examinationof the Effects of Teacher Education", *Teacher and Teacher Education*, Vol. 4, No. 1, 1998.

[30] H. A. Giroux, *Teacher as Intellectuals: Toward a Critical Pedagogy of Learning*, Massachusetts: Bergin & Garvey Publishers, 1988.

[31] H. C. Dent, *The Training of Teachers in England and Wales* 1800 – 1975, London: William Clowes & Sons Ltd. , 1977.

[32] Hargreaves, David, "Knowledge Management in the Learning Society", Copenhagen: Presented on the Forum of OECD Education Minis-

ters: Developing New Tools for Education Policy-making, 2000.

[33] Hargreaves A., "The Four Ages of Professionalism and Professional Learning", Unicorn, 1997.

[34] Hobson, "Becoming a Teacher: Student Teachers' Experiences of Initial Teacher Training in England", http://www. dfes. gov. uk/research/data/uploadfiles/RR744. pdf.

[35] Huling – Austin, L., "Teacher Induction Programs and Internship", in W. R. Houston & J. Sikula (Eds.), *Handbook of Research on Teacher Education*, San Francisco: Jossey-Bass, 1990.

[36] Ivan Reid, Hillary Constable, Roy Griffiths, *Teacher Education Reform: Current Research*, London: Paul Chapman, 1994.

[37] Jennifer L. Fisler, "Teacher Learning in a School-University Partnership: Exploring the Role of Social Trust and Teaching Efficacy Beliefs", *Teachers College Record*, Vol. 108, No. 6, 2006.

[38] John Furlong, Len Barton, Sheila Miles, Caroline Whiting & Geoff Whitty, *Teacher Education in Transition: Re-forming Professionalism?* Buckingham: Open University Press, 2000.

[39] Johnson, D. W. & Johnson, R. T. & Holubec, E. J., *Cooperation in the Classroom* (Seven Edition), Interaction Book Company, 1998.

[40] Johnston, D. K., Duvernoy, R., McGill, P. & Will, J. F., "Educating Teachers Together: Teachers as Learners, Talkers and Collaborators", *Theory into Practice*, Vol. 35, No. 5, 1996.

[41] K. M. Zeicher., "Myths and Realities: Field-based Experiences in Pre-service Teacher Education", a paper delivered to the Annual Meeting of the Midwestern and Wiscousin Education Research Association, Milwaukee, Nov. 1st, 1979.

[42] K. M. Zeichner, "The Student Teaching Seminar: A Vehicle for the Development of Reflective Teachers", the Annual Meeting of the Association of Teacher Educators, Washington, D. C., 1980.

[43] Kaires, S. & L. S. Almeida, "Teaching Practice in Initial Teacher Education: Its Impact on Student Teachers' Professional Skills and Develop-

ment", *Journal of Education for Teaching*, Vol. 31, No. 2, 2005.

[44] Kenneth Zeichner, Jennifer Gore, *Teacher Socialization*, Handbook of research on teacher education, W. R. Houston (Ed.), New York: Macmillan Publishing Company, 1992.

[45] Kolb, David A., *Experiential Learning: Experience as the Source of Learning and Development*, Englewood Cliffs, N. J.: Prentice-hall, 1984.

[46] Kroll, L., Bowyer, J., Rutherford, M. & Hauben, M., "The Effect of School/University Partnership on the Student Teaching Experience", *Teacher Education Quarterly*, Vol. 24, No. 1, 1997.

[47] Lacey, C., *The Socialization of Teachers*, London: Metheun, 1977.

[48] Lave, J. & Wenger, E., *Situated Learning: Legitimate Peripheral Participation*, Cambridge N. J.: Cambridge University Press, 1991.

[49] Linda Darling Hammond, "Constructing 21st-Century Teacher Education", *Journal of Teacher Education*, Vol. 57, No. 3, 2006.

[50] Liston, D. & Zeichner, K. M., *Teacher Education and Social Conditions of Schooling*, PKP, 1991.

[51] Little, J. W., "The Mentor Phenomenon", C. Cazden, *Review of Research in Education*, Washington, D. C.: American Educational Research Association, 1990.

[52] Mark Tennant, Philip Pogson, *Learning and Change in the Adult Years: A Developmental Perspective*, Jossey-Bass Higher and Adult Education, 2002.

[53] McIntyre, D., "Theory, Theorizing and Reflection in Initial Teacher Education", J. Calderhead and P. Gates (eds), *Conceptualizing Reflection in Teacher Development*, London: Falmer Press, 1993.

[54] Northfield, J., Gunstone, R. & Erickson, G., "A Perspective on Science Teacher Education", In Treagust, D. F., Duit, R. & Fraser, B. J. (eds.), *Improving Teaching and Learning in Science and Mathematics*, New York: Teachers College Press, 1996.

[55] Ohn Furlong, Len Barton, Sheila Miles, Caroline Whiting & Geoff Whitty, *Teacher Education in Transition: Re-forming Professionalism?*

Buckingham: Open University Press, 2000.

[56] P. Roben-Jan Simons, "Constructive Learning: The Role of the Learner", Published in Co-operation with NATO Scientific Affairs Division, 1993.

[57] Rice, E., "The Collaboration Process in Professional Development Schools: Results of a Meta – ethongraphy, 1990 – 1998", *Journal of Teacher Education*, Vol. 53, No. 1, 2002.

[58] Rowie Shaw, *Teacher Training in Secondary Schools*, Kogan Page Limited, 1992.

[59] Sadler, T. D., "I won't Last Three Weeks: Preservice Science Teachers Reflect on Their Student-teaching Experience", *Journal of Science Teacher Education*, Vol. 17, No. 3, 2006.

[60] Schon, D. A., *The Reflective Practitioner: How Professionals Think in Action*, N. Y. : Basic Books, Inc. Publishers, 1983.

[61] *School of Sport and Education of Brunel University*, Postgraduate Certificate in Primary Education Student Handbook 2006/2007, Sep. 2006.

[62] Sinclair, K. E. & Nicoll, V. , "The Sources and Experience of Anxiety in Practice Teaching", the South Pacific Association for Teacher Education Conference, Sydney, 1980.

[63] Stokking, K. Leenders, J. D. Jong & J. V. Tartwijk, "From Student to Teacher: Reducing Practice Shock and Early Dropout in the Teaching Profession", *European Journal of Teacher Education*, Vol. 26, No. 3, 2003.

[64] Suchmon, *Plans and Situated Actions: The Problem of Human-machine Communication*, Cambrideg N. J. : Cambridge University Press, 1987.

[65] Sutton, R. E. et al. , "A Developmental Constructivist Approach to Pre-service Teachers' Way of Konwing", *Teaching and Teacher Education*, Vol. 12, No. 4, 1996.

[66] T. C. Wagenaar, "The Capstone Course", *Teaching Sociology*, Vol. 21, No. 21, 1993.

[67] TDA, "All Tests 2005 – 2006", http://www.tda.gov.uk/partners/datasurveys/skillstestsresults/alltests.aspx.

[68] TDA, "Professional Standards for Teachers: Qualified Teacher Status", Http: //perseus. herts. ac. uk/uhinfo/library/s45444 - 3. pdf.

[69] Thiessen, D. , "A Skillful Start to a Teaching Career: A Matter of Developing Impactful Behaviors, Reflective Practices, or Professional Knowledge?" *International Journal of Educational Research*, Vol. 33, No. 5,2000.

[70] Turney, C. Eltis, K. J. , Towler, J. & Wright, R. , *A New Basis for Teacher Education—The Practicum Curriculum*, Sydney: Sydmac Academic Press, 1985.

[71] Veenman, S. , "Peiceived Problem of Beginning Teachers", *Review of Educational Research*, Vol. 54, No. 2, 1984.

[72] Virginia Richardson, *Constructivist Teacher Education: Building New Understandings*, London: The Falmer Press, 1994.

[73] Wenger, E. , *Communities of Practice: Learning, Meaning, and Identity*, Cambrideg N. J. : Cambrideg University Press, 1998.

[74] Wideen, M. , Mayer-Smith, J. and Moon, B. , "A Critical Analysis of the Research on Learning to Teach: Making the Case for an Ecological Perspective on Enquiry", *Review of Educational Research*, Vol. 68, No. 2, 1998.

[75] Yorks, L. & V. J. Marsick, "Organizational Learning and Transformation", in J. Mezirow et al. , *Learning as Transformation: Critical Perspectives on a Theory in Process*, New York: Teacher College Press, 2000.

[76] Zeichner, K. M. , "Reflections of a University-based Teacher Educator on the Future of College and University-based Teacher Education", *Journal of Teacher Education*, Vol. 57, No. 3, 2006.

# 后　记

　　本书是在我的博士学位论文的基础上修改而成的。如今回忆起当时完成博士学位论文的过程，仍然觉得论文撰写过程中留下了太多的不足与缺憾。虽然如此，做论文的过程也是一种人生的历练，这一过程让我收获良多。这份收获更多地要归功于众多师长、学友的指点、帮助和鼓励。在本书即将出版之际，我想对多年来给予我关心、指导、帮助和培养的师友表示衷心的感谢。

　　首先感谢我的导师孙启林教授对我多年来的培养。自从硕士期间师从孙老师，一直到博士阶段的学习，孙老师对我的学习与生活始终关怀备至，多年来给予了我太多的关心、指导、包容与鼓励。尤其是在论文的撰写过程中，在我每每遇到挫折而痛苦、失落的时候，正是老师的指点迷津和殷切鼓励帮助我走出低谷，重新理顺研究思路和燃起研究的热情。在求学过程中，恩师不仅为我打开了广阔的学术世界，而且给了我充分的信任和理解，让我去自由地探索和思考，在重要的节点上，又能为我把握方向。不仅如此，恩师为人为学的品格，也是我一生都要学习的。在此，谨向恩师遥致我深深的谢意和祝福！

　　感谢饶从满教授给予我的指导和帮助。饶从满教授多年来始终引领和激励着我不断深入对教师教育的研究，在教师教育研究的道路上，承蒙饶老师多年来的提领和指点，在此表示诚挚的谢意。

　　感谢张德伟教授在我研究过程中多次给我提出中肯而宝贵的建议，这些指点和建议使我获益匪浅。

　　感谢张贵新教授、谷峪教授、曲恒昌教授、张桂春教授、李广平教授给我提出的宝贵建议以及在多方面给予我的关心和帮助。特别感谢李广平教授在文献资料和观点方面给予我的无私援助。

可以说，我的点滴进步都是在众多导师的学术思想和治学精神的滋养下形成的，除了向上述导师表达我的敬意与谢意外，在此我还想向梁忠义教授、罗正华教授、王长纯教授、葛淑芬老师表达我深深的敬仰和谢意！他们在我求学生涯和工作的初始阶段都曾给予我无尽的关心和指导。

感谢金美福教授。金老师既是我的教师教育研究的咨询专家，也是我生活中知心的朋友。多年来，有金老师亦师亦友般的关爱、理解和照顾，让我觉得生活美好，友情可贵！不仅如此，本书也得到了金老师的大力指导和帮助。金老师的一次次鼓励、启发，让我在一次次沮丧之后又像一只鼓满了风的帆，继续我的教师教育研究的"朝圣"之旅。

此外，除了感谢国内给予我指导和帮助的导师，我还要感谢在荷兰访学期间的荷兰阿姆斯特丹自由大学（Vrije Universiteit Amsterdam）的导师们，他们是：Jos Beishuizen 教授、Mieke Lunenberg 教授、Corinne van Velzen，还有英国的 Jean Murray 教授。感谢他们在我访学期间对于我的建议和支持，让我在每一次和他们交流的过程中不仅感受到东西方思维的差异，更重要的是开阔了眼界、丰富了思想。

感谢我的各位同学：王春光、邓涛、周成海、朱成科、索丰、常波、杨丽茹、孟繁胜、周小虎、赵明玉、姜俊和、任学印、卢艳红、周世厚、孔锴等，同学们的帮助和鼓励给了我前进的动力，与他们的交往、交流让我受益良多。特别是邓涛和周成海两位博士，作为我在教师教育研究方面的学术伙伴，他们不仅在我文献资料的收集方面提供了大量的帮助，而且也给我的研究和写作提出了许多好的建议。

感谢一直给予我帮助和支持的原工作单位东北师范大学国际与比较教育研究所的所有领导和同事们，感谢同事们对我多年来的关心和厚爱，这份情意我会一直放在心里。

感谢我现在的工作单位天津师范大学教育科学学院的所有领导和同事们，感谢大家对我的关心、帮助以及对本书出版的大力支持。我会珍视这份共事的情缘，努力工作。

最后，感谢我的亲人们。感谢我远在家乡的父母和兄弟姐妹，感谢我的爱人。亲人是生命中的阳光，是风雨中的拐杖，他们是我走过艰难岁月的精神依赖和动力源泉。

蓦然回首过去求学的历程，虽然充满艰辛，但却是我人生中一段重要的履历和一份宝贵的财富。它让我不再浮躁，它让我学会倾听，它让我在反思和辗转中学会认识自己。

本书虽在博士学位论文的基础上几经修改，但仍是一份对各位导师和我自己而言都并不满意的作品。由于学识有限，不当之处在所难免，真诚希望各位读者批评指正！

杨秀玉

2017 年于天津师范大学